公共管理的地平线

秦德君◎著

"对于任何一门学术论题进行学术研究时，不能仅仅以现实概况为满足，应当阐明每一个别事例的真相而无所遗漏。"

——亚里士多德《政治学》

序　言

邓伟志

　　十年前，我曾为作者《公共生活的地平线》（中国社会科学出版社 2007 年 6 月出版）一书作序，十年后的今天，这部《公共管理的地平线》书稿呈于案头，书中反映了公共管理领域许多现实问题。

　　我时常在报刊读到秦德君教授的文章，其中有很多为报刊所转载，在社会上引起反响。这本书是作者十多年来在公共管理、公共治理领域发表的诸多研究成果基础上形成的，厚积而薄发，应了"十年磨一剑"这句话。

　　读了书稿，有几个印象。

　　一是问题导向。书中内容紧密结合国家治理体系与治理能力现代化的实际，敏锐地捕捉公共管理、社会治理、城市创新等领域的突出问题。

　　二是对问题的分析、诊断有独到的眼光。视角新，分析和见解新颖独到。

　　三是从书中可以看出，作者对公共管理、社会治理、城市创新等"实务"非常熟悉，许多分析鞭辟入里。作者曾长期在政府部门担任管理工作，对各种问题的剖析，不是隔靴搔痒的那种，提出的解决问题的理念、办法切合实际，也翔实可行。

　　书中探讨的是公共治理中的重要问题，但以"笔谈"方式，就深邃而轻松，风格举重若轻，有大气象。我们读惯了那种沉重的文字，当见到厚文又能轻盈的文字时，眼睛会一亮，会饶有兴趣地读下去。

2017 年 6 月 27 日
于沪上寓所

目 录

第一章 管理·治理

市场是迄今为止人类所拥有的最有效率的资源
配置手段。在新的社会主要矛盾条件下，公共管理
的有效性要看是否有利于市场配置功能的正常发挥。

城市精细化管理的灵魂，不是技术理性，而是对
人的生命价值的关怀，是使城市成为更优越的生命
场所。

1

在中国当下治理命题中，基层治理尤需切实提升治理能力，建构制度化的治理机制，形成审慎、平稳且一以贯之的行政风格，特别是提升"执经通权"、"奇正相生"的治政素养。

在最大限度发挥市场对资源配置的决定性作用的同时，优化政府组织结构，切实提升宏观调控、公共服务、市场监管、生态保护的治理能力，无疑更是提升国家治理能力和治理效率的重中之重。

在幅员辽阔条件下，行政效率的空间递减是个客观问题。只有使地方政府真正成为"治理中轴"和治理动力站，才能有效规避上述问题。

社会体制和社会管理混为一体，不仅造成理论上的含糊不清，更主要的是，造成实际工作中诸多偏差和误区，引发无视社会体制的内在规律，简单以社会管理代替社会体制的种种错误做法。

第六章　都市·街市

城市的文化身份来源于当地历史文化的 DNA，
它是城市个性的文化标识。

重要的一点是学会慢下来，耐心让城市文化内
质饱满、抽穗、成长。让知识、人文和科学注入城市
品牌的内涵。

什么才是今天文化创新语境中的"城市文化"？
今天城市文化创新主要有哪些廊道和作用点？这是
应深入研究的问题。

当我们施加太多的"意志"在城市发展上的时
候，人的短视、偏好、浮浅和种种"美丽的愚蠢"，就
会不可避免地、物型化地出现在城市形貌上，它不
仅包围着今天人的生活，而且还会以物型化存在的
方式，去干预和影响今后人的生活。

从"器物型城市"步入"创新型城市"，再步入
"人文型城市"，既是城市文明进步经历的三个历史
阶段，也是我国提升城市层级的必然选择。

第七章　道理·伦理

所谓"文明转型"，本质上是如何从工业文明的社会哲学向生态文明的社会哲学转型，所谓"社会转型"，本质上是如何从以人为中心的社会形态向人与自然和谐共存的低碳环保社会转型。

第九章　创新·创意

为什么我们老是要"解放思想"？老是要作一次次的"观念"突围？

我国推进创新型国家建设不是为追求不切实际的目标，不是为了国际竞争排名的"好看"，而是为了提升人民的生活和生命质量。

一个不争的事实是，今天各地很多贴着"创新"标签的公共治理政策行为；只有形式的"创新"而无实质上的突破，不可能真正达到创新的目标。

正如李克强总理说的："中国走到了这一步，就该选择一个新的开放试点。上海完全有条件、有基础实验这件事，要用开放促进改革。"

两点之间直线最短。好的治理就是在治理与治
理目标之间，找到一条最短的直线。今天来看，张
全义城邑治理有相当的启发性。

附 录

本书引言

2007 年 6 月,拙著《公共生活的地平线》出版①,2017 年这本《公共管理的地平线》杀青付梓,两个"地平线"形成了联接。前者探寻公共生活领域,后者聚焦公共管理领域,重点研讨我国公共管理领域、社会治理、城市创新转型出现的新情况新问题。《公共管理的地平线》是《公共生活的地平线》的深化和拓展,体例上与《公共生活的地平线》亦略同。

本书十一章,也是十一个专题。想通过这种分题式研究,强化"问题域",构成一个整体性的解析结构。

书名《公共管理的地平线》,一方面包含了这一领域广袤辽阔的意思,同时也意谓人类公共管理有着一些需要我们体悟和把握的基准性、准则性、公理性的东西。

公共管理是人类最古老的实践之一。古埃及在治水、灌溉和建金字塔等过程中,已有了公认的行政系统

---

① 《公共生活的地平线》2007 年 6 月出版,8 月登上《重庆晚报》"热书排行榜"(根据市场销售情况和卓越网、新浪读书、搜狐读书、中华读书等网站综合统计)。

和比较成熟的公共管理。20世纪90年代，在世界范围形成了所谓"新公共管理运动"，但公共管理的转型变革，任重道远。在中国，随着国家治理体系与治理能力现代化的提出，公共管理领域更面临着诸多亟须变革的新命题。

直切问题，揭其底蕴，不蹈前人，别出机杼，是作者的想法。但是否达到了这个目标，就要看读者的感受和评价了。

秦德君

2018 年 3 月 18 日

第一章　管理·治理

　　新公共管理运用到发展中国家的一个主要方面，是加强对政府实际工作的关注。如果说在传统模式里，政府规模庞大和拥有全面的权力，那么现在发展中国家将不得不屈居于配角的角色，而非直接的角色。

——欧文·E.休斯《公共管理导论》

一、新时代公共管理的新境界

> 市场是迄今为止人类所拥有的最有效率的资源配置手段。在新的社会主要矛盾条件下,公共管理的有效性要看是否有利于市场配置功能的正常发挥。

我国进入新时代确立的各项战略目标,给公共管理提出了许多新任务,也促使公共管理拓展新空间、迈入新境界。新时代的公共管理要融铸时代精神,更好地为加快推进改革开放、推进国家新型治理服务,并需要确立几项基本的准则。

一是"价值导向"准则。解决好人民日益增长的美好生活需要与不平衡不充分的发展之间的矛盾,是新时代公共管理面临的主要任务。人们期待有更廉价宽敞的居所、更良好生态的自然环境、更丰富的精神文化生活和更为公平正义和谐的社会环境。《尚书·大禹谟》说"德惟善政,政在养民"。如果说"善政"是公共管理的本质要求,"养民"更是它的根本目标。满足人们对"美好生活"的追求,是公共管理的价值导向。一切合乎人民利益的公共管理，都应聚焦于能提升人民群众的美好生活这个目标上。

二是"市场配置"准则。十九大强调"使市场在资源配置中起决定性作用，更好发挥政府作用"，市场是迄今为止人类所拥有的最有效率的资源配置手段。经过四十年市场化改革，我国社会主义市场经济体制基本建立，但"逆市场化"仍是一种惯性。在新的社会主要矛盾条件下，公共管理的有效性，本质上要看是否有利于市场配置功能的正常发挥。"看得见的手"与"看不见的手"如何双手合力，实现政府能力与市场功能的最佳互补，是新时代公共管理要进一步探索的一个大课题。

三是"公众参与"准则。人民群众是历史的创造者，也是现代公共管理的主体。公众的实际参与程度，是检验一切公共管理现代性的重要标准。一种较优化的管理模型须由多元公共参与构成，这是由两方面决定的：一是只有公众有效参与，才能完善公共管理的知识体系和价值体系，提高社会认同度；二是只有构建起合作、互动、协商的参与型管理体系，才能减缩行政规模，降低财政支出，提高行政效率。在新时代，我国公共管理面临着如何从直接管理转变为间接管理，实现公共管理职能社会化这样一个问题。

四是"技术优化"准则。传统管理方式是"人力型"管理，"身体行为"物理限度标定了公共管理的实际宽度。今天科学技术日新月异，越来越多新的技术手段成为重塑管理模式、提升管理效率的基础，数字治理技术、智慧政务技术、风险评估技术、科学决策技术正使公共管理发生革命性变革。更自觉地推进新型技术在公管领域中的运用，才能强化变革动力，提升效率空间，实现技术理性与人文价值的珠联璧合。

五是"成本廉价"准则。马克思非常强调人民的政府及其管理，不仅应当是廉洁的，更应当是廉价的。"廉价"是包括公共管理在内的一切公权力行为的正义性基础。新时代公共管理尤应珍惜民力，减轻社会负担，对管理过程进行成本—收益核算，以"低价""简约""扁平"理念来设置机构、完善程序、调适行为。这不仅是绿色、低碳的需要，也是克服"全能主义"管理职能的必然要求。要改进绩效评价导向，实现成本—收益比较基础上的管理效能最大化。

六是"激励创新"准则。创新是公共管理不断进步的原动力所在。500年来全球经济中心几经变迁，是创新引导着社会变迁。新时代公共管理，面临着如何全方位创新变革的压力。但创新是一种严肃的创造，更要合乎公共管理的文化本性。要防止"创新"的泛化、标签化。公共管理创新激励重在思维理念、治理方式、技术过程的革故鼎新和推陈出新，而非浅表化的标新立异。

七是"公众满意"准则。人类之所以需要公共管理，是为了向人们提供优质服务。这就要强化管理就是服务理念，淡化权力意志，向民本、人本、社会为本转型，从"管制型"行政文化向"服务型"行政文化转型，把"公众满意"作为评价管理质量和结果的根本原则。要把"服务精神"全面注入管理过程，使它成为新时代公共管理的本质和灵魂。

二、中国城市：迈向精细化管理时代

> 城市精细化管理的灵魂，不是技术理性，而是对人的生命价值的关怀，是使城市成为更优越的生命场所。

21 世纪是名副其实的城市时代。最近牛津大学一项对全球 750 个最大城市发展趋势和市场机会的研究，测定到 2030 年，这 750 个城市的生产总值（GDP）将占到全球的 61%，其中中国上海 2030 年 GDP 将达到7340 亿美元，上升为全球第二名（第一名纽约，GDP约为 8740 亿美元）。

全球城市体系正在经历深刻的转型，城市管理的精细化、智能化、科技化成为全球性趋势。进入新时代的中国城市治理，特别是特大型超大型城市治理，推行精细化管理理念和模式，已势在必行。

根据英国经济地理学家迪肯（P.Dicken）的理论，世界经济格局变化呈现了地方化、国际化、全球化和区域化四个过程。以产业链为特征的空间经济结构，正转变为以价值链为特征的空间经济结构，新一轮科技革命和产业变革正重塑世界经济社会的新秩序。如何提升我国城市体系在全球经济体系和城市体系中的地位和影响力，像"绣花"一样管理城市，是整体性提升中国城市能级、实现城市管理新跨越要解决好的问题。

精细化管理并非今天才有。在中国古代管理中，有些地方就已相当出色了。比如北宋科学家沈括在他的《梦溪笔谈》中，记载了一则"一举而三役济"的故事："祥符中，禁中火，时丁晋公主营复宫室，患取远土。公乃令凿通衢取土，不日皆成巨堑。乃决汴水入堑，引诸道竹木排筏及船运杂材，尽自堑中入至宫门。事毕，却以斥弃瓦砾灰壤实于堑中，复为街衢。一举而三役济，计省费以亿万计。"

故事说宋朝祥符年间，一次宫中失火，丁谓（曾封晋国公）受命主持修复工程。当时取土是个困难，丁谓就让工匠们在大街就地挖土。没过几天大街形成了很大的沟渠，然后引汴河水进沟渠，再用木排竹筏船只将各种建筑材料运进来。宫殿修毕，再把废弃的砖瓦、碎屑、灰土回填沟渠，又恢复成原先的街道。一举多得，省下了大量工程费用。

这是典型的"精细化管理"。精细化不只是"细致化"，而是一种科学调度、统筹安排、绿色节能的"智慧管理"。城市精细化管理也并非只是推行网络化、人工智能、大数据这些东西，而是实现城市资源配置最优化、以"人"为中心的城市运行合理化，它是一种有灵魂、有温度的"最优"管理。

近年来城市精细化管理引起热议，是因为习近平总书记 2017 年参加上海代表团审议谈到上海的城市管理问题时说过："走出一条符合超大城市特点和规律的社会治理新路子，是关系上海发展的大问题。城市管理应该像绣花一样精细。城市精细化管理，必须适应城市发展。要持续用力、不断深化，提升社会治理能力，增强社会发展活力。"

总书记讲话对于中国城市管理进入精细化时代是个极大推动。城市治理价值链的质量和核心如果缺乏精细化管理为支撑，再好的发展目标，也难有好的治理绩效。从粗放型管理形态向精细化管理模式跨越，是中国城市普遍面临的命题。

但是城市精细化管理的灵魂，不是技术理性，而是对人的生命价值的关怀，是使城市成为更优越的生命场所。除了要更重视在技术界面上推动互联网、大数据、人工智能与城市实践的深度融合，提升标准化、智能化、网格化这些之外，还有更重要的是要在人文界面上完善城市结构，如优化新型理念和规则体系的供给，提升城市事务中的人性指数，凸显人的价值和尊严。

总之面向新时代的城市精细化管理，是"人性"的擘划而不仅仅是"物理"的安排；是可持续的综合发展而非单线的突进；是发展多样性、弹性、软性地带即拓展城市空间的多元人文结构，而非一味强化线性、刚性、非包容性。

在推进精细化管理中，要防止技术理性至上、对于

"数据治理""指标管理"的迷信和对于行政手段的依赖。要通过精细化管理推进城市升级，营建中国城市品牌的强大阵容，抢占全球城市文明的制高点。

三、行政简约才有力量

烦令密管不是"勤政"为民，而是"繁政"扰民。行政繁杂是一种难以消弥的痼疾，古今同然。

唐代柳宗元写过一篇很有名的文章《种树郭橐驼传》，文章里一名叫郭橐驼的种树人说："长人者好烦其令，若甚怜焉，而卒以祸。旦暮吏来而呼曰：'官命促尔耕，勖尔植，督尔获；蚤缫而绪，蚤织而缕；字而幼孩，遂而鸡豚。'鸣鼓而聚之，击木而召之……"

这名种树人的话令人沉思。他说了一个当时的普遍现象：官吏们总喜欢把政令搞得非常烦杂，看起来很关心百姓，到头来反而害了百姓。日夜有差吏进村大呼小叫：官长有令。催你们耕田，促你们播种，监督你们收割。你们要抓紧时间缫丝纺线。你们要带好小孩，喂好鸡与猪。一会儿击鼓，一会儿敲梆子，把人们召集起来……

这样一种烦令密管，不是"勤政"为民，而是"繁政"扰民。行政繁杂是一种难以消弥的痼疾，古今同然。

在行政繁杂的形态中，没有市场视角，也谈不上社会自主理念，公共部门存在强健的管事偏好。从早到晚，不停地发出各种声音，到了乡村说农业是基础，到了学校说教育是根本，到了企业说科技是关键，总是忙得脚打后脑勺。

行政繁杂必然导致官僚主义、形式主义。进一步问题还在于，行政繁杂不仅表现在"事"的层面，更会渗入"理"的层面，构成一种简事繁做的繁缛文化。当繁缛文化和繁杂喜好进入精神领域时，本来一个可以三言两语的律令或规章，也会被弄得很玄乎。小到一个单位的条例规章，乃至幼儿园的"家长须知"，都会被弄得繁杂不已。

法律作为一种强制性规范应当是简单明了的，否则其社会功效就会大打折扣。正如孟德斯鸠在《论法的精神》中指出的："法律的体裁要精洁简约。《十二铜表法》是精简谨严的典型。小孩子们都能把它背出来。查士丁尼的《新法》是繁冗散漫的，所以人们不得不加以删节……"关于这一点，英国思想家斯宾塞也说过："一条规则、原理或公理，假定在其他方面都令人满意的话，也只有在表达它的词句明确时，才有价值。"

孟德斯鸠和斯宾塞的话，使我们想起唐代史学家吴兢在《贞观政要》中记载的政治智慧。贞观十年，唐太宗对大臣们说："国家法令，惟须简约……数变法者，实不益道理，宜令细审，毋使互文。"贞观十一年，唐太宗又对大臣们说："诏令格式，若不常定，则人心多惑，奸诈益生。……又《书》曰："慎乃出令，令出惟行，弗惟反。'"

唐太宗在谈到如何治国理政时说，国家法令必须简约，政令多出繁变对于治国之道没好处。应仔细审定法令，法律之间不能有重复、相互矛盾抵牾的条文。朝廷发布命令、文告等若不常久稳定，就会使人心迷惑不解，奸诈之事就会发生。他引证《尚书》说："慎重地发布命令，命令既出必须执行，不得更改。"

无论是种树人郭橐驼的说法，孟德斯鸠、斯宾塞的论断，还是《贞观政要》中的记载，其实都包含了人类长期的经验。

治理行政繁杂痼疾，进一步克服官僚主义、文牍主义、形式主义，是当下推进国家治理能力现代化的一项重要任务。正如十八届三中全会作出的《中共中央关于全面深化改革若干重大问题的决定》中所要求的："健全领导干部带头改进作风、深入基层调查研究机制……改革会议公文制度，从中央做起带头减少会议、文件，着力改进会风文风。"

真理是简约的，阳光、空气、清溪、春花秋月是简约的，真正的"勤政"也是简约的。勤政绝不是繁政，简约的行政才更有力量。

四、治好莱茵河的启示

　　经不懈治理，今天的莱茵河水质干净清澈，可直接饮用，成为世界上管理得最好的一条河流。

　　莱茵河是欧洲的美丽河流，流经瑞士、奥地利、德国、法国、荷兰、列支敦士登等国后流入北海。它不仅是欧洲的风景线，还是欧洲最繁忙的运输大动脉，流量是我国长江的1/6，运力则是长江的六倍。

　　在19世纪下半叶工业化中，莱茵河遭受严重污染。特别是20世纪中叶以冶炼煤炭和钢铁为主业的德国开始大规模战后重建，鲁尔工业区、法兰克福—美因河工业区、莱茵河三角洲工业区大量废水排入河中。生物大量死亡，莱茵河的标志性动物鲑鱼在1958年绝迹。昔日涟漪碧浪的莱茵河死了，它成为"欧洲下水道"、"欧洲的厕所"。

　　莱茵河流域生活着5800万人，2000万人以莱茵河为饮用水源。在荷兰倡议下，1950年7月，瑞士、法国、卢森堡、联邦德国和荷兰共同成立了保护莱茵河国际委员会（ICPR），秘书处设在德国科布伦茨，它只有12名来自各国的工作人员。作为政府间协调机构，这个组织没有权力强制任何国家做事。当时污染积重难返，国与国之间、地区与地区之间，扯皮推诿的事儿还会少吗？

可是经不懈治理，今天莱茵河水质干净清澈，可直接饮用，成为世界上管理得最好的一条河流。具体来说：

其一，从源头上严控污染源，控制各种污染物入河。两岸工业和生活废水处理率达到98%以上。荷兰曾有一家葡萄酒厂检测出一种从未见过的化学物质，委员会立即组织八个国家的监测站寻查，发现是法国一家葡萄园喷洒农药的残留，污染很快得到解决。

其二，促进各成员国达成共识，即莱茵河是个大生态系统，与各国息息相关，大家须一致行动。委员会最高决策机构是每年一次的各国部长工作会议，而负责落实的执行会议几乎每周一会。各国分工治理，费用各自承担。

其三，强化社会压力使企业恪守责任。超标企业必须撤出市场或作出整改。化工企业须先接受检测，确认对环境没有影响后，方可生产。

其四，尽量以"自然方式"治理，恢复河流自然生态系统。如原有渠化堤岸不适合水生植物和动物生长，就把它恢复为自然滩状，以大石头替代水泥，以使人工放养的鲑鱼能在石隙间找到微生食物。沿岸人家后院大都有大草坪，没有草坪而是水泥地的人家须多缴污水处理费。理由是，房屋占地面积中草地面积小会导致水的自然循环减少，雨水须经下水道进污水处理厂，故须按比例收取排污费。

委员会的主席由各国轮值，秘书长则固定是荷兰人。因为荷兰是最下游国家，受污染之害最大，能够站在公正立场说话。保护莱茵河国际委员会的管理非常出色，成为恢复河流自然生态系统的一个典范，也是国际合作共同治理的典范。

自古以来，"治水"一直是一个典型的公共难题。据中国工程院的数据显示，我国 25% 的地下水体、118 个大中城市地下水遭受污染（重污染城市占 64%）。1.9 亿人的饮用水有害物质超标，全国近 50% 城镇饮用水水源地水质不符合标准。

好的管理究竟是什么？什么样的管理才是真正有绩效的？莱茵河治水的理念、做法和经验，值得我们借鉴。

五、把复杂还原成简单

在管理领域，制度多并不意味着管理好。规制多寡时常与管理绩效成反比。另外，对一个社会来说，任何规制都不是免费的，一项制度就意味着一种投入。

前两天，有朋友买了一只高压锅，但上面按钮太多，查阅说明书，读了半天不得要领。后来他把"说明书"给精通电子产品的人看，还是没弄明白。大家笑言，如今是一个简单事情复杂做的时代，凡事不是"管理简约"的思维，而是"管理超额"、"管理追加"、"管理溢出"，总之简事繁做。

所以如今你到哪儿，都能看到这种现象。在一个小区看到一份"治安公约"，洋洋56条，近两万字。几句话可以说明白的事，绕了很大弯子。一次在一个村里，一名村领导给我们厚厚一本"村管理制度"，里面有67类共115项管理制度。一个村，需要这么多制度吗？这厚厚一大本制度，是不是真正发挥了作用呢？

当繁缛文化和繁杂喜好进入管理领域和社会精神中

来时，本来简简单单一件事，会被整得很玄乎。以至于大到法律创制，小到一个单位的规章、守则，乃至开发商的格式化合同、幼儿园的"家长须知"等，都有着繁杂化倾向，很多东西让人们"看不懂"。

问题是，既然人们"看不懂"，管理效能究竟体现在哪里呢？

法国思想家孟德斯鸠在谈到法律创制时曾说："法律的体裁要简约，《十二铜表法》是精简谨严的典型，小孩子们都能把它背出来。"孟德斯鸠的道理，在东方社会的中国也很早被认识到了。《贞观政要》有这样的记载：唐太宗对他的大臣强调，国家法令应当简约。如果经常改变法令，对于治国之道没好处，应当仔细审定法令，不要有重复、含义相同的条文。唐太宗还强调，发布命令、文告等格式，要长久稳定，否则会使人迷惑不解，奸诈之事就容易发生。

无论是孟德斯鸠说的，还是唐太宗说的，其实都是人类历久的经验。生活中真正管用的东西，总是简单的。当年刘邦进入关中，"约法三章"："杀人者死，伤人及盗抵罪。"了了 10 个字，就管束了入关军队。中国人民解放军"三大纪律八项注意"，72 个字，至今对士兵行为和军队纪律发挥着极大的管理功能。

世界是复杂的，管理却是简单的。管理意味着对复杂进行抽象，进行集约和简化。简约的思想方法最合乎人类公共事务特性。人类历史上每一次管理革命，其实都是在迈向简单。

管理的本质是解决问题。它最重要的哲学精神是两个字：简单。简单是管理哲学的核心价值，更是 21 世纪政府管理的一个方向。任何复杂化的思维和方法，都是与管理的本质要求背道而驰的。

在管理领域，制度多并不意味着管理好。规制多寡时常与管理绩效成反比。另外，对一个社会来说，任何规制都不是免费的，一项制度就意味着一种投入。今天行政结构中很多"繁杂偏好"，都以行政任性、浪漫主义甚至无知作为基础的，超越事物本身所需。滥用民力、滥施政力，不仅不符合事物本身的性质要求，而且还降低行政效能，造成巨大的社会性浪费。

好的公共管理，不是枝蔓旁逸的，不是滥施政力的，不是繁杂不已的，而是简约的、低碳的、低成本的。因此，好的管理，不仅是一门科学，也是一种艺术。科学、高超、富有绩效的管理行为的一个基本特征，就是把复杂还原成简单。

六、倡导低碳行政

> 公共行政系统，已是一个庞大的结构性存在，是一个巨大能源消耗和排放系统。

在人类生存压力日趋加大的今天，发展低碳经济、建设低碳城市、推行低碳生活，已是全球共识。

"低碳"是一个涵盖非常广泛的概念，所有降低二氧化碳排放的方式，都可称为"低碳"。今天仅有的"低碳经济"、"低碳建设"、"低碳生活"其实还远远不够，还要大力倡导和推行"低碳行政"。因为包括行政运作方式在内的公共行政系统，已是一个庞大的结构性存在，是一个巨大能源消耗和排放系统，它对全社会实现低碳运行，起着至关重要的作用。

人类公认的早期行政系统出现在古埃及，主要是为了治理尼罗河每年的洪水、管理灌溉和建造金字塔。中国古代的情况有点相似，为控制黄河以及修建水利排灌设施的需要，为实施水利工程，催发了早期行政系统的形成和发展。那时的"行政排放"是很低的。

自 19 世纪中叶比较正式的公共行政模式形成后，世界各国的行政系统规模日益扩展，政府占有、配置和消耗资源不断升级——事实上已成为一个巨大的能源消耗系统，甚至主导着整个社会的碳排放进程。

英国议员号召英国人民"全民节能，禁止浪费"，但自由民主党地方议员诺曼·贝克调查发现，英国议会浪费十分巨大。议会大楼全天灯火通明，周末亦如此。闭路电视长期开着，虽然人们根本不看。议会下院用电量增加了 45%，能满足 1500 个英国家庭用电。议员即使到仅隔几十米的议会作报告，也要用车。而议会下院花费 42.2 万英镑改造楼内通道，事实上 3 万英镑就足够了。英国《独立报》曾报道，唐宁街 10 号"太浪费水"，每人每年耗掉几十吨水。英国绿色监督组织公布一份报告显示，包括唐宁街 10 号在内的内阁办公室，平均一名全职员工一年用掉 31 吨水。

这种高能耗现象，其实在我国行政系统也不同程度地存在。为推进生态文明建设，推动绿色生态发展，确保实现我国控制温室气体排放行动目标，国家发改委分别于 2010 年、2012 年、2017 年组织开展了三批低碳省区和城市试点，鼓励更多的城市探索和总结低碳发展经验。

倡导和推行"低碳行政"，除了要控制政府规模、遏制"GDP 至上主义"和政绩冲动、严治腐败外，关键的着力点在于：

一是确保"低耗费行政"。耗费越大，排放越高。要坚决遏制目前不断滋长的奢华风气。一些地方把政府采购变成"奢侈享受"的做法，甚至引起国际社会关注。要推行节约型行政方式，勤俭办一切事情。

二是推行"低环节行政"。"环节"是检测行政流程合理性的显性指标。环节越多，头绪越多，效能越低，这是公共行政一个"铁律"。要推行行政过程的"剃刀法则"和简约模式，能删减尽量删减，能精简的坚决精简，尤其要杜绝"事生事"、"文生文"、"会生会"的行政方式。

三是实现"低失误行政"。今天普遍性的"攻城略地式"决策、"狂飙突进式"决策，"宏大叙事式"决策、"大手笔"决策，已超越一般的决策失误，而成为科学发展的严重阻碍。它不仅引发大量群体性事件，恶化党群关系，严重损害政府公信力，而且还极度耗费社会公共资源，大幅度加大行政碳排放，带来环境和资源的严重损害。

七、齐桓公的整改举措

中国有着悠久的养老尊老传统，在解决"老龄化"特别是解决自古就有的"空巢老人"现象方面，有着丰厚的伦理资源。

老龄化是社会发展到一定阶段的产物，也是一个不可逆转的世界性趋势。按照国际社会标准，60岁以上人口占到总人口的10%，或65岁以上人口占到7%以上，即进入了老龄化社会。

2000年我国第五次人口普查表明，65岁以上人口占比6.96%（8811万），60岁以上占比10.2%（1.3亿），两项都已达老龄化社会的国际标准。

中国老龄化有两个特点，一是老龄化的速度远高于其他国家。美国老龄化用了60年，英国用了80年，瑞士用了85年，法国用了115年，我国则只用了18年（1981—1999年）。而据预测，本世纪中叶中国老年人口将达峰值，2050年将达4.8亿。到时每三个人中，至少有一名是老人。

二是老龄化超前于现代化。全世界 72 个老龄化国家里，人均 GDP 一万美元的占 36%，三千至一万美元的占 28%。我国 2002 年人均只有 980 美元，具有"未富先老"的性质。经济实力上属"未强先老"，社会发展水平上属"未高先老"，社会政策上是"未备先老"，这给社会治理带来巨大挑战。尤其是不断增多的"空巢老人"家庭，更成为国家治理层面的新挑战。

据调查，我国 65 岁以上"空巢老人"有 2340 多万，京、沪、津"空巢家庭"都超过了 30%。2015 年国家卫生计生委作过一项专项调查，"空巢老人"占到老年人总数的一半。可以说，"空巢老人"问题是今后我国社会保障政策和社会治理的重中之重，也是衡量小康社会和现代化是否真正成功的一项检验标准。

年轻人外出打工自古就有，空巢老人和空巢家庭也自古就有。《韩非子·外储说右下》记载：一次齐桓公微服私访，到外面走走，一名"年老而自养"的空巢老人引起了他的注意。齐桓公问他为什么独自一人？老人告诉他，自己有三个儿子，因为家里穷，娶不起亲，都外出打工去了。

齐桓公回来后，把情况告诉了管仲，问他该如何处理。管仲说："蓄积有腐弃之财，则人饥饿；宫中有怨女，则民无妻。"意思是，公权力把控的财产多了，老百姓就会有忍饥挨饿的人；宫廷中囤积的女子多了，百姓中就会有娶不上老婆的人。提醒齐桓公要注重改善民生。

当时齐桓公把齐国的公权力规模弄得挺大，宫中蓄女也多。齐桓公从善如流，接受了管仲的意见，当时推出了两项整改举措，一是"乃论宫中有妇人而嫁之"，即调查宫中的妇女，尽可能把妇女放还民间；二是下令于民，"丈夫二十而室，妇人十五而嫁"，即颁发政策，号召男子二十娶妻，女子十五出嫁，以增加国家人口。

管仲任齐相40年，推行"九惠之教"之首，就是养老政策。当时齐国规定，对70岁以上老人免除其一子的征役和赋税；80岁以上免除两子的征役和赋徭；90岁以上则免全家的征役和役税。

中国历史上不少时期在养老政策方面，是做得很出色的。如汉时推行"以孝治天下"，推行一套比较完善的优惠政策，如空巢老人做买卖可免租税。当时酒是国家的专卖品，但允许空巢老人做售酒生意。为确保养老落实，汉律有具体而严格的规定，如对不赡养老人者严刑峻法，在闹市行死刑以示众……

2013年7月我国实施《老年人权益保障法》，"常回家看看"列为法律。但从近年实践情况看，"常回家看看"并没真正落实好，老人的经济保障和精神慰藉问题日显突出。对于老人问题的治理，要更注重从社会政策完善上谋篇布局，有着一个如何"精准治理"和如何从社会政策上减少"空巢"现象的问题。

"人口红利"曾给中国创造了经济奇迹，今天中国已从劳动力过剩向劳动力短缺时代变迁。但"人口红利"消失不是坏事，一个国家经济增长的源泉，不能放在人口红利的基点上。中国有着悠久的养老尊老传统，在解决"老龄化"特别是解决自古就有的"空巢老人"现象方面，有着丰厚的伦理资源。"老龄化"在不断加剧，我们要在汲吸中国古代政策伦理精神和发达国家先进经验的基础上，尽快建立一个更为合理、可持续发展的社会保障体系。

八、"简单划一"要不得

把握在何种情况下可以"整齐划一",在何种情况下应"参差互异",这是社会治理应具备的公共理性和智慧。

《中共中央关于全面深化改革若干重大问题的决定》提出了"改进社会治理方式"的重大命题。改进社会治理方式的一个重要方面,是在公共事务日益繁杂、各项改革不断步入深水区的"新常态"下,如何克服简单化的治理思维,切实提升社会治理水平。

我国地域辽阔,地区差异很大。这不仅表现为经济和社会发展方面不平衡,还表现为包括人文、习俗、社会心理、群体构成等方面在内的种种差别。当下我国社会治理正处于"三期叠加"时期,简单化治理思维常常以一律多,忽视差异性和特殊性,机械强调整体性。由于现代公共治理是一种覆盖性的规模化治理,简单划一的治理行为很容易造成整体性的治理"绩效黑洞"。

凡事一刀切的行政偏好有久远的历史。比如在古希腊,"苏格拉底为政治所立的前提,可以概括成这样的原则：'整个城邦的一切应该尽可能地求其划一，愈一致愈好。'"亚里士多德对此批评说："一个尽量趋向整体化（划一）的城邦最后一定不成其为一个城邦。城邦的本质是许多分子的集合……这样的划一化既然就是城邦本质的消亡，那么，即使这是可能的，我们也不应该求其实现。"

人类历史上出现过许多社会治理的理想模式，都存在简单划一的偏执，无论柏拉图的理想国、莫尔的乌托邦、康帕内拉的太阳城、安德里亚的基督城，还是圣西门的实业制度、傅立叶的和谐社会、欧文的劳动公社，都如此。在柏拉图理想国中，简单划一还深入到私人生活的细节，从孩提时代的游戏、起居、饮食、训练的作息制度、食物内容到年轻人的举止、发式、服饰、鞋履等，都有强制性的统一规定。

这种忽略事物客观差异性的做法，无不以抑止社会本身内在的律动、抑止社会萌发的活力生机为代价，正如亚里士多德指出的："城邦的过度划一决不是一个良好政策，那些思想家所拟的以划一求完整，实际上不合于城邦的本性，他们那种城邦所希望达到的最高成就实际上是城邦的消亡。"这为我们今天提供了警示。

历史上，很多先贤都看到了这种偏执、偏好给社会治理带来的危害。如孟德斯鸠指出，整齐、划一的极端思维是人们追求"至善境域"的必然结果，"他们在整齐划一之中，看到了一种'至善境域'"。有趣的一点是，历史发展中这种简单划一，总是与"尽善尽美"的浪漫情结相伴随。

先贤的见解并非泛泛之谈，包含着人类丰富的经验教训。改革开放后，我们开始以全新的视角思考社会治理的问题。再以简单化的以一律多"管理"方式，就难以适应新的形势和要求。在本质上，社会公共治理是以承认各种差异的客观性和差序格局为前提的，并以尊重社会和群体的差异性为前提的一种行政艺术。路旁的冬青修剪是一种美，建筑中整齐排列也是一种美，但社会治理不似"剪冬青"这样简单。把握在何种情况下可以"整齐划一"，在何种情况下应"参差互异"，这是社会治理应具备的公共理性和智慧。

社会治理复杂性是社会动态系统相互演化的一部分。正如学者普里高津指出的，如果把无序比作海洋，那么有序就是广阔海洋中星罗棋布的小岛屿。推进国家治理体系与治理能力现代化，不仅要在治理理念上革故鼎新，还要在治理方式上更多地具有包容性，容纳多样性，推进创新性，让更多的"有序小岛屿"出现，这对于提升治理水平和治理绩效非常重要。

九、警惕"逆市场化"

坚决遏制"逆市场化",切实消除推进社会主义市场经济发展的体制性、社会性、观念性障碍,是必须认真解决的问题。

改革开放的最大成果之一,是初步建立起社会主义市场经济体制。1992年,中共十四大作出建立社会主义市场经济体制的重大战略决策,是历史性的突破。到现在的二十多年里,我国持续保持了令世界瞩目的经济高增长。但今天一个不争的事实是,"逆市场化"依然存在,市场在资源配置中的作用受到阻碍。

"逆市场化"的表现有很多,如资源配置行政化,行政审批改头换面卷土重来;市场主体责权利界定不清,产权关系不明晰;市场自由竞争受阻,垄断返潮;市场壁垒固化,非公经济萎缩。改革中特别强调要建立"归属清晰、权责明确"的现代产权制度,但时至今日,产权问题仍然相当突出,这在很大程度上消耗了经济发展的内生动力。"逆市场化"在社会领域表现为社会治理行政化，行政逻辑扩张化，政府包揽事务增多……

"逆市场化"的要害是抑制市场在资源配置中的决定性作用，撼动市场经济的基石。奥地利经济学派先驱弗雷德里克·巴斯夏指出："在经济领域，一个行动、一种习惯、一项制度或一部法律，可能会产生不止一种效果，而是会产生一系列后果。"

长期以来，行政力量深度介入经济过程基于一种理念，即认为强化国家干预可以实现经济高增长，增进国民福利，体现了社会正义。但事实上，只有市场化手段的资源配置，才最具有效率和公平。实践表明，在概率上，市场经济的"自组织"过程可能存在20%的盲目性，但80%是有效率的；计划经济的"他组织"过程可能产生20%的科学性和效率，但存在80%无效率问题。亚当·斯密在《国富论》中批评国家重商主义，指出其低效率是本质性的。

十八届三中全会提出市场在资源配置中起决定性作用，可谓切中要害。我国已进入"十三五"发展阶段。按照现代化建设的既定时间表，即到2020年，要全面建成小康社会、建成创新型国家，"在重要领域和关键环节改革上取得决定性成果"。实现这些目标，对本世纪中叶全面实现现代化具有决定性意义。重要的是，2020年全面建成小康社会，实现居民收入比2010年翻一番，是以完善的市场经济体制为前置条件的。

当年邓小平曾说，要善于从政治的角度看待经济问题。从政治角度看，"逆市场化"不仅是个资源配置的方式和效率问题，根本上是一个"逆"现代化发展的问题。中国现代化发展依赖于完善的市场经济体制；解决当下经济下行问题，很重要的一条是回归市场，从强化市场化资源配置上找出路。从更长远看，能否形成规范开放透明的现代市场体系，提高资源配置的效率和公平性，不仅决定了下一步社会经济发展的优劣，根本上还决定着中国现代化建设的成效。

按照"四个全面"总体战略布局的要求，坚决遏制"逆市场化"，切实消除推进社会主义市场经济发展的体制性、社会性、观念性障碍，是必须认真解决的问题。如果到2020年，还不能形成完善的社会主义市场经济体制及其相应的社会构件，不仅仅是经济受损失，还将有可能会丧失掉重要的历史性机遇，引发各种新的社会问题。

毫无疑问，完善的社会主义市场经济体制是中国现代化的不二条件，"逆市场化"是与中国现代化进程背道而驰的。市场经济与民主政治、法治社会、公民文化联为一体、互为条件。必须深入研判、切实消除阻碍社会主义市场经济体制的各种现实障碍，才能形成新的充满活力的经济增长和社会发展的体制驱动力。

十、治理公共治理"空泛化"现象

缺乏问题导向、热衷例行公事、重视形式主义,均是公共治理"空泛化"的表现。当公共治理"空泛化"构成一定态势时,就形成对深化改革和治理的障碍。

公共治理是用来解决问题的。人类之所以出现公共机构、公共权力,是因为需要它来解决私人无法解决的公共问题。因此公共治理的使命,就是有效率地解决各种公共问题。

十八大以来,党中央出台了一系列推进国家治理体系与治理能力现代化的重要文件,这些纲领性文件从不同角度提出了一系列治国理政重大任务,如十八届三中全会的《中共中央关于全面深化改革若干重大问题的决定》,提出60项改革事项,都涉及我国发展全局亟待治理的问题。

但一个时期以来,人们普遍感到在热热闹闹的行政活动中,缺乏对治理体系与治理能力现代化的突破。大量人民群众"最关心、最直接、最现实"的实际问题未

能有效解决，各种新的问题又交集累积起来。公共治理
"空泛化"倾向的主要表现是：

其一，缺乏问题导向。很多机构和公共部门将精
力时间消耗在与"问题"关系不大的事情上，形成"空
转"。一方面是公共部门的日常忙碌，一方面是大量公
共问题的日积月累。

其二，热衷于例行公事。许多行政活动或是出于部
门利益的考量，或是反映行政意志和行政偏好的事项。

其三，形式主义卷土重来。口号多、理念多、会议
多、形式多，少的是对于各类现实问题的有效治理。形
式主义占据了行政过程各个环节。这一问题今天有重
现的趋势。

现代国家的公共治理按其性质，有两个最为重要的
界面：一是"结构性治理"，即主要解决结构性、体制
性问题，它具有比较长远的、根本性的产出效能；二是
"问题性治理"，即治理和解决社会领域出现的各种现实
问题，比如食品安全问题。

应当看到，公共治理"空泛化"倾向的危害很大：一
是空耗公共资源。大量人力物力时间精力消耗在与公
众利益相关不大、与"三最"问题相关不大的事情上，
消耗在与解决各种最紧要的结构性、体制性问题相关不
大的事情上，造成公共资源很大浪费。

二是丧失机遇，延宕改革大势。很多小问题拖成大
问题，积累为治理"难题"。很多显而易见的改革命题
一再延宕，丧失改革的大好时机。机遇不仅是推进改革

的有利条件，更是一种不可重现的资源。

三是只"说"不做，丧失公信力。很多结构性问题，现实突出问题不能有效解决，丧失的不仅是公共资源和大好时机，更是公信力、凝聚力、向心力。公信力是一个公共部门内在力量所在，它是公权力背后的"权威"，而权威才是人们发自内心的遵从。一旦公信力丧失，恢复起来很难。

所谓"露重飞难进，风多响易沉"，当公共治理"空泛化"构成一定态势时，就形成对深化改革和治理的障碍，影响到我国改革开放发展的大局。由此它本身就成为需要进行治理的问题。

党的十九大报告对全面深化改革作出明确谋划——必须坚持和完善中国特色社会主义制度，不断推进国家治理体系和治理能力现代化。这一方面要解决结构性、体制性问题，让中国社会主义焕发出更强劲的生命力；另一方面是要切实解决好各种与人民群众利益息息相关的"三最"问题，让人民有更多的实际福祉和"获得感"，这也是2020年我国全面建成小康社会所要求的。遏制公共治理"空泛化"现象，才能更好地推进国家治理体系与治理能力现代化的步伐。

十一、向着新的愿景进发

从根本上说，只有制度和体制更加成熟、定型，才能实现国家治理体系与治理能力现代化。因为只有制度和体制，才反映出一个国家政治文明所能达到的高度。

每一个五年规划都是一段新旅程、一种新挑战。"十三五"是实现第一个百年目标、全面建成小康社会的决胜阶段。各项发展目标能否实现，决定着本世纪中叶中国现代化战略目标的成败。按照中国现代化的时间表，"十三五"确立的重大任务目标相当艰巨：

首先是全面建成小康社会。这其中的一个核心任务，是保持中高速经济增长，到 2020 年国内生产总值和城乡居民人均收入，比 2010 年翻一番。更需看到的是，"十三五"要实现的是 2.0 版的小康社会，与当初邓小平规划的"小康社会"已有很大不同。2002 年，党的十六大提出"在本世纪头二十年全面建设惠及十几亿人口的更高水平的小康社会"，十八届五中全会进一步确立了新的综合性目标，大大拓展了小康社会的内涵，成为中国现代化社会建设的标志性建构。十九大提出，"决胜全面建成小康社会，开启全面建设社会主义现代化国家新征程"。

其次是基本建成法治政府。1997 年十五大把"依法治国"确立为治国方略，开启了中国法治新时代。2011年，全国人大常委会委员长吴邦国在十一届人大第四次会议上宣布，"中国特色社会主义法律体系已经形成，中国已从根本上实现从无法可依到有法可依的历史性转变"。这是一个巨大进步。但"有法可依，有法必依，执法必严，违法必究"是推行法治的基础和条件，不等于实现了法治。作为现代政治文明的法治，核心是"治权"，即有效制约公共权力并形成权力制约的科学体系。十八届四中全会提出"法治国家、法治政府、法治社会"三位一体建设，其中"法治政府"是关键。"十三五"期间要从法律体系推进到法治体系，从工具理性推进到价值理性，才能实现法治国家、法治政府、法治社会的联动建设，建立起完备的社会主义法治体系。

三是迈进创新型国家行列。2006 年的全国科技大会上首次宣布到 2020 年建成创新型国家，目标是科技进步对经济增长的贡献率提升到 60% 以上；研发投入占 GDP 比重提到 2.5%。2012 年，中央出台《关于深化科技体制改革加快国家创新型体系建设的意见》，加快推进创新型国家建设。十八届五中全会更是把创新放在五大发展理念的首位。"创新型国家"是一个世界性概念，有严格衡量标准。实现这一目标，必须有革故鼎新的大举措。

四是基本形成开放型经济新体制。开放型经济新体制有两个关键点：一是资源配置的高度市场化，市场在资源配置中真正起"决定性"作用；二是经贸活动的高度开放性，按世界通行法则开展经贸活动。这就要把"自贸区逻辑"普遍化，使准入前国民待遇加"负面清单"制度成为经济活动普遍遵行的通行法则。在简政放权、加快政府职能转变、体制机制创新、促进贸易投资便利化以及营造市场化、国际化、法治化营商环境等方面，迈出更大改革步伐，使自贸区培育出的创新种子尽快在各地开花结果，这对真正形成开放型经济新体制，是个极为重要的变量条件。

最后是各方面形成更加成熟、更加定型的制度。"在各方面形成一整套更加成熟、更加定型的制度"是1992年邓小平在视察南方谈话时提出的。十八届五中全会把制度和体制建设作为十三五发展的动力和主线，把各方面形成"更加成熟、更加定型"的制度列为重要目标。"各方面"不是"一方面"，是综合性、全方位的；"更加成熟、更加定型"不是初级性、变动性的，而是稳定的、科学的，可谓任重道远。

从根本上说，只有"各方面"制度和体制更加成熟、定型，才能实现国家治理体系与治理能力的现代化。因为只有制度和体制，才反映出一个国家政治文明所能达到的高度。

第二章　体制·体系

　　我们的政治体系是被置于与世界秩序，并与一个由各个短暂部分组成的永恒体所注定的生存方式恰好相符合并且相对称的状态；在这里，由于一种巨大智慧的安排，人类的伟大神秘的结合一旦铸成为一个整体，它便永远既无老年，也无中年或青年……

——柏克《法国革命论》

一、执政的"现代性"特质

在现代政治境遇中,执政党执政与领导是两种性质不同的治政行为:"执政"是反映国家政权归属关系的概念;"领导"则是反映群体中控制与服从关系的概念。

现代执政与古代执政性质迥异

中国早期古籍文献中,有关于"执政"的记载。如《左传·昭公十六年》:"辟邪之人而皆及执政,是先王无刑罚也。"其中执政,系指国家政事。《左传·襄公三十一年》:"郑人游于乡校,以论执政。然明谓子产曰:'毁乡校,何如?'子产曰:'何为?夫人朝夕退而游焉,以议执政之善否……'"这里的执政,指执掌国事的政治家子产。

《史记·文帝本纪》中有"唯二三执政犹吾股肱也"的记载;北宋王禹偁《待漏院记》中有"棘寺小吏王禹偁为文,请志院壁,用规于执政者"的记载,其中说的"执政",亦主要指掌理国家政事的大臣或当政者。陆游

《老学庵笔记》卷八："秦丞相晚岁权尤重，……尝病告一二日，执政独对，既不敢他语"，其中"执政"指朝中执政大臣。北宋著名政治家范仲淹在倡言改革弊政、推行"庆历新政"的《上执政书》中，"执政"也指朝中当事者。

1924年，第二次直奉战争中，直系军阀曹锟、吴佩孚失败，直系控制的政府垮台。张作霖和冯玉祥推段祺瑞组织北京临时政府，段任"执政"，主持国政。1926年4月直奉军阀联合迫使段祺瑞下台，由张作霖组成大元帅府。其所谓"执政"，亦为行政当事者。

关于执政，不能不提及古希腊城邦和古罗马著名的"执政官"（Archon、Consul）。古希腊执政官称"雅康"（Archon），即领导人和统治者。雅典约于公元前682年从贵族中选出执政官，开始是终身制，后有任期（初由三人组成，公元前7世纪中叶另增司法执政官六人）。古罗马共和国时代，执政官称"康梭"（Consul），公元前510年始设（从百人团大会中选出两人，任期一年，当年以其名字纪年）。执政官拥有最高民政权和军事指挥权，在对外事务中代表国家，是事实上的国家元首。

中国古代社会和古希腊、古罗马社会中的"执政"和"执政官"，或指政事，或指执掌国事的行政首长，与现代政治形态中政党为主体的执政，性质完全不同。现代执政是指"政党时代"执政党作为一种政治集团，通过选举或其他政治方式执掌国家政权的行为，它是一种政党行为，不是行政当事者的个体行为；或者说它是以执政党为主体的国家政治行为。

今天虽有个别国家的元首（如圣马力诺）仍保留着"执政官"称谓，但就全球范围来说，政党执政系指政党经过宪法程序或其他政治程序，执掌国家公共权力。这是人类"现代性"的表征之一。

"执政"与"领导"的不同界面

在两党制或多党制国家，执政党又称在朝党，与"在野党"对称，通常在议会选举中获得多数议席（如英国），或在总统选举中胜出（如美国）负责组织政府的政党。实行多党制的国家，内阁如由几个政党联合组成，这几个政党都是执政党。

在现代政治境遇中，执政党执政与领导是两种性质不同的治政行为：执政是反映国家政权归属关系的概念；领导则是反映群体中控制与服从关系的概念。如果我们把两者作个简单比较，其界面特征就更为清晰：

其一，如前述，一个政党执政，系指通过宪法程序或其他政治途径执掌国家权力。作为一种法理行为，执政其所要处理的基本关系，是党和国家、党与他党的关系。领导是为确定和实现目标而影响群体活动的作业过程，是社会性的组织、动员、引领。领导所要处理的基本关系，是党与社会、社会组织和民众的关系。如果说执政体现了政权所属，领导则体现了政权营运。执政反映的是一种"法理正义"（rational-legal justice），领导反映的则是一种"伦理正义"（ethical justice）。

其二，执政主要表明作为政治组织的政党，在国家政治体系中的法定地位和公共责任，指涉的是国家权力法理上的归属；领导则表明一个政党的社会动员和组织能力的幅度，指涉的是政党所要实现的各种战略和战术目标。领导之绩效，是领导主体、领导客体和主客体所处环境三种因素的函数。由此，执政本质上是一种统治（rule），领导本质上则是一种治理（governance）。执政具有法理上的抽象意义，领导则具有伦理上的具体意义。

其三，从过程特征看，执政偏属于静态的体制层面，领导则偏属于动态的运行层面。执政取决于是否合乎"形式正义"即宪法和法律上的正当性；领导则涉及民意、社会意识形态和社会认同等，其实现率取决于是否合乎"实质正义"即民众体认的合法性。

今天世界上232个国家和地区中的政党，执政方式各有不同。一般来说，国家政治生活和社会生活的"领导"，是通过选举获胜的政党组阁所组成的政府来体现的，即执政党通过议会和政府进行施政。具体来说，执政党行使国家政权的主要职能和途径，主要表现在三个方面：

一是通过党政一体化行使政权。在发达国家"政党大选获胜的回报就是政府的职位和权力"，执政党组织政府，政党领袖必然地出任最高行政长官（总统、总理、首相等）。同时，由政党领袖依据取得政权过程中功绩的大小，来任命各类政府内阁成员。

二是通过议会党团控制议会。议会是各政党纵横捭阖政坛的主要场所，谁控制了议会多数议席，谁就能在议会推行和通过本党政策，使之上升为国家方略得到贯彻。由于政党内部的复杂性，在通过有争议法案时，只有统一全体党属议员意志才有保证，由此，议会中形成了各政党的议会党团。议会党团领导人一般是该党领袖，督导员则负责督促本党议员表决时无条件与党保持一致。

三是通过行政手段推行政党的政策。政党在筹备选举活动中，将政党政纲和政策向选民宣传，一旦选举获胜，就可运用整个行政系统将党的政治主张上升为国家法律、法令。如果不能通过议会党团力量，便可通过宪法规定的行政权予以贯彻。政党在推行其政党主张时，必须依据宪法和法律，否则会受到相应制裁和谴责。

可以看到，现代政治形态下的执政与领导，虽都以权力为基础，但是执政主要与国体（国家性质）相联系；领导则更多与政体（国家政权形式）相关联。

在中国，中国共产党既是执政党，又是领导党，党是国家行政的实际中轴。"领导党"的一个基本特征，是它作为完整、系统、独立的治政组织，领导包括政府在内的整个社会的公共事务。中国共产党从中央到地方的各级党组织，与同级政府系统具有同构性。这一点亦区别于世界各国其他政党，也是体现党的领导的一个重要方面。

二、国家治理体系的三个层级

在中国当下治理命题中，基层治理尤需切实提升治理能力，建构制度化的治理机制，形成审慎、平稳且一以贯之的行政风格，特别是提升"执经通权"、"奇正相生"的治政素养。

"推进国家治理体系与治理能力现代化"这一重大命题强调的，不是一个治理环节的优化，而是整个治理体系各层级的优化，它是国家治理上的革命性变革。

任何一国的治理体系，都具有其层级与结构的不同特点。中国是单一制国家，公共治理结构具有垂直性，国家治理体系存在宏观（高层）、中观（中层）、微观（基层）三个层级。它们共同构成了国家治理体系的整体。

宏观治理层级是国家制度法律等政治规则和国家战略、国家公共决策的策源地，具有国家战略决策的总体性和高覆盖性；中观治理层级是省、直辖市、自治区，是公共治理的地方化，是一种地方治理；微观治理层级是省、直辖市、自治区以下的基层结构，为国家治理体系之末端，即"草根政治"。三个治理层级的功能配比运行机制，形成了中国特色治理体系的结构体系。

从治理能力现代化的视角看，宏观层级治理能力涉及的主要问题，是思想旗帜、政治路线、治国方略、大政方针这些根本性问题，它要求从整体的、战略的界面确立和把握国家的政治价值、前行方向和发展进程。这一治理层级的基本任务是制定政治纲领、确定社会经济发展战略和重大社会公共政策。

治理体系的中观层级承上启下，在国家政治结构和治理体系中处于相当关键的位置。作为治理体系的地方结构，这一层级在中国行政序列中不仅是"中间"环节，更是"中坚"环节，它既有战略性的谋篇布局，更有战术性的营运操作，有所作为的空间很大。考量中观层级治理能力最主要体现在两方面：一是国家宏观战略在地方的贯彻率、实现率及其运行效率；二是政策规制和治理模式上的"创制能力"，亦即在公共治理的地方化方面，是否形成组织化的、富有地方特色的政治—行政"编码程序"。

正因为这样，要求这一治理层级更多从"战略—战术"、"规则—艺术"、"贯彻性—创制性"的互动结合上，把握恰到好处的平衡与比率。一个良好、健全的中间治理结构，必须清晰地厘清和解决好上述问题，形成凸显中国特色、地方特点的行政治理机制。

从经验看，处于变革社会中的中国，中观治理层级在两方面最易取得治理绩效和认可：一是国家治理的总体战略得到全面、及时的贯彻；二是在贯彻实施中形成一种再创造，注重地方治理的实践性、创新性，形成良性发展机制和各具特色的地方经验。反过来说，两种情况易使中观治理陷于低迷：一是地方"所为"与中央"所求"不处于同心圆关系；二是出现"治理失语"，只是简单的行政传递和行政模拟，缺乏地方公共治理和政策创制的产出能力。

而治理体系的微观层级，是国家治理的前沿和末梢，它是检验一个国家治理绩效高低的重要变量，基层治理水准甚至决定了整体治理体系的水准。由于微观治理层级处于公共治理第一线，面对的是大量具体繁杂问题，因此这一层级最易出现以"管"代"治"、"器"盛"道"弱，机械照搬多、行政理念少，且随意性、变动性频率高等问题。

在中国当下治理命题中，基层治理尤需切实提升治理能力，建构制度化的治理机制，形成审慎、平稳且一以贯之的行政风格，特别是提升"执经通权"、"奇正相生"的治政素养。

有一点是肯定的，那就是只有治理体系的各层级实现法治化，凸显良好的现代化结构功能并各司其职、形成体系整体要素的高度整合协同，才能真正实现国家治理体系与治理能力的现代化。

三、"五政模式"与治理体系现代化

在最大限度发挥市场对资源配置的决定性作用的同时，优化政府组织结构，切实提升宏观调控、公共服务、市场监管、生态保护的治理能力，无疑更是提升国家治理能力和治理效率的重中之重。

正如世界上没有两片完全相同的树叶，世界上也找不出两个体制完全相同的国家。从国家治理体系的视角看，中国体制的特点在于它是一种"五政治理"模式，即中国共产党执政、人大代政、政府行政、政协议政、各民主党派参政这样一种国家治理结构。

执政系现代政党经过宪法和法律的程序或其他政治方式"进入"国家体制，执掌国家政权。执政具有理法上的"程序合法性"；领导则涉及民意、意识形态和社会认同，体现民意上的"实质合法性"。世界上大部分执政党都不是领导党，中国共产党既是执政党，又是领导党，当然这种"领导"，主要是一种政治性、方向性、战略性的领导。

　　人大代政之"代"在于三个方面：一是代议制之"代"。人大制度除了具有现代国家代议制的一般特征外，还有党的领导、一切权力属于人民、民主集中制、民族平等与民族团结等基本原则；二是全国人民代表大会之"代"。1982年宪法明确规定"全国人民代表大会是最高国家权力机关"，同时规定"全国人民代表大会和全国人民代表大会常务委员会行使国家立法权"；三是代表、代理之"代"。人大履行立法、监督、国家公职人员任免等职能，代表人民行使国家最高权力，代理人民执掌国家公共权力。

　　我国各级政府依据国家宪法规定的政府事权，承担公共管理事务，履行公共行政职能。政府与人大的关系是国家权力（立法）机关与行政机关的关系，亦即"议—行"关系。一定时期、一定地方存在的所谓"强政府"、"弱人大"态势，是我国作为后发现代化国家过程中的一种暂时现象。随着经济社会的发展和改革的全面深化，这种现象正在发生变化。

　　政协作为爱国统一战线组织和多党合作与政治协商机构，履行政治协商、民主监督、参政议政的职能。民主议政，协商政治，议论民生，汇集民意，是政协的基本特点。政协不立法，但可立言；不作"审议"，而是"众议"，对关系国计民生的重大问题和全局性问题提出建言批评，提供决策参考。政协34个界别的构成方式，可使通过人民代表体现意志的同时，通过政协委员反映界别要求，体现协商民主。

　　中国各民主党派是与执政党"长期共存、互相监督、肝胆相照、荣辱与共"的参政党，参政渠道一是与执政党的党际关系渠道，二是通过政协政治协商平台参与政事。

　　"五政"体制中，中国共产党执政是核心，是国家的领导力量；人民代表大会是国家政权机关，代表人民行使权力；各级政府履行行政和管理职能；政协融会民意民智，洞开新见；民主党派共商国是，参与治理国家。这种体制构架的决策形成和输出，有其自身特点，当年邓小平指出，这种体制可以"集中力量办大事"。

　　"五政治理模式"为构建中国特色治理体系奠定了基础。随着"国家治理体系与治理能力现代化"的提出，无论国家和地方层面均面临诸多革故鼎新的任务，特别是如何深化行政体制改革，切实转变政府职能、加快法治政府和服务型政府的建设步伐更显紧迫。而随着 21 世纪中叶全面实现现代化的迫近，在最大限度发挥市场对资源配置的决定性作用的同时，优化政府组织结构，切实提升宏观调控、公共服务、市场监管、生态保护的治理能力，无疑更是提升国家治理能力和治理效率的重中之重。

四、"单一制"与地方治理创新

在幅员辽阔条件下,行政效率的空间递减是个客观问题。只有使地方政府真正成为"治理中轴"和治理动力站,才能有效规避上述问题。

不同的国家结构形式对国家治理产生不同影响,形成不同要求。在当下推进国家治理体系与治理能力现代化进程中,应深入研究在"单一制"结构形式下如何更好地提升我国地方治理创新的问题。这对于中国实现各项现代化目标意义重大。

现代国家治理都是特定国家结构下的治理。中国是"单一制"国家,公共治理具有统一性、垂直性。与其他单一制国家不同的是,我国幅员特别辽阔,东中西部社会经济发展极不平衡,发展的"极差"很大。要在"单一制"结构和幅员辽阔这两个特定条件下推进地方治理创新,需要研究并解决好三个方面的突出问题:

一是如何使地方政府更好地担当起行政法理主体角色,即成为一线治理创新的"发动机"。由于地方治理权限由中央政府授予，地方治理创新很容易形成依赖统一指令、习惯做"转发器"这一行政惯性。按照国家治理体系与治理能力现代化的要求，单一制结构条件下的地方政府，事实上有两方面最基本的任务：首先是如何贯彻落实好中央大政方针和各项工作要求；其次是如何从本地实际出发，形成富有特色的地方治理和"编码系统"。后者尤为重要，它是能否实现我国制度自信的重要变量。

我国重大决策具有总体性和高覆盖性。在幅员辽阔的条件下，行政效率的空间递减是个客观问题。只有使地方政府真正成为"治理中轴"和治理动力站，才能有效解决上述问题。各地方政府既要有战略性、贯彻性的治理承接，也要有创造性的营运操作，在贯彻实施中形成一种"再创造"。在公共治理地方化方面形成合乎本地实际情况的治理逻辑和治理理念，在贯彻性行为与创制性行为的有机结合上，把握恰到好处的平衡与比率。各级基层政府也应更好地担当起治理创新任务，加强探索性和创造性，探索富有特色的基层治理创新模式。

二是如何进一步简政放权，大幅度下放行政权力，使地方治理创新有更多自主性和决策权。事实上，这已经成为检验我国治理体系与治理能力现代化实际进程的一个显性指标。

在整个改革开放过程中，历届中央政府都把"简政放权"作为行政体制改革的核心任务。正如李克强总理指出的，十九大以来，根植于对国情的清晰认识和对人民和市场的充分信任，中央多次强调和布置简政放权工作，以腾出手来考虑稳增长、控通胀、防风险，保持经济持续健康发展等重大问题。2013年3月《国务院机构改革和职能转变方案》发布，拉开我国第七次政府机构改革序幕，其核心任务就是"简政放权"。十九大报告提出，要"转变政府职能，深化简政放权，创新监管方式，增强政府公信力和执行力，建设人民满意的服务型政府"。可以这样说，什么时候有真正的简政放权，什么时候就有真正的地方治理创新和活力。

三是如何更加从实际出发，根据不同地区社会经济发展的现状、条件，出台治理举措和公共政策。我国制度结构具有统一性，但公共治理应有更多的灵活性和针对性。如前所述，由于我国地区差异大，社会经济发展极不平衡，同一治理举措和公共政策投放到不同地区，治理收益是不确定的。事实上，区域性"政策损耗"一直是我国公共管理领域存在的突出问题。

更好地处理好、把握好统一性与地方性的关系，尊重各地不同的地方特性和社会经济现状，是一种国家治理的"政治艺术"。它要求我们在筹划改革发展各项任务、制定各种公共政策、推出各种改革举措时，更多地区别对待，精准投放，分而治之，既有统一性，又保持灵活性。这不仅是有效遏制"政策失灵"的需要，更是提升治理效能、实现治理产出最大化，更好地发挥我国制度优越性的必然选择。

五、社会体制与社会管理之区别

　　社会体制和社会管理混为一体，不仅造成理论上的含糊不清，更主要的是，造成实际工作中诸多偏差和误区，引发无视社会体制的内在规律，简单以社会管理代替社会体制的种种错误做法。

　　社会体制与社会管理，虽有内在联系，却是有着重大区别的不同领域。从性质看，社会管理是政府和社会团体为促进社会系统协调运转，对社会系统的组成部分和社会生活领域及其发展过程所进行的组织、指挥、监督和调节的行为过程。社会体制则是社会领域或社会空间中一种"客观结构"，这种结构，是社会体制各组成部分或诸要素之间比较持久、稳定的相互联系模式。

　　此外，从特点看，社会管理相对于经济管理、政治管理、文化管理，是公共管理的一个"品种"；而社会体制相对于经济体制、政治体制（政府体制）、文化体制，它是一种"社会样式"，是一个社会得以运行的"体式"。从主客体看，社会管理具有自身的主客体。它的主体是

"政府主导"，它主要是一种"政府行为"——其格局是"党委领导、政府负责、社会协调、公众参与"，它作用的方向和客体是社会和民众。而社会体制没有主客体。它主要是一种系统性的"结构模式"，并具有多元性。从内容看，社会管理是包括社会调控（social control）、社会治理（social governance）和社会整合（social integration）等在内的"管理系统"。在层级上，社会管理分为社会宏观管理、社会微观管理（即基层管理）；社会体制则是包括诸多"体制子系统"在内的结构体系。社会体制包括社会运行体制、社会组织体制、社会保障体制（社会保险、社会福利、社会救助）、社区构成体制、社会管理体制等子系统。从形态看，社会管理具有行为性、动态性；社会体制具有结构性、静态性。

社会体制和社会管理混为一体，不仅造成理论上的含糊不清，更主要的是，造成实际工作中诸多偏差和误区，引发无视社会体制的内在规律、忽视社会体制本身所要求的管理特征，简单以社会管理代替社会体制的种种错误做法。因此，在进行社会体制建设中，应当对"社会体制"和"社会管理"的联系和区别有一个明晰、科学、规范的认识和把握。

那么社会体制包含哪些方面和哪些内容？美国政治学家在谈到社会结构或分层体制时认为"在判断哪些人组成团体和互相分离时（如阶级、宗教或种族地位）所依据的标准，以及回答这些分层是会重叠还是互相分离的问题"，就是所谓社会结构或分层体制。由于"社会体制"问题在中国还是个新事物,在理论典籍和实际领域都尚无真正确定的定义。但是尽管社会体制问题还是个相对模糊的概念,依据人类社会发展的规律和世界各国的经验,社会体制建设还是有着约定俗成的内容构成的。

从社会运行实际来看,所谓社会体制,是社会领域一系列制度安排的样式,即在特定的国家或地区内以明确的政府、市场与社会组织职能,清晰的中央、地方各级政府之间事权、财权责任进行社会管理、公共服务、解决社会纠纷的机制与制度。社会体制受基本经济制度、一定历史时期社会模式的决定和制约。它是基本社会制度的具体体现,是它的"操作层次"。

根据世界各国经验和人类社会发展的经历,特别是改革开放以来的中国社会实践,一个比较完整意义上的"社会体制",其实至少包含了五个方面的重要类别:一是社会运行体制,二是社会组织体制,三是社会保障体制,四是社区构成体制,五是社会管理体制(主要表现为政府公共管理体制)。"社会体制"又与经济体制、政治体制和文化体制一起,构成了一个国家的体制序列。

社会体制建设,既是社会建设的一个子项,又与经济体制建设、政治体制建设、文化体制建设等构成了一个体制共同体。社会体制建设是中国现代化建设中的基本内容,在推进社会建设中,应当把社会体制问题与经济体制、政治体制和文化体制问题一并考虑,将社会体制问题与经济、政治和文化体制问题进行同一层面的协同推进，才符合科学发展的内在要求。这也是中国当前现代化建设的一个总体趋势和总体框架特征。

六、提升国家治理能力的五个议程

市场不仅是决定性资源配置手段，更是一种治理力量。政府要克制"管事偏好"，减少对资源的直接支配和配置，减少对微观经济的干预，把市场机制能发挥作用的领域交给市场。

国家治理能力是衡量一个国家现代化程度的重要指标，实现治理能力的现代化，是中国现代化历史进程中一项战略性任务。《中共中央关于全面深化改革若干重大问题的决定》提出"推进国家治理体系和治理能力现代化"的重大命题，并把它作为全面深化改革的总目标。实现治理能力的现代化是个系统工程，有着众多繁杂任务，但其最重要、最紧迫的议程是：

第一，处理好政府、市场、社会的相互关系。政府、市场、社会三者关系是任何国家现代化过程中必须解决好的问题。我国三十多年来改革的核心，实际上就是一个如何解决好市场在资源配置中发挥基础性、决定性作用的过程。《中共中央关于全面深化改革若干重大问题的决定》提出：经济体制改革是全面深化改革的重点，核心问题是处理好政府和市场的关系，使市场在资源配置中起决定性作用和更好发挥政府作用。市场不仅是决定性资源配置手段，更是一种治理力量。一个市场不完善、市场功能不显著的国家，治理绩效一定是低下的。政府要克制"管事偏好"，减少对资源的直接支配和配置，减少对微观经济的干预，把市场机制能发挥作用的领域交给市场。政府作为"看得见的手"不能成为"闲不住的手"，要通过切实转变政府职能，形成市场作用和政府作用相互协调、相互促进的治理格局。

政府与社会的关系，本质上是国家与社会的关系。社会先于国家、国家来源于社会，是马克思主义的基本观点。政府作为社会的产物，在与社会的关系上，主要职能是"掌舵"而不是"划桨"，是提供公共服务、促进社会公平正义和社会稳定，促进共同富裕。政府包揽一切、包打天下，是一种高能耗、低绩效的治理陷阱。按照治理能力现代化的要求重构政府与社会的新型关系，才能建立起多元化、参与式的社会治理模式，推进中国现代化进程。

第二，处理好政党、国家、政府的相互关系。从国家治理体系的视角看，中国治理体制的特点在于它是一种"五政治理"模式，即中国共产党执政、人大代政（代议制之"代"、人民代表大会之"代"、代表之"代"）、政府行政、政协议政、各民主党派参政这样一种国家治理结构。"五政"模式中，党的领导是关键。世界上大部分执政党都不是领导党，中国共产党既是执政党，又是领导党。党的领导是战略性、方向性、政治性领导，这种"领导"，是一种政治掌舵。人民代表大会是国家政权机关，代表人民行使权力；各级政府履行行政和管理职能；政协融会民意民智，洞开新见；民主党派共商国是，参与治理国家。

"五政"治理模式为构建中国特色的治理体系奠定了现实基础。随着国家治理体系与治理能力现代化这一重大目标的提出，如何更好地处理好政党、国家、政府的相互关系，特别是如何深化行政体制改革，切实转变政府职能、加快法治政府和服务型政府的建设步伐，成为提升治理能力、实现治理能力现代化必须进一步认真解决好的重大课题。

第三，处理好法治国家、法治政府、法治社会的相互关系。法治是现代国家政治现代化的重要标识。1997年十五大提出"建设社会主义法治国家"的目标，开启了国家治理的法治进程。2004年国务院《全面推进依法行政实施纲要》提出"全面推进依法行政，经过十年左右坚持不懈的努力，基本实现建设法治政府的目标"，2010年《国务院关于加强法治政府建设的意见》进一步对建设法治政府提出具体要求。2013年2月23日中央政治局就全面推进依法治国进行第四次集体学习时，习近平总书记提出"坚持法治国家、法治政府、法治社会一体建设"的要求。中共十八届三中全会《关于全面深化改革若干重大问题的决定》进一步提出了

"建设法治中国，必须坚持依法治国、依法执政、依法行政共同推进，坚持法治国家、法治政府、法治社会一体建设"的重大任务。十九大报告要求加快"坚持依法治国、依法执政、依法行政共同推进，坚持法治国家、法治政府、法治社会一体建设"的进程。

法治国家、法治政府、法治社会构成"法治中国"建设的整体。"法治国家"的核心，是国家政治结构和治理方式的法治化、制度化；"法治政府"的核心，是强调政府权力的合法性来源，强调政府权力必须受制于规范严密的监督体系；"法治社会"的核心，是强调社会依法自治，并通过一系列方式构建公众参与公共治理和监督的体系。

在三者关系上，法治政府建设是法治国家建设的重心。合法行政，合理行政，程序正当，高效便民，诚实守信，权责统一是法治政府建设的核心要求。法治社会则是法治国家的基础、支撑和条件，没有公民和社会团体广泛参与形成的法治社会，法治政府和法治国家建设都不可能。而法治国家、法治政府、法治社会的建设的核心任务，是置宪法于崇高地位，建立公众对于法律的信仰，维护公民权利，以宪法和法律作为国家治理和公民行为的准则。

第四，处理好制度体系、组织体系、执行体系的相互关系。制度体系是一个国家的治政法纲；组织体系是一个国家的科层结构；执行体系则是一个国家治理的营运效力。三者关系中，制度体系和组织体系居于核心地位。《中共中央关于全面深化改革若干重大问题的决定》提出：到 2020 年"在重要领域和关键环节改革上取得决定性成果"，"形成系统完备、科学规范、运行有效的制度体系"，在未来的几年中要实现这一目标，任务极为艰巨。执行体系是治理能力现代化的显性系统。没有良好的执行、实施和治理运作能力，再好的制度体系、再完善的组织体系也会形同虚设或事倍功半。

第五，处理好"顶层设计"与"摸着石头过河"的相互关系。"顶层设计"与"摸着石头过河"是国家治理上的两种思想方法。"顶层设计"是一种战略筹划、宏观调控能力，表现为善于从战略大局上运筹帷幄、谋篇布局，擘画大政方针和改革方案的分阶段进程表。"摸着石头过河"则是一种循序渐进、"尊重现实"的治理能力。从根本上说，国家治理的动力和需求来自于现实生活的变迁和发展，"摸着石头过河"是对现实治理需求的诊断、把握和遴选。这种治理方式，主要表现为善于从现实发展中提炼治理命题、引入治理动力、确定治理任务，同时善于将成熟可行的治理探索上升为法规制度，及时将成熟可靠的改革创新上升为法规制度或全局性公共政策。把握好两者关系，做到相辅相成，既是提升治理能力的条件，亦是提升治理能力的表现。

七、为提升国家治理效能建构新型执行力

执行力在"单一制"结构中有着特别重要的变量意义。但是执行力的问题不仅存在于地方治理层面，也存在于国家治理的各个结构和层面。

十九大报告提出了"增强政府公信力和执行力，建设人民满意的服务型政府"的命题。没有好的执行力，就谈不上好的国家治理效能。由于国家治理战略、国家治理的重大决策最后都归结于行动层面，因此比起战略能力、决策能力来，执行力是一种更为现实的治理能力，它深刻影响公共治理效能和服务型政府建设的局面。

国家结构、国家幅员与执行力

简单说，执行力是根据战略规划和业已确定的目标予以实施、推进的能力和效率。现代国家行政系统中，

执行力作为国家治理和地方治理的行动力，本质上是个实践性命题。执行力不仅在当今治理实践中备受关注，同时也成为政治学、行政学和管理学研究的热点。

现代国家治理都是特定国家结构下的治理。我国是"单一制"国家，公共治理具有统一性、垂直性。地方政府的权限由中央政府授予，地方政府行政过程的"执行"性质非常突出。这一国家结构，使执行力的功能、效率和质量的重要性更加凸显。由于我国幅员辽阔，自然和社会条件差异性大，东中西部发展极不平衡，社会经济发展的落差很大。要在"单一制"制度结构和幅员辽阔地理结构这两个特定条件下更好地推进国家治理现代化，强化执行力成为相当重要的问题，它甚至决定了一个地方的发展面貌。

执行力在"单一制"结构中有着特别重要的变量意义。但是执行力的问题不仅存在于地方治理层面，也存在于国家治理的各个结构和层面。提升执行力，应成为我国推进国家治理能力现代化、强化政府行政效能的一项基本建设。

执行力问题的三种形态

从我国全面深化改革和社会治理实践的过程看，现阶段执行力存在的问题总体上呈现三种形态。

一是"执行不力"。即应付性完成"规定动作"，缺乏实质性的贯彻主动性，执行行为习惯于做"减法"。如前所述我国是单一制国家，法理上地方权限由中央政府授予，客观上很容易形成等待和依赖上面"指令"的局面。甚至"指令"下来也不作为、应付作为、消极作为的懒政、怠政。我国正面临自20世纪80年代改革开放以来新一轮改革的压力和机遇，特别需要敢吃螃蟹、敢于担当的精神。但是由于"敢作为"比起"不作为"来，客观上面临的风险可能更大，因此明哲保身、"守摊子过日子"成为一种"理性选择"并呈普遍化的态势。我国当下治理实践中出现的执行力疲软，此种类型居多。

二是"执行乏力"。所谓"心有余而力不足"，习惯于做"抄表工"，缺乏强有力的执行营运能力。由于实际治理能力的孱弱，"机械性行政"成为常态。这一类型在地方治理层面特别是基层治理层面较多存在。无论是深化新一轮改革，还是有效提升治理层级；无论是阶段性目标的展开，还是整个现代化战略进程的推进，都需要不期修古，唯变所出，摒弃旧观念、开拓新境界，具有过硬的治理能力。但许多政府部门习惯于旧思维、老套路，表现为典型的"本领恐慌、能力不济"，以日常事务处理替代公共治理。这在很大程度上抑制了我国治理现代化整体水准的提升。

三是"执行偏力"。不能精准地遵循中央大政方针和治理思路，而是随心所欲或"偏移式"执行。其行政过程的着力点，不是聚焦于重大公共问题和人民群众最直接、最关心、最实际的问题，而是我行我素，天马行空，甚至"游戏式"行政。具体表现：一是不求甚解，"歪嘴和尚把经念歪"。二是站在本地区本部门立场，以"结合本地实际"、"创新"等名义，将各种重大治理举措、重大决策进行选择性、偏好性的实施。三是好大喜功，热衷做表面文章，搞形式主义和形象工程。这种"偏锋式"的执行力，是现阶段影响我国公共治理绩效的第三种突出类型。

建构新型执行力：调整好步序

规划力、决策力、执行力事实上构成了现代国家治理能力的逻辑链条。规划力框定战略方向，决策力抉择治理主线，执行力决定实际营运。国家治理效能很大程度上取决于这三方面。执行力不仅是一种"按图施工"的作业能力，更是一种结合本地实际推进工作的"再创造"能力。在执行力上，可以比较清晰地检视出包括政府部门、社会团体、企事业组织等在内的各种行政结构的性能、素质和综合能力。

任何应付性、机械性、照本宣科性、能力不济性行为，都不可能构成好的执行力。至于我行我素、任意偏好的乱作为，更构成对执行力的消解。要整体性提升我国公共治理的执行力，就要对"执行力"本身进行必要的治理，矫治执行不力、执行乏力、执行偏力，构建优质高效的新型执行力。

首先要建构"规范的执行力"。行政过程不仅要程序合法、职权合法,更要合乎"实质正义"。要达到这一目标,就要通过明确行政责任、强化行政处分和行政处罚来规范行政行为,对不当行政行为进行强有力的监督和处罚。其次要建构"融通的执行力"。即注重在全面准确理解贯彻中央大政方针的基础上融会贯通,不遗漏、不变形、不随心所欲,同时不机械、不僵化。第三要建构"创新的执行力"。执行力的生命不在于表面的亦步亦趋,而重在得其神、师其意,实现真正意义上的执行力创新。

这里有一个需思考和把握的问题,即如何界定执行力的自由裁量权?

由于执行力具有现场性、操作性和应变性,任何执行力都存在一定裁量空间。这种裁量空间,也是与我国的国家结构和地域辽阔这些特点相适应的。我国的重大决策具有总体性和高覆盖性,但在幅员辽阔条件下,行政效率的空间递减是个客观问题。从政治学观点看,现代政治体系,不管其本质如何,都要有强健的地方行政管理,只有建构自由裁量运用恰当合理的地方执行力,使之成为治理加力站,并形成一种"再创造",才能有效遏制效率递减这一问题。

毫无疑问,自由裁量空间对于执行力十分必要,本土化、创新性对于执行力不可或缺。但"裁量"不能任意,更不能成为权力设租、寻租的空间。要按照《中共中央关于全面推进依法治国若干重大问题的决定》提出的要求,"建立健全行政裁量权基准制度,细化、量化行政裁量标准,规范裁量范围、种类、幅度",使裁量空间成为执行力的"能量加载"过程。

按照治理体系与治理能力现代化的要求构建新型执行力,应当秉承创新与贯彻的融会贯通,并实现理念、能力、效率的有机统一。

八、"服务型政府"是个革故鼎新的变革

> 服务型政府的本质,是在社会民主秩序框架中凸显公民本位、社会本位、服务本位和效率质量本位;其价值取向是向公民提供"服务"而不是让公民向政府"服从"。

服务型政府建设,不仅意味着政府自身的重大变革,还意味着政府与市场、政府与企业、政府与社会、政府与资本关系的重塑。

《中共中央关于全面深化改革若干重大问题的决定》提出加快"建设法治政府和服务型政府";十九大报告提出"建设人民满意的服务型政府"。加快推进服务型政府建设的进程,既是中国在 2035 年基本实现现代化的题中应有之义,也是全面贯彻落实《决定》和十九大精神、全面完成《决定》和十九大提出的各项重大改革任务的必要条件。

"服务型政府"与世界文明主潮

服务型政府建设是 20 世纪下半叶以来的世界性命

题。发达国家的服务型政府建设大致经历了三个阶段：一是早期市场经济与有限公共服务时期。19世纪上半叶，西方国家政府充当"守夜人"角色；19世纪后半期一些发达国家开始调整生产关系，制定劳动保险法、救济法等，兴办公共福利事业，大幅度改善国民生活。二是公共服务体系完善时期。第二次世界大战后，许多发达国家介入市场功能发挥不明显的领域，扩大公共服务覆盖面，公共服务成为政府主要职能。三是公共服务职能变革时期。20世纪60年代以来，经济全球化、政治民主化浪潮席卷全球，公共行政变革形成新的世界潮流。70年代后，新西兰、英、美等公共部门针对传统管制型政府的弊端，大力引入"企业化"模式，以重新赢得公众信任。日本、加拿大、荷兰、法国等纷纷效仿，运用市场力量提升政府绩效，大力改善公共物品供给质量，掀起了所谓"新公共管理"运动。

这一背景下，许多国家提出了"服务型政府"建设目标。90年代后，发达国家行政改革的首要目标几乎都聚焦于"政府再造"，塑造服务型政府，探索如何更好提供公共服务。如1991年英国梅杰政府推行所谓"公民宪章"运动，规定政府各部门必须以规章方式明确列出公共服务的内容、标准和责任等。这一时期，发达国家服务型政府职能面临重大改革，在"以更少纳税获得更好的公共服务"巨大公众期待的压力下，各国普遍推行公共服务市场化、社会化，实行绩效管理，改进社会福利制度，促进充分就业。

发达国家服务型政府的变革探索大体呈现两种类型：一是以美、德、日为代表的"公平与效率兼顾型"，二是以英、法和北欧为代表的所谓"公平主导型"。前一种重在政府调节分配前提下建立个人自助为主、政府补助、商业保险为辅的公共服务体系。如德国，建立的公共服务体系与其社会市场经济体制相适应，实行公助与自助相结合，社会保障项目除了工伤保险费用由企业主承担外，失业保险和医疗保险所需资金均由职工个人和所在企业分担，政府只在以上项目亏空时给予部分财政补贴等。后一种则以"全民普及、公平公正"理念为原则，推行全民保障。两种不同类型都建立起了较为健全、富有效率的公共服务供给体系。

在中国，服务型政府理念的形成是个坐标性事件

总体上，中国服务型政府建设的探索大致呈现三个阶段：第一阶段，从新中国成立到十一届三中全会是起步时期；第二阶段，从改革开放到十七大前是发展时期；第三阶段，十七大以来是进一步发展时期。

从 2002 年开始，我国一些地方政府陆续提出服务型政府建设的改革议程。2002 年 11 月，十六大报告首次将政府职能聚焦于"经济调节、市场监管、社会管理、公共服务"四方面。2004 年 2 月 21 日，温家宝总理在中央党校省部级干部"树立和落实科学发展观"专题研究班上的讲话中，第一次在中央层面提出"努力建设服务型政府"的目标。同年3月8日，温家宝在两会陕西代表团会议上强调"我们要把政府办成一个服务型的政府，为市场主体服务，为社会服务，最终是为人民服务"。2005年3月全国人大十届三次会议上，"服务型政府"首次出现在《政府工作报告》中，经人大批准上升为国家意志。

服务型政府理念的形成和提出，是一个坐标性事件。2006年10月，十六届六中全会首次将"建设服务型政府，强化社会管理和公共服务职能"写入党的文件。2007年10月，十七大报告进一步论述了服务型政府的建设目标和要求，标志着中国政府职能转变和行政管理体制改革迈入新阶段。十七大后理论界对服务型政府建设的相关问题开展了热烈的研讨，提出了许多建议。

2008年2月23日在中央政治局第四次集体学习会上，胡锦涛在讲话中强调：建设服务型政府，首先要创新行政管理体制，把公共服务和社会管理放在更加重要的位置。2008年3月15日，十一届全国人大第一次会议通过国务院机构改革"大部制"方案，标志着新一轮政府机构改革拉开帷幕。2013年3月14日，全国人大审议通过《国务院机构改革和职能转变方案》，成为中国服务型政府建设的新突破。2017年10月，十九大报告提出，"要深化机构和行政体制改革"，"增强政府公信力和执行力，建设人民满意的服务型政府"。

服务型政府建设：本质、要义和主线

服务型政府相对于历史上"管制型政府"而言，是新的社会条件下新的政府形态，是对传统管制型政府模式的重大超越。服务型政府的本质，是在社会民主秩序框架中凸显公民本位、社会本位、服务本位和效率质量本位；其价值取向是向公民提供"服务"而不是让公民向政府"服从"。

服务型政府建设，不仅意味着政府自身的重大变革，还意味着政府与市场、政府与企业、政府与社会、政府与资本关系的重塑，意味着行政管理体制的重大创新变革。从管制到管理，从管理到治理，是个历史性的进步——"多元治理"是一种新型治理形态；而从管制型政府到服务型政府，是另一个历史性进步，它伴随着政府职能的深刻、重大的变革。

《尚书·大禹谟》说"德惟善政，政在养民。"如果说发展经济是政府的天职，那么促进社会公平正义则是政府的良心。政府必须向社会和市民提供各种优质的公共服务产品，满足人们生存之需和社会发展需要。由此，必须加强在公共服务制度安排和公共产品供给方面的职责，公平公正地面向全体人民提供义务教育、基本医疗、社会保障等基本公共服务，提升全国公共服务总量，推进基本公共服务均等化。

推进服务型政府建设，要义有两方面：一是政府职能要从管理为主要职能转向以服务为职能，全面提升提供公共服务的能力；二是不仅要善于提供服务，还要善于购买服务。简单说，服务型政府建设，一是要善于向社会提供服务，二是要学会向社会购买服务，正如《中共中央关于全面深化改革若干重大问题的决定》强调的："推广政府购买服务，凡属事务性管理服务，原则上都要引入竞争机制，通过合同、委托等方式向社会购买。"

善于向社会购买公共服务，是以承认社会存在多元的公共服务主体为前提。政府不包揽一切，不扮演"全能政府"角色，做力所能及的事，承担该承担的"有限"的服务职责，善于运用社会资源和公共智慧，将公共服务更多地转移给各种社会组织，提升公共服务市场化、社会化程度。加快发展社会组织，尽快"转移"一部分公共管理和公共服务职能。行业协会、商会、同业工会、社会中介组织等的状况和质量，是市场经济成熟程度的重要标志，也是能否真正建成服务型政府的重要变量。政府职能转变和收缩，以社会自组织的发展为条件。一个"弱组织社会"，一个社会参与性屡弱的社会，不可能产生真正意义上的"服务型政府"。

因此服务型政府建设目标的实现，依赖于大量能够担当起一定社会公共事务、能够"接盘"的社会组织"队列"的形成。那些行政色彩、"二政府"色彩浓郁的社会组织，不是真正意义的社会组织，应当加快去行政化的步伐。将竞争机制引入公共服务领域，开放公共服务市场，允许社会组织和企业进入提供公共服务的相关领域。

总之，在服务型政府建设中如何打破对于公共服务的垄断，尽可能以委托、承包、代理等市场化的制度安排，引入社会力量和非政府组织参与提供公共服务；政府自身如何更多向社会购买服务，从包打天下中解脱出来，实现职能上的瘦身和转型，是个大课题。

在深层次行政文化上，由于长期的社会历史原因，在我国各级行政系统中存在较为根深蒂固的"管制偏好"，官本位根深蒂固，公民至上、社会为本的公共理性薄弱。这种行政文化制约着政府职能转变的进程。如何从"管制型"行政文化向"治理型"行政文化转型；从"统治型"行政文化向"服务型"行政文化转型，如何真正实现从官本位、政府本位、权力本位向"民本"、"人本"、"社会为本"服务理念转型——不仅进一步解构管制型的行政结构，更着力解构内在的管制型行政理念和文化心理，是当下推进服务型政府建设在文化和心理领域要认真面对和解决的重大问题。

九、"法治中国"有真谛

"保障民权，限制政府"，是构成现代国家权力结构的基本原理，也是现代社会法治的实质所在。

著名经济学家、诺贝尔经济学奖得主科斯，在谈到中国问题时曾提出过"十大忠告"，其中一条是"中国必须让政治权力服从于法治"。他认为："如果权力由法律来约束，如果任何权力的滥用都可以追溯责任，那么腐败就不会威胁到秩序和稳定。"的确，如果从中国发展的内在结构看，真正影响未来发展和稳定的，是"吏治"问题而不是其他。

十八大以来，中国反腐败取得了前所未有的突破。但接下来，建立起"不敢腐、不能腐"的反腐败法治体系，特别是实现吏治的制度化、法治化，是个很大的战略性任务——这也是推进国家治理能力现代化、赢得未来长期稳定与发展的基本前提。

就法治建设本身看，在中国，从来就不缺少法制。法制在农耕文明时代，本质是"治民"，即单纯把民众作为控制、管理对象。法治则是现代文明之果，法治的真谛是"治权"，即通过良好的制度安排，有效地制约和规范公共权力。建设法治中国的核心任务，是置宪法于崇高地位，维护公民权利，以宪法和法律作为国家治理和公民行为的准则。

中国社会，少的是法治精神和法治的文化基础。由于缺乏根深蒂固的法治精神，由于缺乏对于法律的信仰，在中国，修法律易，行法治难，并常以"法治"之名，行"法制"之实。中国漫长的封建社会，形成了坚韧的"吏治—人治"传统。从民国建立到1949年新中国成立，短短几十年里，制宪频率之高在世界亦为罕见。北洋政府时期，曾出台过十多部宪法和宪法草案，但都没有把国家推上法治化的轨道。

今天中国社会，很重要的一点，是要在全体公民中培育起对于宪法和法律的信仰。宪法的本质精神有两点：一是人民享有最高权力；二是政府受命于法。换句话说，是"保障民权，限制政府"，这是构成现代国家权力结构的基本原理，也是现代社会法治的实质所在。

在形而下意义上，法律是一种社会治理工具；在形而上意义上，法律更是一种信仰。任何国家，法治真正有效地推行，须深植于民众对于宪法和法律的普遍信仰。信仰所形成的"不成文法"，比成文法更有权威。一个国家可以较快建立起相对完备的法律体系，但建立起对于宪法和法律的信仰并使之社会化，则是个相当漫长也是困难的过程。

1997 年十五大提出"建设社会主义法治国家"的目标，开启了国家治理的法治化进程。十八届三中全会提出"建设法治中国"的重大命题，并提出法治国家、法治政府、法治社会"三位一体"的建设构想。十九大报告提出"成立中央全面依法治国领导小组，加强对法治中国建设的统一领导"，这是推进法治建设的新开篇。毫无疑问，它将改变以政治意志治理国家的旧方式，迈入国家治理的法治化新境界。

法治国家建设的核心，是国家政治结构和治理方式的制度化、现代化。法治政府建设的核心，是检视政府权力的合法性来源，强调政府权力必须受制于规范严密的监督体系。法治社会建设的核心，是强化社会依法自治，扩大公民政治参与，并通过一系列制度方式构建公众治理体系和监督体系。法治国家、法治政府、法治社会构成了"法治中国"建设的整体。在三者关系上，法治政府建设是整个"法治中国"建设的关键和核心。

发达国家经历了三百多年才形成法治，今天我们建设"法治中国"，还要充分吸纳世界各国法治的有益经验为我所用，加快全面推进依法治国、建设法治国家的伟大步伐。

十、科学执政与执政资源的科学运用

执政绩效，是执政收益与执政成本之比，它是一种政治产出。可持续地支配和运用执政资源的基本要则，是要减少执政损耗，以最小执政成本实现执政收益最大化。

执政资源是科学执政的重要变量

现代国家政党执政，是指经过宪法程序或其他政治程序执掌国家公共权力。执政作为以政党为主体的国家政治行为，以执政收益最大化为目标。执政效能是一个政党执政产出与执政资源消耗之比，而执政能力本质上是如何科学运用执政资源实现执政产出最大化的能力。深入研究和把握执政资源与科学执政的相互关系，才能更好地提升执政效能和产出，推动执政能力建设上一个新台阶，加快推进国家治理体系与治理能力现代化的进程。

资源（resource）总体上指物力、财力。《词源》对"资源"的界定是："资财的来源，一般指天然的财源。"

通常人们把资源界定为生产资料或生活资料的天然来源，如地下资源、水力资源、人力资源等，但显然，这些对"资源"的认知都基于资源的物质性内容，今天看是不甚完整的。因为事实上，资源虽以物质性为基础，但它决不仅仅限于有形的物质。资源可分为有形资源和无形资源，有形资源包括：物质资源、人力资源、货币资源；无形资源包括：时空资源、信息资源、信誉资源等。对一定社会中的主体来说，凡可资藉的社会、精神、人文、传统、物资等方面的东西，都可以成为一种资源。

与世界上大多数执政党不同，中国共产党既是执政党，又是领导党。从执政与领导的法理关系看，"执政"主要表明一个政党在国家政治体系中的法定地位和公共责任，指涉的是公共权力的（形式上）归属；"领导"则表明一个政党的社会动员和组织能力的幅度，指涉的是政党所要实现的各种战略和战术目标。重要的一个基本事实是，无论执政还是领导，都以大量资源为凭借。任何执政行为和领导行为的实施，都以一定资源消耗为条件、为前提。脱离执政资源的执政行为是无绩效行为；资源损耗巨大的执政行为是低绩效行为。毫无疑问，执政资源是执政和领导得以实施和实现的基本依托，是实现"科学执政"的重要变量。考察和优化执政资源的科学支配和配置，是执政能力建设的题中应有之义。

从执政过程的整体考察，一定社会政治环境中不同的执政资源配置和运行模式，对执政效能产生不同影响。对执政资源的科学配置并形成一定运行模式是执政能力建设的重要内容。那么，执政资源主要有哪些？其构成有哪些方面？其性态是什么？这是执政过程需搞清楚、需认真把握的问题。

科学认识执政资源的类别性态

执政资源是指执政可予支配的物力、财力、人力、智力、领导力等资源，如政治资源、经济资源、文化资源、精神资源、社会资源等。从现代国家政党执政过程看，我们可以把执政资源区分为七种性态类型：

物质性态资源。人类社会是个"物质"世界，任何执政行为首先是一种物质行为，以一定物质耗费为其前提。正如人类林林总总的活动都是物质活动一样，执政首先是一种物质活动，需依赖于相应的一定物质力量。物质资源是执政得以实现和持续的基本条件。物质性态资源是指执政过程可支配的"物化"形态的资源，从各种自然产品到各种人工产品，从一定的产业、军队、警力到办公用品。物质性态资源是执政行为最基础、最重要的资源。

精神性态资源。现代执政又是一种以一定价值、理念为指导的政治行为，这种行为须拥有一定可予支配、凭借的精神旗帜和价值系统，有用来整合自身、整合社会、整合民众的精神和理论系统。执政过程所依赖和可资用的价值、理念、思想、理论、学说等意识形态，都是执政过程非常重要的精神性态资源。精神性态资源对实现执政的预期目标至关重要，对执政党的凝聚力和社会核心价值系统起着举足轻重的作用。精神性态资源还常常表现为对执政合法性来源的解释和支撑。

组织性态资源。现代社会人们的经济、政治和社会需要，大部分是通过社会"组织"来满足的。任何社会都是有组织的社会，这不仅表现为它任何时候都是高度组织化的，更表现为社会本身就是由一个个组织所构成的系统。执政是一种有组织的活动，它既依托于一定组织，又是组织行为的一种表现。组织性态资源主要指执政主体得以正常维系的组织架构、组织体系和组织模式以及组织体系能支配的种种东西。执政过程须依托健全、规整的组织架构方可运行，一个"弱组织形态"的执政，是充满风险的，也是低绩效的。组织作为一种开放系统，时刻与环境进行物质、能量、信息的交换。除了执政主体自身健全的组织建构是一种基本力量外，组织性态资源还包括与执政行为相关联或执政行为可予凭借的各政党组织、政府组织、社会组织等。

地位性态资源。社会学或人类学范围的社会地位，系指个体或群体在社会中的位置、排名、荣誉和声望，亦是个体或群体在社会中的"身份"。这种地位和身份可由两种方式达到：一是"先赋地位"，即以承袭方式得到社会分层体系中所处位置；二是"自致地位"，即通过知识、技能、专长或其他努力取得的结果。本质上现代国家的执政是一种宪治行为，它是一种"自致"同时通过宪法确认的法定地位。这种法定地位本身，是一种非常重要的政治资源。地位性态资源是一个政治结构所拥有的法定层级和相应的"支配便利"。今天我们强调"执政意识"，其实包括了执政"地位资源"意识。当然对于地位性态的运用必须是制度化、法治化、节制性的。一定的地位性态资源不仅决定了一定的权力和权利，更决定了相应的责任和义务。

人力性态资源。人作为生产力的第一要素，是执政过程最为活跃的因素。执政过程作为一种人力资源的耗费过程，人力性态资源成为特殊而又基本的资源，是执政过程中最具"弹性"和"灵动"的部分。执政的人力性态资源，主要指执政主体拥有的可予支配和调运的人力群体（如政治家群体、国务活动家群体、公务员群体、党员群体、干部群体、骨干群体等）。除了自身系统中最为基本的人力资源，友党、民众、一定社群、团体等，都是可能的可予资用的人力资源。英国经济学家哈比森在《国民财富的人力资源》中认为，人力资源是国民财富的最终基础。所谓"得人者昌，失人者亡"，执政过程中能否形成"正淘汰机制"而非"逆淘汰机制"，对于执政主体能否拥有强大、明亮的人力性态资源是至关重要的。

信誉性态资源。信誉是人和社会团体获得的社会评估，是社会主体长期行为产生的社会认同。信誉构成社会交往的基础。人类的政治经验表明，信誉是一种无形资产。信誉是国家治理体系中一种极为重要的资源。实际上，信誉性态资源反映了执政主体的社会信任状况。一个执政主体政治信誉高，执政绩效就高；一个执政主体政治信誉差，执政绩效就低。政治信誉高的执政过程摩擦系数小、政治损耗低。一个政党拥有多少可资运用的信誉性态资源，对于执政绩效高低相当重要。执政信誉主要取决于执政过程是否有良好的执政伦理和良好的执政行为。

感召性态资源。与信誉性态资源相关的是感召性态资源。"天心与人事相倚伏，人事与天心相感召"，感召是一种巨大力量。所谓感召性态资源，是指执政主体所拥有的使社会和民众膺服的业绩、资历、政治声望以及在一定时间、空间内执政主体所能动员、组织、凝聚民众和社会的力量，它是凝聚社会、渗透社会的力量资源。执政主体的感召能力反映了社会动员能力和组织能力，反映了执政质量。倡导用实验方法研究人的行为的英国政治学家、教育家格雷厄姆·沃拉斯（Graham Wallas）在《政治中的人性》中指出："一个政治家的智力经历要被公众铭记在心，必须要么基于顽固地坚持一成不变的见解，要么基于一个缓慢、简单和一贯的发展过程。"老一辈革命家的革命功勋构成了很大的感召性态支配资源，但这方面资源已不可能通过传奇性革命经历和"卡理斯玛"（超凡魅力）来再生，必须有新的感召性态资源来实现替代。

十八届五中全会提出，"必须坚持发展为了人民、发

84

展依靠人民、发展成果由人民共享，作出更有效的制度安排，使全体人民在共建共享发展中有更多获得感"。这是构建新的感召性资源的有效举措。执政为民、不谋私利的公信力，是政党执政的感召性态资源的基本来源。所谓"郑卫繁声，抑扬绝调，足使风云变动，性灵感召"（南朝梁·何逊《七召·声色》），本质上，感召性态资源反映了民众对执政主体的向心力或者说执政主体对民众的凝聚力状况。

审慎支配和科学配置执政资源

资源的稀缺性假设是经济学的逻辑起点之一。正如现实世界任何资源都是有限的一样，执政资源也是有限的。不同地域政治中，执政主体所可支配的执政资源，尽管在数量、质量、规模、性态、种类、层级上不尽相同，但无论是相对于执政主体的需求还是相对于资源的客观总量，执政资源都是有限的。

包括物质性态资源、精神性态资源、组织性态资源、地位性态资源、人力性态资源、信誉性态资源、感召性态资源在内的执政资源的有限性，首先表现为人类社会赖以生存发展的自然资源是有限的，其中许多具有不可再生性。其次表现为执政行为得以推行、持续和执政主体赖以"合法性"生存的社会、人文、精神资源，总体上也是有限的。人类的知识、文化、经验积累需要时间和过程。其三表现为国家治理体系与治理能力现代化过程，是一种政治"输入—输出"（Input-Output）的营运过程，其有效"输入"和有效的"输出"所需的资源损耗，相较于民众的承担能力和社会的承担容量也是有限的。执政资源的有限性，本质上受制于自然资源的有限性、社会资源的有限性以及人的认识能力和创造能力的有限性。

正因为执政过程赖以进行的自然资源的有限性、社会资源的有限性和人文资源的有限性，我们对执政资源的支配和使用必须审慎而节制。从世界范围经验看，由于执政主体掌握着大量资源，不计成本、不惜代价、不恤民力很容易出现在日常的政治—行政过程的各个方面。在推进国家治理体系与治理能力现代化过程中，应充分贯彻体现五中全会提出的"创新、协调、绿色、开放、共享"的发展理念，大力推行"成本执政"即推行低资源消耗型的"节简型执政"，并注重对执政过程开展"成本—收益"分析。

"成本执政"不仅仅是一个经济概念，也不仅仅是检测执政绩效优劣高低的显性指标，更成为区别正义政体与非正义政体的分水岭。历史上，一切非人民性的权力体制都是大量耗费民脂民膏、不体恤民力、不计成本、不惜代价的。当今世界，执政成本问题早已超越纯粹的经济学意义而成为一个涉及执政伦理、执政正义、执政合法性的重大问题。

对于资源有限性的认识和树立"成本执政"的理性，

要求在整个执政过程中认真规避各种"高资源消耗行为",遏制各种形式主义耗费大量成本,遏制各种名目繁多的、公众不受益的"改革"耗费大量成本,遏制各种名目繁多的形象工程、政绩工程、面子工程耗费大量成本,遏制包括结构性腐败等在内的各种腐败耗费大量成本。凡是不计成本、不惜代价、不恤民力,高投入、低产出以及短期收益,长期亏损;表面收益,实质亏损等行为现象,都应切实加以遏制、规避和治理。

治理执政损耗,实现执政效能最大化

执政绩效,指执政收益与执政成本之比,是一种政治产出。可持续地支配和运用执政资源的基本要则,就要减少执政损耗,以最小执政成本实现执政收益最大化。执政过程的各种损耗严重影响执政运行成本,应通过各种措施从五个方面治理和减少执政损耗:

第一,治理"体制性"损耗。合理科学的体制结构有利于执政产出最大化,不合理的体制结构减弱执政绩效。由于体制设置的不合理,或体制结构上存在过多环节,执政的决策和效能会产生损耗。因此,提升执政绩效在很大程度上是要通过体制改革、优化组织结构来实现。十八届五中全会提出"构建发展新体制","必须把发展基点放在创新上,形成促进创新的体制架构",有很强的现实性。十八届三中全会在反腐败上有个重要贡献，是改革完善了纪检监察体制，把原来属地方的纪检监察体制改为由中央与地方双重管理。规定查办腐败案件以上级纪委领导为主，线索处置和案件查办在向同级党委报告的同时必须向上级纪委报告。各级纪委书记、副书记的提名和考察以上级纪委会同组织部门为主。这就大大提升了纪检监察的反腐败效率，这是一个减少反腐败体制性损耗的成功举措。如能在这一基础上进一步推进到纪检监察体制的"直线制"，即垂直体制，体制性损耗还会更大幅度地减少。

第二，治理"观念性"损耗。观念会造成执政的很大损耗。改革、创新之所以那么艰难，之所以成本总是那么高昂，就在于总是存在种种反向的精神力量，亦即观念形态东西的束缚和狙击。改革开放三十多年来我们展开过一次又一次耗费时日的"观念突围"。因此《中共中央关于全面深化改革若干重大问题的决定》强调"敢于啃硬骨头，敢于涉险滩，以更大决心冲破思想观念的束缚"，提升执政绩效一个重要方法是突破观念束缚，同时要淡化"观念创造"，认识到社会发展更多是一个"试错"的过程。不急于去建立一套永恒的观念系统，正如马克思在《哲学的贫困》中指出的："人们按照自己的物质生产的发展建立相应的社会关系，正是这些人又按照自己的社会关系创造了相应的原理、观念和范畴。所以，这些观念、范畴也同它们所表现的关系一样，不是永恒的。它们是历史的暂时的产物。"我们在营建观念系统时要审慎，这不仅是一种科学态度，更是一种社会公共生活的大智慧。

第三，治理"地区性"损耗。我国幅员辽阔，各地社会经济发展不平衡，执政行为反映到不同地区上，会产生很大不同的形貌。我国是"单一制"国家，公共治理具有统一性。由于客观上地区差异大，在同一个执政方式下会产生不同的结果。这是执政"地区性"损耗的客观形态。执政"地区性"损耗的主观形态则表现为五个方面：一是政策敷衍，有令不行；二是政策选择，为我所用；三是政策捆绑，搭顺风车；四是政策截留，上下其手；五是政策变形，偷梁换柱。治理执政的"地区性"损耗，首先要提高执政输出的针对性、务实性；其次应强化政令执行的监督系统，遏制"上有政策，下有对策"、"只捡对己有利的执行"等现象；三是合理划定"央—地"事权，简政放权，赋予地方更多的政策创投空间。可以由地方解决的事情，不拿到上面来做。

第四，治理"偏好性"损耗。偏好是微观经济学价值理论最基本的假设，在执政领域也存在偏好并具有传递性、非饱和性、完全性等特性。偏好性损耗是执政过程的"常态遭遇"，这种"行政偏好"是主观的、相对的行为，它是非直观的。由于对执政政令理解上的差异，对同一个执政行为侧重点理解不同，在执政输出过程中时常会遭遇"无意识偏好"行为。同时"有意识偏好"行为如按主观倾向和理解行事；按习惯、惯例、传统等行事；按对自己有利、责任最轻的"理性原则"行事等，客观上也造成对整体执政成本的很大损耗。此外，部门偏好、行业偏好、利益偏好、热点偏好、倾向偏好、情感偏好等都构成对执政过程的影响，成为制约执政实现高效能的因素。

第五，治理"规制性"损耗。由于规制是执政的显性存在和政治输出，规制的质量影响着执政效能。好的执政首先表现为好的规制的执政。《贞观政要》中记载："贞观十年，太宗谓侍臣曰：'国家法令，惟须简约……数变法者，实不益道理，宜令细审，毋使互文。'"（《贞观政要·论赦令》第三十二）唐太宗对大臣强调，规则法令制定得不好，损害极大。国家法令必须简约。如果经常改变法令，不是好的治国之道，应当仔细审定法令，不要有重复、含义相同的条文。贞观十一年唐太宗又谈到："朝廷发布命令、文告等格式，若不常久稳定，就会使人心迷惑不解，奸诈之事愈益发生……"任何社会，规制一旦形成，就会对集体生活发生巨大作用。在执政领域，科学、合理、适时的规制有助于提升执政效能；不合理、不能与时俱进、繁杂抵牾、缺乏操作性、体现部门利益的规制则有害于执政效能，更谈不上实现执政效能最大化了。

规制性损耗首先表现为旧的不合时宜的条条框框的束缚。改革开放之初很大精力和成本就耗费在打破束缚生产力发展的各种条条框框上。其次表现为"规制供给"不足，同时简报政治、会议政治、讲话政治、视察政治等"任性政治"盛行，无"制"可依，或有"制"不依，治政行为的有序化、制度化程度低。其三表现为规制稳定性差，朝令夕改。而规制本身的缺陷和不足表现为或叠床架屋，或繁杂难懂，或规则间相互抵牾冲突。按照《中共中央关于全面深化改革若干重大问题的决定》提出的要求"到 2020 年，在重要领域和关键环节改革上取得决定性成果……形成系统完备、科学规范、运行有效的制度体系，使各方面制度更加成熟更加定型"，这是减少执政损耗的根本之道。

毫无疑问，有针对性地遏制和治理各种执政损耗，才能有效提升执政能力，实现执政效能和执政产出的最大化；也才能为加快推进国家治理体系与治理能力现代化、为实现全面建成小康社会的宏伟目标，构建起新的动力机制。

十一、要在简政放权上迈出新步伐

一要在理顺政府与市场关系上迈出新步伐，二要在理顺政府与社会关系上迈出新步伐，三要在理顺中央与地方关系上迈出新步伐，四要在理顺政府部门关系上迈出新步伐。

2016 年两会记者招待会上，李克强总理大篇幅谈及简政放权，强调要实现"简政放权、放管结合、优化服务"三者的联动。

简政放权是个历史性命题。早在 1941 年，陕甘宁边区政府副主席李鼎铭等就出"精兵简政"议案，引起毛泽东重视，批示"这个办法很好，恰恰是改造我们的机关主义、官僚主义、形式主义的对症药"。1942 年 9 月 7 日《解放日报》发表毛泽东起草的《一个极其重要的政策》，要求解决"庞大机构与战争情况的矛盾"，之后陕甘宁边区三次进行精简，取得很大成效。

新中国成立后"简政放权"贯穿于国家治理各个阶段，更成为十八大以来行政体制改革的主线。在十九大后推进"五位一体"总体布局和"四个全面"战略布局中，简政放权面临更迫切的任务，关键是如何在四个方面迈出新步伐：

一要在理顺政府与市场关系上迈出新步伐。2014年以来国务院取消和下放行政审批事项618项，占原有审批事项的36%；项目核准减少76%，98%以上境外投资项目、95%以上外商投资项目改为备案管理。对地方财政专项转移支付减少一半以上。多数省份行政审批事项也减少50%，有的达70%。但正如李克强总理指出的："把该放的权力放掉，把该管的事管好。"

简政放权核心是转变政府职能。只有市场解决不了或解决不好的问题，才是"市长"的事。要进一步还权于市场，放手让市场在资源配置中起决定作用，尤其要减对企业和微观经济的干预。凡属市场能解决的，就是"看得见的手"应恪守的底线。

二要在理顺政府与社会关系上迈出新步。政府与社会的关系，本质上反映了国家治理的实际水准。由于习惯性的"管事偏好"，总体上我国各级政府包揽社会事务较多，政府体量庞大，行政成本居高不下，与发达国家构成较大差距。

行政力量覆盖一切的管理模式已不可持续，政府要管好涉及老百姓切身利益的重大事务如食品安全、社会信用、弱势群体保护以及维护社会公平正义、保障社会秩序、实现民主法治，其他事情都应尽可能通过社会自主管理（包括发挥习俗、传统、信仰的功能）来解决。要按照《关于全面深化改革若干重大问题的决定》的要求:"适合由社会组织提供的公共服务和解决的事项,交由社会组织承担。"这不仅能大幅度减轻行政负担,提升社会治理水平,还能有效培养公众的责任意识和参与意识。

三要在理顺中央与地方关系上迈出新步伐。我国是单一制国家,但我国幅员辽阔,各地情况千差万别。如何科学划分央地事权,强化地方治理主体作用,决定了国家治理的质量。如在金融、工商等领域,现有的"条治"应向"块治"转型,淡化和取消垂直管理体制;而在审计、环保等领域,则应强化垂直管理。同时要合理划分包括投资性支出,行政管理支出和文教、卫生、科学事业支出在内的财政支出范围,使央地财力和责任相匹配。总之,一方面要提升中央政府的权威和调控力;另一方面又要赋予地方政府更多自主权,释放更多的地方活力。

四要在理顺政府部门关系上迈出新步伐。政府部门的权力配置和运行状态,决定了行政效率的强度。1982年以来我国先后进行七次行政体制改革,初步构建起服务型政府的框架。2015年起,国务院各部门对新中国成立以来的文件全面清理,宣布489份文件失效,决策、执行、监督进一步分开。但政府部门职能交叉、政出多门、权责脱节、争权诿责、不作为、乱作为现象依然存在。因此,进一步完善部门职能的科学配置,并厘清部门间关系,成为新的必要。

这当中,尤其要注重构建"扁平型"的组织运行机制,"宝塔型"的决策效率机制,"轮辐型"的信息发布机制,"同心圆型"的民意采纳机制,为建设高效能的廉价政府和服务型政府,进一步夯实基础。

十二、迈向2020：调适好五个关系

实现2020年各项预定目标，要调适好"定型"与"转型"、"复兴"与"振兴"、"道理"与"治理"、"自信"与"他信"、"初心"与"恒心"的关系。

2020、2035、2050是中国现代化的重要节点。2020年不仅要全面建成小康社会，还要全面完成《中共中央关于全面深化改革若干重大问题的决定》中提出的各项改革任务。任重而"道近"，只有加快步伐，才能"赶上趟"。实现2020年各项预定目标，尤其要调适好五个方面的重要关系。

一要调适好"定型"与"转型"的关系。1992年邓小平在视察南方的谈话中说："恐怕再有三十年的时间，我们才会在各方面形成一套更加成熟、更加定型的制度。在这个制度下的方针、政策，也将更加定型化。"准确地说，这不是个限定性目标而是个比较性目标，是强调到2022年左右才可能"形成"一套比当下更成熟、更定型的制度以及相应的方针政策，加快制度创新，才能实现这一战略目标。由此关键是如何处理好"定型"与"转型"的关系。

加快推进社会经济的转型发展，是当务之急。转型是事物的结构形态、运转模型和人们观念实现根本性变革，也是"定型"的先决条件。只有依据国内外环境的变化，对体制机制、运行方式和发展战略进行深刻变革和动态调整，才能将旧的发展模式推进到新的发展模式，形成一套更加成熟、定型的制度和相应的方针政策。

二要调适好"复兴"与"振兴"的关系。实现中华民族伟大复兴是近代以来中华民族的梦想。时间上，我们界定在新中国成立 100 年时实现这一目标。复兴，本质上是一种"振兴"而非复归到历史上某个时代。沧海桑田，任何时代都是不可复制的。"振兴中华"由孙中山先生率先提出，1894 年 11 月他在兴中会章程中提出"是会之设，专为振兴中华、维持国体起见"，成为"振兴中华"口号的由来。孙中山还具体阐述了实现"振兴中华"的路径和条件。实现"复兴"的本质是"振兴"，"振兴中华"是个历史性过程，它不仅是一种福祉的实现，更应当是民族精神"天行健，君子以自强不息"的新弘扬。

三要调适好"道理"与"治理"的关系。道理是说，治理是做，做比说重要。中国说了几千年道理，从先秦诸子百家到今天。中国文化很大程度上是由"道理"构成的。但今天更重要的是做而不是说，是治理和如何治理。当下中国，要加快治理的事太多了。要把更多的气力和资源放在治理即解决社会实际问题上。所谓"凡治国之道，必先富民"（《管子·治国》），要通过治理，让人们有更多"获得感"，提升生活质量和幸福指数，"共享"社会进步的成果。"道理"还得讲，但我们更应切实解决各类社会问题。

四要调适好"自信"与"他信"的关系。十八大报告提出"道路自信、理论自信、制度自信"，2014 年 3 月习近平总书记进一步提出"最根本的还有一个文化自信"。十九大报告强调坚定道路自信、理论自信、制度自信、文化自信。在坚持四个"自信"的同时，要处理好与"他信"的关系，让更多的人看到中国道路、理论、制度、文化优越的一面。习近平总书记多次强调必须讲好"中国故事"，让世界读懂中国。他本人在一系列外事活动中注重讲中国故事，改变了对中国的刻板印象。一种道路、制度的力量，不仅在于"自信"，还在于"他信"。只有让世界上更多的人信服、信从，我们的道理和制度才更具有渊源不绝的感召力和说服力。

五要调适好"初心"与"恒心"的关系。不忘初心，方得始终，最根本的是不忘初衷、不忘宗旨，坚持共产党人最初的理想信念。坚持不忘初心，要切实处理好"初心"与"恒心"的关系。鲁迅先生曾说："做一件事，无论大小，倘无恒心，是很不好的。"《孟子·梁惠王》说"苟无恒心，放辟邪侈，无不为己"，恒心是持之以恒的毅力和坚持达到目的决心，没有恒心，"初心"是很难坚持的。今天我们不仅要一秉初心，而且更得有持之以恒的恒心和实现目标的耐心。

第三章　决策·政策

一个政治体制必须能够创制政策，才能成功地处理现代化面临的问题。在复杂的政策体制中既非高度集中也非十分分散的权力，有助于政策创新。

——塞缪尔·亨廷顿《变化社会中的政治秩序》

一、中国现代化时间表与"决胜阶段"

> 从整个现代文明架构看，市场经济、民主政治、法治社会、正义伦理这些东西无不都是创新之果。

中共十八届五中全会提出必须在"十三五""确保如期全面建成小康社会"。按照中国现代化的时间表，"十三五"是实现两个100年目标、全面建成小康社会的"决胜阶段"，"十三五"发展目标能否全面实现，决定着21世纪中叶中国现代化战略目标的成败。十九大综合国际国内形势，将2020年到2050年分为两个阶段并作了安排。

在这个100年最后几年即2020年之前，确立的必须完成的现代化建设目标有哪些？

一是"如期全面建成小康社会"。这是"十三五"必须完成的任务。"十二五"期间我国经济总量达到世界第二位，人均国内生产总值7800美元左右，第三产业增加值占国内生产总值超过第二产业，常住人口城镇化率达到55%。"十三五"须在这个基础上保持中高速经济增长，到 2020 年国内生产总值和城乡居民人均收入，比 2010 年翻一番。

"小康社会"这个概念，是邓小平 1979 年 12 月 6 日在会见到访的日本首相大平正芳时第一次提出的。当时用它来描述"中国式"的现代化，强调它的初级性和"温饱性"。后来邓小平把"小康社会"标准调到 800 美元，提出分"两步走"，到 20 世纪末实现小康。尽管小康社会建设包含很多内容，但本质上它是个"经济性"概念，主要是要解决如何使人民过上体面生活这样一个基本问题。

2002 年十六大，提出"在本世纪头 20 年全面建设惠及十几亿人口的更高的水平的小康社会"，确立了综合性的新目标，这是升级版、2.0 版的"小康社会"，与邓小平最初规划的"小康社会"已有很大不同。我们"十三五"要实现的是这个升级版、2.0 版的"小康社会"。

二是"迈进创新型国家和人才强国行列"。2006 年党中央、国务院在当年全国科技大会上宣布：中国"2020 年建成创新型国家"。当时确定的目标：经济增长的科技进步贡献率从 3% 提升到 60% 以上；研发投入占 GDP 比重从 1.35% 提到 2.5%。当年出台《国家中长期科学和技术发展规划纲要（2006—2020 年）》，对建设创新型国家作出具体布局。2012 年中共中央、国务院出台《关于深化科技体制改革加快国家创新型体系建设的意见》，加快推进创新型国家建设，上海和其他省市出台贯彻实施意见。上海"科创中心"建设正是创新型国家建设的一部分。"创新型国家"是一个世界性概念，有严格的衡量标准，实现这一目标，必须有革故鼎新的大举措。

三是"法治政府基本建成"。1997年十五大提出"建设社会主义法治国家"，把"依法治国"确立为治国方略，开启了中国法治新时代。2011年全国人大常委会委员长吴邦国在十一届人大第四次会议上宣布，"中国特色社会主义法律体系已经形成，中国已从根本上实现从无法可依到有法可依的历史性转变"。这是一个历史性的进步。

但是实现"有法可依"，各项工作步入法制化轨道，只是为法治创造了"有法可依"的条件。"有法可依，有法必依，执法必严，违法必究"是推行法治的基础和条件，不等于实现了法治。作为现代政治文明的法治，核心是"治权"，即有效制约公共权力，形成制约公权力的科学体系。十八届四中全会提出"法治国家、法治政府、法治社会"三位一体建设，其中"法治政府"是关键。"十三五"期间如何按照十八届五中全会要求，从"法律体系"推进到"法治体系"，从"工具理性"推进到"价值理性"，并实现法治国家、法治政府、法治社会建设联动推进，建立起完善的法治体制及公权力的制约体系，"法治中国"的伟大目标才能实现。

四是"基本形成开放型经济新体制"。什么是"开放型经济新体制"？起码有两点：一是资源配置的高度市场化，市场在资源配置中真正起"决定性"作用；二是经贸活动的高度开放性，按世界通行法则开展经贸活动。这就要把"自贸区逻辑"普遍化，使"负面清单"成为经济活动普遍遵行的法则。就上海来说，如何以制度创新为核心，在简政放权、放管结合、加快政府职能转变、体制机制创新、促进贸易投资便利化以及营造市场化、国际化、法治化营商环境等方面，形成更多可复制、可推广的经验，使自贸区这块试验田培育出的种子尽快开花结果，对于形成"开放型经济新体制"是极为重要的条件。这个任务是相当艰巨的。

五是"基本完成国防和军队改革目标任务"。通过改革形成的强大国防和军队是立于世界民族之林的基础，也是参与和平发展的条件。在2006—2020年基本完成已确立的国防和军队改革任务，是"十三五"发展的重要保证。

六是"各方面制度更加成熟更加定型，国家治理体系与治理能力取得重大进展"。这是一个大命题。制度和体制反映了一个国家政治文明所能达到的高度。"各方面制度更加成熟更加定型"这个目标是1992年邓小平在视察南方谈话提出的。当时他说"恐怕再有三十年时间，我们才会在各方面形成更加成熟更加定型的制度"，按时间算是到2022年。"各方面制度更加成熟更加定型"，任务非常艰巨，"各方面"不是"一方面"，是综合性、全面性的。从根本上说，只有各方面制度更加成熟更加定型，才可能实现国家治理体系与治理能力的现代化。十八届五中全会十分强调制度和体制建设，把制度和体制建设作为"十三五"发展的动力和主线，因为到2020年是否形成更加成熟更加定型的制度和体制，决定了"十三五"的成败。

按照中国现代化的时间表和"任务清单"，"十三五"可谓任重而道"近"。只能通过高质量的创新，真正把"创新"融入国家社会发展的各个层面、各个界面，并推进制度和体制的创新与进步，这些目标才可能实现。十八届五中全会提出"必须把创新摆在国家发展全局的核心位置"，强调"推进理论创新、制度创新、科技创新、文化创新与各方的创新，让创新贯穿党和国家一切工作，让创新在全社会蔚然成风。必须把发展基点放在创新上，形成促进创新体制架构"，就是基于实现总体目标的考量。

20世纪初，美籍奥地利经济学家熊彼特首次对"创新"作出界定，指出创新是经济增长的内在变量，是把生产要素和生产条件的新组合引入生产体系，建立一种新的生产函数。从整个现代文明架构看，市场经济、民主政治、法治社会、正义伦理这些东西无不都是创新之果。能否"形成促进创新体制架构"，能否构成强大的创新动力，不仅关系能否全面建成小康社会，能否迈进创新型国家行列，更关系到现代化全局目标的实现。

今天的中国，一方面是创新话语的铺天盖地，另一方面是真正有价值的创新稀缺。创新不是一种口号，而应是一套完整的行动。在创新的社会流程中，大学和科研院所应担当起创新基地、高地、发祥地的角色，成为领新标异、得风气之先、开展"颠覆性创新"的思想库和助推力。从世界现代化历程看，没有大学的创新，就不会有社会和国家的创新。世界上公认的二十多个创新型国家如美国、日本、芬兰、韩国等，都是以技术创新为核心驱动力的国家，科技进步贡献率在70%以上，研发投入占GDP的比例在2%以上。大学和科研院所应更多担当起引领创新发展的重任。没有创新，就没有中国的现代化。创新无疑是十九大后我国加快改革和发展的灵魂。

二、规避"平庸决策"

平庸决策主要有三方面特征：只重程序，不重结果；只求速度，不求质量；偏重集体，不重全体。我国推进国家治理现代化，根本上依赖于有更高质量的公共决策。

我国推进国家治理现代化，根本上依赖于有更高质量的公共决策。十八届三中全会《关于全面深化改革若干重大问题的决定》提出"构建决策科学、执行坚决、监督有力的权力运行体系"，十九大提出"健全依法决策机制，构建决策科学、执行坚决、监督有力的权力运行体系"，就是要提升决策、执行、监督的质量。这当中，决策更为关键。更好地提升公共治理的决策质量，要注重规避"平庸决策"现象。

所谓"平庸决策"，主要有三个特征：

一是"只重程序，不重结果"。决策要合乎程序正义，但程序的正当性并不意味决策结果都是合理正义的，也不意味结果一定是有效能的。程序正义是结果正义的条件，但结果正义才是决策之本。在我国当下的公共治理中，只注重决策程序正义即形式合理性，对决策实际效果不予关注，是较为普遍的现象。当人们检视其决策程序时，都是"合理合法"的，但当人们考量其决策实际结果时，则可能是有违正义或者充满瑕疵、漏洞甚至是"负绩效"的。这种"只问耕耘，不问收获"的决策形态，本质上也是一种不作为、乱作为。

程序正义的目的在于保证"实质正义"。问题在于，凡经程序的东西，未必一定是合理正当的。很多错误的东西，正是假借"程序"而变得合法化。所以公共决策领域"走程序"的非正义决策，一直是个需要深入治理的问题。

二是"只求速度，不求质量"。我国公共决策领域存在一个长久的问题，是片面强调决策过程的"速度"、"效率"而轻视决策的"质量效率"。在许多地方政府决策行为中，"求快"是普遍现象。缺乏必要的论证、研判、反诘、听证过程，常把决策当成简单的"拍板"、"决定"。讨论一个投资几万元的一般事项或许可以"议"上几小时，决策一个超大投入量的大工程、大项目，却可能只花很短时间。

这种"速度式"决策模式相当普遍。一个重要误区在于，认为"决策要快"、"要有效率"。而公共决策的效率，本质上是"质量的效率"而非速度的效率。

三是"偏重集体，不重全体"。改革开放以来我们提出了科学决策、民主决策、依法决策的要求，民主决策成为各级党委、政府决策的实践理念，这是个很大进步。但所谓"民主决策"，一是强调决策法理主体上的整体性，比如党委决策的法理主体是全委会而非常委会。常委会向全委会负责并报告工作，接受全委会监督。但在实际运行中，一些地方党委时常以常委会替代全委会，全委会形同虚设。二是强调决策过程的民主性、利益相关方的参与性和专业智库体系的支撑性。但在实际运行模式中，"全体"是被搁置的，少数构成的"集体"才是决策参与者。实际运行中经常出现"大问题，小范围决策"，"小问题，大范围决策"和参与性、专业性不足的倾向。这是与科学决策、民主决策、依法决策要求相违的；也是与人类民主的诉求相悖的。

这几种决策形态，构成了"平庸决策"的普遍现象。有效提升决策质量，首先要注重解决好上述问题，从只重决策程序转向更重视决策结果上来；从只求决策速度、轻视决策质量转到更注重决策的质量上来；从习惯于偏重"部分集体性"决策转向"全体集体性"决策上来。如把地方党委决策的法理主体真正归属到全委会上来，确保全委会对重大问题的决策权。

治理"平庸决策"，还要注重三个方面的提升：

一是提升"寻找焦点"的能力。在纷繁复杂的"事务丛林"中，遴选最关键、最紧要、最"四两拨千斤"的"枢纽性"问题，甄别层级后列入决策流程。

二是提升"选择路径"的能力。因为决策不仅包括要解决的问题，还包括如何更好解决问题的路径和方式。善于选择最简捷、社会交易成本最低、产出效能最大的路径和方式来谋篇布局、实施推进，确保决策的高效能。

三是提升"敢于决断"的能力。越是关键的问题决策难度越大，越需要胆识、勇气和担当。良好的决策质量不仅体现在善于抓住焦点和选择路径，还在于敢于攻坚克难。我国改革步入了攻坚期和深水区，更需要有敢于决断的眼光和决策品质。

三、民意是公共决策的最高依据

公共决策的基础是什么？是民意。没有民意支持的决策，本质上是没有合法性的。

合肥国轩高科动力能源公司在上海松江投资10个亿的锂电池生产项目，在经历了几个月的"拉锯战"式博弈后，终于尘埃落定——项目在引发当地居民强烈抗争后宣布退出。松江区政府随即表示，依法依规做好项目清退的相关后续工作。

重要的不是这一项目在沪的结果，而是合肥国轩公司在这件事上表现出来的公共理性。在项目受到当地居民普遍质疑和抵制后，合肥国轩公司审时度势地作出尊重民意、放弃项目的决定，征用的140亩地全部退还，并表示不需任何赔偿，被认为是得人心的理性之举。

近年来因上项目引发的地方争议事件不断发生。2007年，厦门PX化工项目引发当地市民轰轰烈烈的抗争，本已"板上钉钉"的项目先缓建，后停建。厦门之后，大连PX项目、宁波镇海PX项目也引发当地民众的强烈抵制而被终结。2013 年昆明 PX 项目争议又起，昆明官方明确表示，将按民主决策程序充分尊重群众意愿，"大多数群众说不上，就决定不上"。

从数据上看，中国 PX 实际需求量很大，目前已是世界上最大的 PX 消费国。2010 年中国 PX 消费量占全球的 32%，2013 年国内 PX 供应缺口在 800 万吨以上。国内 40% 的 PX 材料靠进口（较国产价格高 6—7 倍）。像云南这样的省份，成品油销售靠外省供应，由于地处交通末端，缺油少气是制约云南社会经济发展的一个瓶颈，故这一项目被定义为"改善国计民生的重大项目"。其实，很多地方政府推行的项目，都有出于"客观"情势的考虑——但这当中，有一个问题非常值得思考和回答，即究竟应如何考量发展需求与民意之间的关系？

发展无疑是重要的，但公共决策的基础是什么？是民意。没有民意支持的决策，本质上是没有合法性的。人民群众普遍反对的事情，一定有它的道理。在产值、财富与青山绿水之间，民众时常倾向于后者，这是民众权利意识、环保意识、生存意识强化的必然结果，也是社会发展的必然结果。既然大多数群众不赞成，那么再好的项目，也不能违背群众意愿而一"意"孤行。

很多地方在项目建设问题上，总觉得群众没觉悟，不理解、不支持发展大局，甚至觉得老百姓"难缠"，其实这是邻避效应，即居民或当地单位因担心建设项目（如垃圾场、核电厂、殡仪馆等邻避设施）对身体健康、环境质量和资产价值等带来诸多负面影响，滋生"不要建在我家后院"的心理。避免和化解邻避效应的关键是建立邻避项目的选址机制。所谓"强扭的瓜不甜",项目再好,但违背民众意愿硬上,一定会引发大量社会问题,进而对党群关系产生极大的消极后果。

十九大报告指出:"党的一切工作必须以最广大人民根本利益为最高标准。"人民群众的意愿是公共决策的最高依据,群众路线是公共决策的最高原则,而人民群众的满意度,是公共决策的最高标准。我们的决策、构想、意图再美好、再宏伟、再正确,如果没有人民群众的普遍认同,至少说明还不具备实施条件,至少应缓一缓。对于民众不满意甚至公开反对、抵制的决策,应回归民意,坚决予以纠正。

尊重群众意愿,是党的群众路线最本质的内容。延安时期,毛泽东在多次讲话中,都强调要"充分尊重群众的意愿来办事情"。政誉人去后,民意闲谈时。在新的历史条件下,如何以更多的公共理性、公共精神问政于民,把人民群众拥护不拥护、赞成不赞成、高兴不高兴、答应不答应,真正作为检验各项工作是否科学合理的标准,是回归和实践党的群众路线的治本之举。

再重要的项目,也没有尊重人民群众的意愿重要。

四、提升决策质量是重中之重

　　现代国家治理有两大重要界面：一是"结构性治理"，即注重解决结构性、体制性问题。二是"问题性治理"，注重回应解决人民群众"最关心、最直接、最现实"的问题。

　　我国已进入新时代。除了要全面建成小康社会外，还要建成创新型国家、基本建成法治政府、基本形成开放型经济新体制，并实现"各方面制度更加成熟更加定型，国家治理体系与治理能力取得重大进展"的目标。"提高解决我国改革发展基本问题的本领"，是推进国家治理体系与治理能力现代化的本质要求，有效提升公共决策的质量特别是提升重大公共决策的质量，是新时代加快发展的重中之重。

治理就是决策

　　《中共中央关于全面深化改革若干重大问题的决定》

提出"构建决策科学、执行坚决、监督有力的权力运行体系"。在这一权力运行体系中，重点是全面提升决策、执行、监督的质量，以推进国家治理现代化的步伐，而决策无疑是其中之先要、之关键。没有正确、科学、高质量的决策，执行力和监督力都谈不上。

2015 年年初，习近平在中央全面深化改革领导小组第九次会议上强调，要"提高改革方案质量，加大改革落实力度，深入开展改革督察，努力使各项改革举措落地生根，确保各项改革取得预期成效、真正解决问题"。"提高改革方案质量"的本质要求，是提升决策质量。但决策不是"决定"，决策是一个由多要素构成的复杂过程，是在多种备选方案中遴选出或组合成"最佳"的决策方案付诸实践并进行评估、反馈和调整优化的技术流程。西蒙说过，"管理就是决策"。公共决策之所以重要，是因为现代公共事务和国家治理的重大目标，都是通过决策来解决的。

决策能力关乎一个国家一个社会一个组织的盛衰成败。统计表明，百年以来世界范围倒闭的大企业大公司85% 是由决策失误导致的。比起企业决策，公共决策更具有社会性和广延性。企业决策面对的是市场，公共决策面对的是整个社会。高质量的公共决策造福社会，劣质的公共决策则是一个社会的灾难。2015 年 6 月 16 日习近平在贵州考察时指出："党中央制定的政策好不好，要看乡亲们是哭还是笑。要是笑，就说明政策好。要是有人哭，我们就要注意，需要改正的就要改正，需要完善的就要完善。"而 2015 年 2 月 27 日习近平在中央全面深化改革领导小组第十次会议上要求："对准焦距,找准穴位,击中要害,推出一批能叫得响、立得住、群众认可的硬招实招。"在国家治理的地方治理中,要更多地聚焦于有效提升重大决策的质量和能力,推出更多高质量、人民群众认可的公共决策。

"决策力"的构成

国家是由人们需要它提供服务而存在的。一个社会之所以需要公共权力和公共决策,在于它能用来解决私人无法解决的公共问题,造福于民。人类决策领域的漫长经历,特别是我国改革开放以来的实践表明,一种称得上是"优质的"决策能力,至少包含了三方面的内容:

一是"寻找焦点"的能力。即是否善于确定重大决策焦点,在纷繁复杂的现象丛林中遴选出最为关键、最为紧要、最能"四两拨千斤"的问题,并经甄别其层级后列入决策流程。而在更大范围上,确定焦点是为政治发展的选择方位、提供政治变迁的动力。在"问题群落"中找出关节点,并善于聚焦"第一层级"和"枢纽性"的问题,是一种非常重要的能力。

二是"敢于决断"的能力。大部分公共问题是错综复杂的。最关键的问题往往决策难度越大,风险越巨。良好的决策能力不仅在于有高超的敏感力和诊断力,善于抓住焦点，还在于敢于作为、敢于决断的能力和胆识。我国改革步入了攻坚期和深水区，在决策领域更需要有敢于攻坚克难、勇于担当决策的品质。尤其是对于体制性、结构性、存量性问题，敢于面对、勇于解决而不是延宕推诿。敢于决断的胆识和勇气是"决策力"的灵魂。

三是"选择路径"的能力。一项好的决策不仅包括了要解决的问题，还包括了解决问题的合理的路径和方式。不仅要求确定解决的"问题选择"是合理的，而且要求解决问题的"路径选择"也是合理的。善于选择那些最简捷、社会交易成本最低、产出效能可能性最大的路径和方式来谋篇布局，实施推进，才能确保重大公共决策的高效能和高收益。

注重"结构性治理"和"问题性治理"

推进国家治理体系与治理能力现代化，关键在于对公共决策的治理界面有切实把握。现代国家治理有两大重要界面：一是"结构性治理"，即注重解决结构性、体制性问题。我国确立了在 2020 年实现"各方面制度更加成熟、更加定型"的目标，这就要求必须注重结构性治理，推进制度创新，让社会主义制度焕发更强劲的生命力。这是公共决策的治本之道。二是"问题性治理"，即注重回应解决人民群众"最关心、最直接、最现实"的问题，诸如就业问题、交通出行问题、食品安全问题、环境污染问题，它们与人们实际利益息息相关。

十八大以来，中央出台了一系列推进国家治理体系与治理能力现代化的重要文件，如《关于全面深化改革若干重大问题的决定》、《关于全面推进以法治国若干重大问题的决定》、《关于国民经济与社会发展第十三个五年规划的建议》等。这些纲领性文件从不同角度提出了一系列治国理政重大任务，如十八届三中全会的《决定》提出60项改革事项，都是影响我国发展全局的重大问题和与人民群众利益相关的"三最"问题。十九大更是明确提出，2020年到2035年"国家治理体系和治理能力现代化基本实现"，2035年到21世纪中叶"实现国家治理体系和治理能力现代化"。

但一个时期以来人们普遍感受到公共治理表面化、空泛化倾向。缺乏对改革、开放、发展的实质性推进，在治理体系与治理能力现代化上缺乏实质性突破，缺乏"能叫得响、立得住、群众认可的硬招实招"，大量人民群众"最关心、最直接、最现实"的问题未能有效解决。一方面是公共部门的日常忙碌，一方面是公共问题的日积月累。

这种现象，一是造成公共资源空耗，大量人力物力时间精力消耗在治理"主渠道"之外。二是丧失机遇，延宕改革大势。很多显而易见的改革命题一再延宕，蹉跎岁月，丧失改革大好时机。三是只"说"不练，丧失公信力。各种现实突出问题不能有效解决，丧失的不仅是公共资源和大好时机，更是公信力、凝聚力、向心力的流失。公共决策要聚焦并注重结构性治理和问题性治理，才合乎决策科学化和公平正义的要求，才能开创出改革开放的新局面。

确保理性决策

一是"胆怯原则"。科学、理性的决策要敢于、善于决断和担当，但它以"安全"为底线。"胆大"易于妄为，"胆怯"方能审慎。正如达尔指出的："一些重要的决策，常常都是采取一种渐进的方式，而不是盲目的冒进……往往能够避免重大的灾难。"一项公共决策的社会投资（包括信誉投资）是巨大的，其政治、文化、历史、技术方面的影响也相当深远。一旦决策失误，再要回头，代价非常高昂。因此决不能任性和挥斥方遒，要以"战战兢兢，如履薄冰"的审慎态度进行公共决策。

二是"反诘原则"。良好的决策必须"经得起"所谓反诘，是指一项决策特别是重大决策必须经受社会正义、道德伦理、公序良俗以及民意的、专业的、证伪的多维考量。反诘包括了论证、听证、公示等环节，但论证、听证、公示等不能代替反诘。反诘是确保公共决策质量、规避决策失误和重大失误的重要环节。反诘是公共决策出台的底线，未经"反诘"或经不起"反诘"的决策，是不具备出台条件的。

三是"防偏好原则"。公共选择理论对于决策行为的假设是，决策过程存在大量偏好，决策行为受到个人利益或部门利益的影响。无论政府部门还是利益集团，公职人员还是社区公民，都如此。孟德斯鸠曾指出，即使是国家法律制定也"总是要遇到立法者的感情和成见"。所谓"原则可能是永恒的，利益却总是处于变化之中"，出于部门利益、群体利益、地方利益的各种偏好，事实上不断影响着决策的焦点和决策实施的实际效果。由此秉承"防偏好原则"是决策理性化遵循的原则。决策过程应注重"察看公共精神在该过程里占多大优势"，才能屏蔽和排除各种偏好，确保决策不偏离公共利益之道。

四是"追责原则"。决策责任追究制和责任倒查制已是国际通行法则，它是确保"有权不可任性"、遏制乱作为、不作为的制约手段。我国推进治理体系与治理能力现代化，要更为广泛、严格地推行这一法则，按照《全面深化改革若干重大问题的决定》关于"建立重大决策终身责任追究制度及责任倒查机制，对决策严重失误或者依法应该及时作出决策但久拖不决造成重大损失、恶劣影响的，严格追究行政首长、负有责任的其他领导人员和相关责任人员的法律责任"的要求，厉行责任追究制，并以相应法律的、行政的、党纪政纪的处罚制度作配套，以遏制和减少决策领域的任性行为，有效提升我国公共决策的质量。

五、注重检视决策的品质类型

公共政策不仅影响着人们的生活，还塑造着整个社会的面貌。进行政策设计时，需要对它注入伦理精神，要看看它是怎样一种品质类型。

"公共政策是政府用来影响我们生活的一种方式。"（劳伦斯·迈耶等《比较政治学——变化世界中的国家和理论》）作为一种公共产品，公共政策的目标是解决公共领域的公共问题。公共政策不仅影响着人们的生活，还塑造着整个社会的面貌。

看林林总总的公共政策，有这样几种品质类型：

一为"富民"政策。政策基点和政策目标是如何富民、发展民生，使老百姓真正富起来。也就是现在说的"让老百姓分享改革开放的成果"、"有获得感"。其实老百姓才是社会财富的创造主体，他们也是获得社会财富的主体。一切公共政策，都应该是富民政策、惠民政策。

二为"抑民"政策。政策基点是抑民防民。在政策假设上，官民是对立的，中国历史上很多朝代用的是这种假设，所以用很大气力来防民。《召公谏厉王弭谤》中召公告诫说"防民之口，甚于防川"，后来他的话被验证。抑民必然治民，讲究紧缩，讲究管控。政策的功用自然不是治权，而是用来治民、管民、牧民。

三为"贫民"政策。凡是实质上不利于创业、致富、冒险或具有"安贫乐道"导向的政策，是贫民政策。比如，有些地方形式上鼓励人们"自主创业"，但实际运作中，限制性规章重重叠叠。人们创业成本和交易成本极高，导致社会创业冲动消解。再如，如果人们就业不如不就业——就业的实际收入（扣除就业的综合支出成本）低于在家吃"低保"，那么人们没有理由不呆在家里；再如，一个私营单位刚有所发展，工商、税务、卫生、消防……林林总总纷至沓来，不是"检查"、"罚款"，便是各种名目下的"赞助"、"捐款"，弄得人们做生意不如不做生意，这样的政策，都具有"贫民政策"的特质。

从另一种视角，我们还可以把政策品质类型分为：

一是"公民"政策。遵循和体现宪法精神、宪法原则，重视公民权利与义务，有利于公民发挥主体精神的公共政策，就是公民政策。或者说，当一种政策有助于培养和树立公民责任，有助于促进公民合法地使用权利、履行义务时，这种政策就是公民政策。

二是"臣民"政策。不利于发挥公民内在创造精神、不以"激发"而以"管制"为特征的政策，就是臣民政策。因为此类政策往往以"管制"为价值目标，缺乏与社会成员之间的互动，公民除了被动地"服从"和"被管"，没有其他影响力。

三是"刁民"政策。凡是不利于导向诚实、守信、信任，容易诱发人们机巧、刁钻、侥幸、逃避责任、规避规则的政策，都是"刁民"政策。有些政策尽管前在预设是好的，但由于技术设计上存在缺陷，同样会诱发"刁民"心理和行为，从而成为"刁民"政策。

所以今天进行政策设计时，我们需要对它注入伦理精神，要看看政策在伦理方面是怎样一种类型。

六、政策变通应遵循的原则

尽管政策变通在政策执行过程中具有一定客观性，有时它还与"政策创新"相交互，但合理的政策变通是一种"渐进调适"，不合理的政策变通则严重影响政策效能和预期收益。

任何公共政策都始于某种治理目标，但政策预期与政策实施的社会结果之间，时常存在明显落差。研究表明：在整个政策实施的过程中，政策制定的功能比率仅占 10%，而政策执行则占 90%。无论政策的制定还是政策的实施，其效能都反映了一个政治体系的实际治理能力。从国家治理能力现代化的要求看，把握和调控好政策过程的"政策变通"，是切实提升政策效能的重要途径。

政策变通三种主要类型

政策变通一般指政策实施中，政策执行者对政策内容和政策约束作出调整后实施的一种政策行为。20世纪70年代以来，政策执行和行为效率作为政策科学的重要构成，一直是政策领域探究的重点之一。

政策变通后可能与原政策目标相一致，也可能与原政策目标不一致或相背离。政策变通可能是合理的，也可能是消极的。但政策变通与政策变形有本质的区别："政策变通"是政策以某种变化方式予以落实；"政策变形"则由政策变异、曲解而导致的某种政策结果。政策变通的极端行为也会变成政策变形。

从政策实践看，政策变通大致呈现三种类型：

一是偏好型。政策执行者依据自身利益和立场来界定政策目标含义，对政策作出选择性执行，其余则弃之不顾。尤其在政策界线相对模糊、政策内容和相应操作缺乏明确规范的约束机制下，这种选择性变通更易出现。此类政策执行行为基于其偏好和"自定义"，政策实施执行或"神失"，或"形失"，政策目标和政策重点局部性走样。

二是调适型。政策执行者在政策贯彻中对政策界线、内容侧重、宽严尺度等作出调适或创新。查尔斯·琼斯认为，政策规划的显性功能在于提出对于人们"感知的"社会现实问题的解决办法。但事实上，并非所有政策投放都能与客观政策需求"严丝合缝"。由此产生不对原政策作"不折不扣"贯彻，而在对政策原则精神把握的基础上作出相应调整行为。这种变通，客观上有着正负两种不同结果。这一类型的政策执行不

拘"形似"，但求"神似"。政策目标、政策重点形式性
走样。

三是歪曲型。政策执行过程背离原政策规定，与原
有政策目标、政策预期构成巨大偏移。通常说的"上有
政策，下有对策"、"歪嘴和尚念经"即是此类。总体上，
这类政策行为对于原政策执行既无"形似"，亦无"神
似"，形神兼失，完全走样。实质上这是一种"政策梗
阻"和"政策变形"。

政策变通四种主要原因

政策变通是政策过程中时常遭遇的问题。一定意义
上，"政策变通"是难以规避的。正因为如此，20世纪
七八十年代发达国家形成一场颇有声势的政策"执行运
动"，政策研究领域则形成探究更好的政策执行效能的
热潮。构成政策变通的社会原因是复杂的，主要有以下
几方面：

一是由政策执行的"主观性"决定。由于对同一个
政策结构、政策目标主观认知的差异和把握侧重的不
同，形成对原政策执行的主观性变通。尤其是一些地方
政府出于当地利益考量，"屁股决定脑袋"，使政策变通
成为当地政策过程的"常态"。借口从"实际出发"进而
进行政策变通，甚至成为一些地方政府和领导干部"乱
作为"的一种表征。这是政策变通的"主观性"界面。

二是由政策投放的"客体性"决定。任何政策的"普适性"与特定区域之间存在一定的不对称。中国作为单一制国家，公共政策具有统一性，但各地区社会经济差异极大，同一政策投放到不同地区，与当地现实情况和政策需求未必完全吻合。美国政策学者史密斯在研究政策"执行过程"时描述了政策的执行形态，认为理想化的政策、执行机构、目标群体、环境因素，是影响政策执行效能的四种重大因素。特定客观情境使得政策必须在作一定调适后方可有效推行。这是政策变通的"场景性"界面。

三是由政策制定的"技术性"决定。社会变革的复杂性，社会环境的变动性和信息的不对称性，特别是"人类理性"的有限性，从根本上决定了国家不可能精确无误地作出"最恰当"的政策安排。至于哈耶克说的"致命的自负"，亦是政策领域的常见现象。由政策本身各种质量问题导生的"不得不变通"，成为政策变革的一个重要缘由。而政策界线的模糊性、政策约束机制的某种宽泛性，亦给政策执行的自由裁量提供了条件。这是政策变通的"供应性"界面。

四是由政策本身的"应时性"决定。任何政策都是特定治理情境、治理命题的产物。政策介于法律和决定之间，具有某种趋动性。政策的动态性结构和特征给政策执行变通提供了空间和可能性，一定程度上，构成了政策变通的客观约定。这是政策变通的"因时性"界面。

政策变通应遵循的基本原则

公共政策是实现国家治理现代化的重要工具。尽管政策变通在政策执行过程中具有一定客观性，有时它还与"政策创新"相交互，但合理的政策变通是一种"渐进调适"，不合理的政策变通则严重影响政策效能和预期收益。政策变通应遵循以下几项基本原则：

第一，适度性原则。任何政策变通都必须在政策界线规定的适度范围内。凡超越政策核心规定的"变通"，都是既不合理又不合法的。林德布洛姆认为：公共政策不可能做到一次性周全而应采取"渐进调适"。合理的政策变通只能基于客观状况作微量性调校，而不是"任性"的偏离。任何大幅度的自由裁量，都可能对原政策产生损害。"变脸性"变通，"裂变性"变通，"魔法性"变通，"残缺性"变通，"上有政策、下有对策"的歪曲性变通，都根本上背离了政策原旨，严重影响政策的实施效能。

第二，程序性原则。政策变通行为必须具有程序上的正当性。这种正当性，主要指政策贯彻执行不因领导人的改变而改变，不因领导人看法和注意力的改变而改变。程序正义未必实现结果正义，但结果正义的前提必须有程序正义。必要的政策变通应通过呈案、商请、备陈、报批、集体决策等方式进行。缺乏程序正当性的政策行为本质上是一种非正义行为，应予遏制。对于政策变通可以设置"程序节制",即通过设置操作性程式工序,以筛去不合理的政策变通动议,约束政策行为的任意性。

第三,防偏好原则。公共选择理论有一个基本假设,人们在政策过程中的行为受利益驱动,以尽量多地获得其想要的东西。无论政策制定过程还是政策执行过程,都存在偏好。很多政策变通正是由偏好导生的,正如孟德斯鸠论述的:"法律总是要遇到立法者的感情和成见的。"政策变通必须遵循的一条原则是排除各种利益偏好、部门偏好、功绩偏好、率性偏好。防治政策偏好的措施,一是组织多元参与,让不同利益主体(或部门)参与政策过程特别是政策监督过程;二是确保政策过程的透明公开,让各种意见充分表达,并有博弈和中和的机会。

第四,平衡性原则。社会是一个内部关联紧密的逻辑结构,社会关系中存在的对称和协同趋势,决定了社会系统的平衡性。一项既定政策的变异,可能打破整个政策系统的稳定性和社会的平衡性。罗伯特达尔指出:"良好的目的彼此常常存在冲突,而资源又有限,因此,无论个人还是政府的政策决定,几乎总是需要权衡,需要对不同目的进行平衡。"新制度主义经济学家科斯也指出,"一个制度安排的效率极大地依赖于其他有关制度安排的存在",比如当我们以某种政策促进了汽车行业发展时,又会面临汽车保有量激增所导致的巨大交通压力和低碳环保压力。由此政策变通的底线,应确保政策的统一性，防止出现"一种不平衡或不合比例的状况"（普拉诺语），充分顾及政策系统的关联性和平衡性。

第五，公共性原则。说到底，公共政策是一种公共产品，目标是解决公共领域的公共问题。政策数理分析专家内格尔指出，"社会利益最大化"是公共政策最重要的目标。好的政策执行既不是机械的，也不是任性的，而是立足于公共利益最大化目标，"究其真、本其实"的执行过程；懂得克制一地一己一部门利益考量的"变通冲动"。无论政策的制定还是政策的执行，公共精神是其灵魂。检验政策变通正确与否的一条重要标准，是"察看公共精神在该过程里占多大优势"（凯尔曼语）。政策过程中，任何基于公共精神的政策创新、立足公共利益最大化原则的政策变通，都值得肯定。因为它是在"众意"基础上形成"公意"，公共精神、公共利益成为包括政策变通在内的整个政策过程的绝对取向。

第六，审慎性原则。任何政策行为都应审慎，不可恣意妄为。因为任何一项公共政策的推出，都有既定预期。任何以所谓"从实际出发"而对原政策的大幅度变形，都会严重损害政策的统一性和有效性。而且，任何形式的政策变通都是有成本的，都涉及诸多方面，会对社会构成显性的或隐性的损害。政策执行和政策变革既要"与时迁徙，与世偃仰"，又要"千举万变，其道一也"，具有稳定性。这种审慎原则，不仅包括不滥用政策执行的自由裁量权，还包括政策设计对政策预期、政策目标设定的科学、严谨和规范。

七、公共政策失灵：治理六种隐性损耗

在推进国家治理体系与治理能力现代化过程中，要切实治理好质量性损耗、体制性损耗、观念性损耗、地区性损耗、偏好性损耗、技术性损耗等六种政策隐性损耗。

公共政策是国家治理的重要工具，是"社会价值的权威分配"。公共政策效能反映了国家治理现代化的实际境况。公共政策"失灵"如政策效能低下，政策投放效果与政策预期不一致，甚至偏离设计初衷等，是政策领域的普遍现象。政策失灵的原因相当复杂，世界各国为治理政策失灵作过各种努力。在推进国家治理体系与治理能力现代化过程中，要切实治理好六种政策隐性损耗。

质量性损耗。即政策规制本身存在的质量问题导致政策效能锐减。政策规制设计上存在的质量缺陷，如政策供给与政策需求不对称；政策过分"超前"或严重"滞后"；政策适用的行政边界不清或适用尺度模糊；政策的原则性大于针对性等，都导致政策投放实际效果不佳。进一步的问题是，质量不高或劣质的公共政策不仅导致社会产出低下，还因折腾社会、耗费大量公共资源而使政策规制的制定机构和执行机构产生正义、伦理问题，导致社会信任衰减，甚至危及公共权威的合法性基础。

治理政策质量性损耗，首先要规范政策质量，严禁缺乏严密论证的"拍脑袋产品"出台。同时政策制定必须恰到好处，宁缺毋滥。《左传·昭公六年》说"国将亡，必多制"，对于一个社会，政策规制并非越多越好。政策供给应"供—需"对称，有现实客观需求。如一时把握不准，宁可"无为而治"，让社会"自发秩序"（self-organizing order）或"习惯法"发挥作用。治理政策质量性损耗还要遵循"胆怯"原则，一个"胆大"甚至"胆大妄为"的政策，对公共生活造成的危害是巨大的。"胆大"易于妄为，"胆怯"才会谨慎。

体制性损耗。由于体制设置上或层级、环节、结构方面的不合理，政策效能也会产生极大损耗，这已为长期的政策实践所证明。十八届三中全会在反腐败上有个重要贡献，是改革完善了纪检监察体制，把原来属地方的纪检监察体制改为由中央与地方双重管理；规定查办腐败案件以上级纪委领导为主，线索处置和案件查办在向同级党委报告的同时必须向上级纪委报告。各级纪委书记、副书记的提名和考察以上级纪委会同组织部门为主。这是一个减少反腐败体制性损耗的成功举措，大大提升了反腐败效率。如能在此基础上进一步推进到"直线制"建构,体制性损耗还会大幅度减少。总的来说,合理简约的领导体制(包括政策体制)有利于实现政策效能产出的最大化,提升政策绩效很大程度上取决于如何优化体制结构,特别是减少政策层级、环节等以及政策执行的组织结构来实现。

观念性损耗。改革开放四十年来,我们展开过一次次耗费时日的"观念突围",可谓"重重叠叠上瑶台,几度呼童扫不开"。直至今日,十九大报告强调,要"坚决破除一切不合时宜的思想观念和体制机制弊端"。近年我国推进改革创新的各种政策规制之所以摩擦系数大、执行成本高,一个重要原因,是客观上存在反向的精神力量亦即观念形态的束缚和狙击,各种旧观念"刚被太阳收拾去,却教明月送将来"。唯有进一步突破观念束缚,进一步解放思想,优化政策精神空间,才可能提升政策效益。此外,一个社会"观念"太多不是好事情,要淡化"观念创造",尊重社会发展更多是个"试错"过程,不急于去建立一套"永恒的"观念系统。正如马克思在《哲学的贫困》中指出的,人们"按照自己的社会关系创造了相应的原理、观念和范畴……这些观念、范畴也同它们所表现的关系一样,不是永恒的。它们是历史的暂时的产物"。

地区性损耗。我国幅员辽阔,地区差异大,同一政策投放到不同地区,会产生明显的结果差异。由于客观上各地区社会经济发展相当不平衡,在同一政策环境下,政策收益是不确定的,这是"区域性损耗"所致。

我国是"单一制"国家，公共政策具有统一性。无论是政策的宏观层面（国家），还是政策的中观层面（地方），政策过程都存在区域性损耗。从政策运行整体情况看，治理区域性损耗是"单一制"条件下提升政策效益的突出问题。其中很重要的一点，是要在政策问题上把握好"合治"与"分治"、统一性与地方性的比率，在政策统一性下凸显不同地区的针对性和"政策标的"的务实性。这是减少政策失灵、提升政策效能的必然选择。

偏好性损耗。公共政策领域也存在"偏好"并产生"偏好性损耗"，它具有传递性、非饱和性等特性。如"集权偏好"是对分权政策的损耗；"管制偏好"是对民主治理政策、基层自主管理政策的损耗。在政策的创制、投放和实施中，部门偏好、行业偏好、利益偏好、热点偏好、倾向偏好、情感偏好……都是政策效益的客观变量。此外，由于对"政策集"或一个政策系统中某些具体政策条款理解的差异，或对政策重点把握的不同，也会遭遇"偏好性损耗"。偏好是政策过程的"常态"行为，各种"偏好性损耗"都由行政传统和行政习惯养成，是主观、相对的行为，是非直观的。治理偏好性损耗最重要的准则是：凡制定和出台的公共政策必须以反映绝大多数人的利益为最高取向，并有深厚的社会认同基础和良好效益预期。这是一条重要的检验标准。

技术性损耗。政策规制本身叠床架屋或相互抵牾，不同部门出台的政策规制在同个焦点上相互"打架"，是我国政策领域频发的问题。在另一方面，"一个制度安排的效率，极大地依赖于其他有关制度安排的存在"
（科斯语），一项政策举措的出台可能打破整个社会的
平衡，政策设计和政策配置缺乏平衡性，也导致政策失
灵。还有，政策规制本身"衡定性"与领导行为"应时
性"所构成的矛盾，如简报治政、会议治政、讲话治政
这些"随机"因素，也构成政策运行的效能陷阱。

《贞观政要》记载："贞观十年，太宗谓侍臣曰：'国
家法令，惟须简约……数变法者，实不益道理，宜令细
审，毋使互文。'"（《贞观政要·论赦令》第三十二）唐
太宗对大臣强调，国家政策法令必须简约。政策法令
如果经常改变，不是好的治国之道，应当仔细审定政策
法令，不要有重复、含义矛盾的条文。《尚书·毕命》上
说，"政贵有恒，辞尚体要，不惟好异"，强调政策言辞
应以理实为要，无论政事还是言辞都不能追求新奇怪
异而违背常规常理。好的政策，首先表现为好的技术特
征，正如赫伯特·斯宾塞指出的："一条规则、原理或公
理，假定在其他方面都令人满意的话，也只有在表达它
的词句明确时，才有价值。"因此政策设计和推行，要有
一个"顶层设计"的系统思维。

毫无疑问，有针对性地规避和治理各种政策损耗，
才能提升公共政策的产出效益，才能加快推进国家治理
体系与治理能力现代化的步伐。

八、提升重大公共决策的能力

随着社会的复杂性趋势，决策面对的都是"问题集"，即多种问题交叉一起的问题系统，如何寻找焦点、确定焦点成为决策之首要。

我国全面深化改革、推进国家治理现代化，根本上依赖高质量的公共决策。中共十八届三中全会《关于全面深化改革若干重大问题的决定》提出"构建决策科学、执行坚决、监督有力的权力运行体系"，就是要全面提升决策、执行、监督的质量，加快国家的现代化步伐。这当中决策是关键。没有正确、科学的决策，执行力和监督力都谈不上。

重大决策是国家治理行为的核心

国家治理的本质是决策，重大决策决定了国家治理的质量。决策就是为了实现一定的目标，提出解决问题和实现目标的各种可行方案，依据评定准则和标准，在多种备选方案中，选择一个进行分析、判断并付诸实施的管理过程。简单来说，决策就是针对问题和目标，分析问题和最终解决问题的过程。

切斯特·巴纳德最早在组织的研究中正式提出决策的概念。赫伯特·西蒙则指出，决策的特征是"在任何时候，都存在着大量（实际）可能的备选行动方案；一个人可能选取其中任何一个方案；通过某种过程，这些大量的备选方案，被缩减为实际采用的一个方案了"。由此须明白的一点是，决策不是"决定"，决策是一个由多要素构成的复杂过程。公共决策之所以重要，是因为现代公共事务和集体目标大部分是通过决策来解决的。

一般可以把决策分为几种类型。一是战略决策、管理决策和业务决策。战略决策是全局性、长期性、关系到一个组织系统生存和发展的根本问题而进行的决策。管理决策是指对组织的人力、资金、物资等资源进行合理配置，以及经营组织机构加以改变的一种决策，具有局部性、中期性与战术性的特点。业务决策是涉及组织中的一般管理和处理日常业务的具体决策活动，具有琐细性、短期性与日常性的特点。二是程序化决策和非程序化决策。程序化决策是指能够运用常规的方法解决重复性的问题以达到目标的决策。有许多问题是在日常工作中经常遇到的，我们把这些经验和解决问题的过程，用程序、规范等规定下来，作为以后处理类似问题的依据和准则。非程序化决策是指为解决偶然出现的、一次性或很少重复发生的问题作出的决策。三是确定型决策和不确定型决策。确定型决策是指决策涉及的各种情况都相对明确，只须直接比较各种备选方案的实施后果便能作出相对精确估计的决策。不确定型决策是指不能预知各种环境条件，供选择的若干方案可靠程度低、实施结果难以把握的决策。四是经验决策与科学决策。经验决策是把依靠以往经验和对未来的直觉进行的决策。科学决策是指决策者按科学的程序，运用现代化决策技术如运筹学、结构分析、大数据、云计算等决策工具的决策。

决策能力关乎国家、社会、组织的盛衰成败。正如亨廷顿在《变化社会中的政治秩序》一书中指出的："一种政治体制首先必须能够创制政策，即由国家采取行动来促进社会和经济改革，才能成功地处理现代化面临的问题。"高质量的公共决策造福社会，劣质的公共决策则是一个社会的灾难。

重大公共决策要注重提升三方面能力

领导的基本职能是决策。历史上所有高妙的领导者，都是决策的战略高手。一个不懂决策、不善决策的领导，不是合格的领导。

一个社会之所以需要公共决策，是需要它来解决私人无法解决的公共问题。现代社会日常生活中充满形形色色的决策。在实际决策过程中，大多数组织的决策都属于不确定型决策。人类决策领域的漫长经历，特别是我国改革开放以来的实践表明，称得上"优质的"决策能力，至少包含三方面的内容：

一是"寻找焦点"的能力。即是否善于确定决策焦点，在纷繁复杂的现象丛林中遴选出最关键、最紧要、能"四两拨千斤"的问题，并甄别其层级列入决策流程。一般情况下，随着社会的复杂性趋势，决策面对的都是"问题集"，即多种问题交叉在一起的问题系统，如何寻找焦点、确定焦点成为决策之首要。在更大范围，确定焦点是为政治发展选择方位、提供政治变迁的动力。在"问题集"中找出关节点，并善于聚焦"第一层级"和"枢纽性"问题，是一种非常重要的能力。决策收集和观察的信息越全面，就越能找出问题的实质，也就越有可能寻找到焦点，确定具有创新性地解决问题的方案。

二是"敢于决断"的能力。大部分公共问题是错综复杂的。最关键的问题往往决策难度越大，风险越巨。良好的决策能力不仅在于有高超的敏感力，善于抓住焦点，还在于敢于作为、敢于决断。《孙子兵法》提到："知彼知己者，百战不殆；不知彼而知己，一胜一负；不知彼，不知己，每战必殆。"（《谋攻》）故此"敢于决断"是建立在了然全局、把握境况这一基础之上的。我国改革步入了攻坚期和深水区，在决策领域更需要有敢于攻坚克难、敢于担当决策品质，尤其对于体制性、结构性、存量性问题敢于面对、勇于解决。敢于决断的胆识和勇气是"决策力"的灵魂。

三是"选择路径"的能力。一项决策不仅包括要解决的问题，还包括解决问题的路径和方式。正如巴纳德指出的："个人的行为从原则上可以分为有意识的、经过计算和思考的行为，以及无意识的、自动的、反应的、由现在或过去的内外情况产生的行为。一般来讲，前面一类行为的先导过程，不管是什么过程，最后都可以归结为'决策'。同决策有关的显然有两点：要达到的目的和采用的方法。"好的决策不仅要求确定解决的"问题选择"是合理的，而且要求解决问题的"路径选择"也是合理的。善于选择那些最简捷、社会交易成本最低、产出效能最大的路径和方式来谋篇布局、实施推进，才能确保决策的高效能和高收益。

重大公共决策重在解决重大公共问题

推进国家治理体系与治理能力现代化，关键在于对公共决策的治理界面有切实把握。现代国家治理有两大重要界面：一是"结构性治理"，即注重解决结构性、体制性问题。我国确立了在 2020 年实现"各方面制度更加成熟、更加定型"的目标，这就要求必须注重结构性治理，推进制度创新，让社会主义中国焕发更强劲的生命力。这是公共决策的治本之道。二是"问题性治理"，即注重回应解决人民群众"最关心、最直接、最现实"的问题，诸如就业问题、交通出行问题、食品安全问题、环境污染问题，这与人们实际利益息息相关。

十八大以来，中央出台了一系列推进国家治理体系与治理能力现代化的重要文件，如《关于全面深化改革若干重大问题的决定》、《关于全面推进依法治国若干重大问题的决定》、《关于国民经济与社会发展第十三个五年规划的建议》等。这些纲领性文件从不同角度提出了一系列治国理政重大任务，如十八届三中全会的《决定》提出60项改革事项，都是影响我国发展全局的重大问题和与人民群众利益相关的"三最"问题。

但一段时期以来人们普遍感受到公共治理表面化、空泛化倾向。缺乏对改革、开放、发展的实质性推进，在治理体系与治理能力现代化上缺乏实质性突破，大量人民群众"最关心、最直接、最现实"的问题未能有效解决。一方面是公共部门的日常忙碌，一方面是公共问题的日积月累。这种现象，一是造成公共资源空耗，大量人力物力时间精力消耗在治理"主渠道"之外。二是丧失机遇，延宕改革大势。很多显而易见的改革命题一再延宕，蹉跎岁月，丧失改革大好时机。三是只"说"不练，丧失公信力。各种现实突出问题不能有效解决，丧失的不仅是公共资源和大好时机，更是公信力、凝聚力、向心力的流失。公共决策要聚焦并注重结构性治理和问题性治理，才合乎决策科学化和公平正义的要求，才能开创出改革开放的新局面。

确保决策科学理性的几项原则

一是胆怯原则。科学、理性的决策要敢于、善于决断和担当，但它以"安全"为底线。"胆大"易于妄为，"胆怯"方能审慎。正如达尔指出的："一些重要的决策，常常都是采取一种渐进的方式，而不是盲目的冒进……往往能够避免重大的灾难。"一项公共决策的社会投资（包括信誉投资）是巨大的，其政治、文化、历史、技术方面的影响也相当深远。一旦决策失误，再要回头，代价非常高昂。因此决不能任性，要以"战战兢兢，如履薄冰"的审慎态度进行公共决策。

二是反诘原则。良好的决策必须"经得起"所谓反诘，是指一项决策特别是重大决策必须经受社会正义、道德伦理、公序良俗以及民意的、专业的、证伪的多维考量。反诘包括了论证、听证、公示等环节，但论证、听证、公示等不能代替反诘。反诘是确保公共决策质量、规避决策失误和重大失误的重要环节。反诘是公共决策出台的底线，未经"反诘"或经不起"反诘"的决策，是不具备出台条件的。

三是防偏好原则。公共选择理论对于决策行为的假设是，决策过程存在大量偏好，决策行为受到个人利益或部门利益的影响。无论政府部门还是利益集团，公职人员还是社区公民，都如此。孟德斯鸠曾指出，即使是国家法律的制定也"总是要遇到立法者的感情和成见"。所谓"原则可能是永恒的，利益却总是处于变化之中"，出于部门利益、群体利益、地方利益的各种偏好，事实上不断影响着决策的焦点和决策实施的实际效果。由此防偏好原则是决策理性化所应遵循的。决策过程应注重"察看公共精神在该过程里占多大优势"，才能屏蔽和排除各种偏好，确保决策不偏离公共利益之道。

四是追责原则。决策责任追究制和责任倒查制已是国际通行法则，它是确保"有权不可任性"、遏制乱作为、不作为的制约手段。我国推进治理体系与治理能力现代化，要更为广泛、严格地推行这一法则，按照《全面深化改革若干重大问题的决定》关于"建立重大决策终身责任追究制度及责任倒查机制，对决策严重失误或者依法应该及时作出决策但久拖不决造成重大损失、恶劣影响的，严格追究行政首长、负有责任的其他领导人员和相关责任人员的法律责任"的要求，厉行责任追究制，并以相应法律的、行政的、党纪政纪的处罚制度作配套，以遏制和减少决策领域的任性行为，有效提升我国公共决策的质量。

五是专家原则。决策尤其是重大决策必须依赖思想库、外脑，聘用组织外部专业人员对相关方案进行分析或设定，即善于借助"外力"进行决策，以保证决策的科学性。中国古代曾子说："用师者王，用友者霸，用徒者亡。"韩愈在《师说》中说："古之圣人，其出人也远矣，犹且从师而问焉。"今天社会公共事务无比繁杂，公共决策领域面临更多寻求体制外"智慧供给"的压力，必须具备在专业分析、特定素养基础上构成的高超能力。人类之所以出现智库并形成对决策咨询的巨大需求，是因为决策的质量决定决策的收益，决策领域有着决策失误导致产生相关后果的客观压力。人类历史上各种"智囊"、"智库"、"外脑"、"思想库"都由此产生。需要指出的是，智库不仅仅是"知库"，世界上享有盛誉的著名智库无不是"智慧供给"方面的高手，发挥着决策咨询甚至修正决策的重要作用。

九、提升执行能力：质量和效率

一是有良好的政策理解能力，把握精准；二是推进贯彻的"二次规划"能力、具体实施能力；三是遇到困难或特殊境况时的临时决断处置能力。

执行能力是把想法变成行动、把决策实施成结果的能力。简单说，执行能力是根据战略、决策和业已确定的目标方案，予以实施、推进的能力状况。执行能力是国家治理和地方治理的基本变量，再好的战略规划、决策方案，没有好的执行力的话，也为空谈。日本著名企业家松下幸之助在谈到企业执行力时曾说："一个企业的成功，20%在策略，80%在执行。"由于国家治理、地方治理的重大决策最后都归于行动层面，因此比起战略能力、决策能力来，执行力是一种更为现实的治理能力，深刻影响着公共治理和行政效能。

执行力是一种"行动力"

我国是"单一制"国家，公共治理具有统一性、垂直性。地方政府的权限由中央政府授予，地方政府行政过程的"执行"性质非常突出。这一国家结构，使执行力的功能、效率和质量更加凸显。

十八届三中全会《关于全面深化改革若干重大问题的决定》以及十九大报告都提出了"增强政府公信力和执行力"的命题，由于我国幅员辽阔，自然和社会条件差异性大，东中西部发展不平衡，社会经济发展的落差很大。要在"单一制"制度结构和幅员辽阔地理结构这两个特定条件下更好地推进国家治理现代化，强化执行力就成为相当重要的问题，它甚至决定了一个地方的发展面貌。现代国家行政系统中，执行能力作为国家治理和地方治理的行动力，本质上是个实践性命题。

好的执行能力有如下特征：一是有良好的政策理解能力，把握精准；二是推进贯彻的"二次规划"能力、具体实施能力；三是遇到困难或特殊境况时的临时决断处置能力。在"单一制"结构中执行能力有着特别重要的的变量意义。执行能力问题不仅存在于地方治理层面，也存在于国家治理的各个结构和层面。提升执行能力，应作为我国推进国家治理能力现代化、强化政府行政效能的一项基本建设。

执行力的几种形态

改革开放以来，我国各级政府的执行能力有了很大提升，但是总体上"执行能力"建设不足，对于执行力的认知也处于"自发"、"自然"状态。从近年城市治理和社会实践过程看，现阶段执行能力形态呈现三种情况：

第一，对于上级部署、既定决策方案应付性、被动性地"执行"，等式化地完成"规定动作"。缺乏实质性的贯彻主动性，习惯于做"减法"。从大的情况看，如前所述我国是单一制国家，法理上地方权限由中央政府授予，客观上很容易形成等待和依赖上面"指令"的局面，而"指令"下来，一些地方政府习惯于应付，好做表面的应付文章，不作为或消极作为，懒政、怠政现象时有发生。我国面临改革、突破、创新的现实压力，特别需要敢吃螃蟹、敢于担当的领导行为。但由于"敢作为"比起"不作为"来，客观上面临的风险可能更大，因此明哲保身、"守摊子过日子"成为一种"理性选择"。我国当下治理实践中出现的执行力疲软，此种类型居多。

第二，习惯于做"抄表工"，缺乏强有力的执行营运能力，即"能力不济"。所谓"心有多余而力不足"，"机械性行政"成为常态。实际能力屡弱这一类型，在地方治理层面特别是基层治理层面较多存在。无论是深化新一轮改革，还是有效提升治理层级；无论"十三五"目标的深化，还是整个现代化战略进程的推进，都需要不期修古，唯变所出，摒弃旧观念、开拓新境界，具有过硬的治理能力。但许多政府部门习惯于旧思维、老套路，表现为典型的"本领恐慌、能力不济"，以以往经验打理公共事务，以一般事务处置替代公共治理。这在很大程度上抑制了我国治理现代化整体水准的提升。

第三，不能精准地遵循既定治理思路，剑走偏锋，随心所欲地"偏移式"执行。比如，其行政过程的着力点，不是聚焦于当地人民群众最直接、最关心、最实际的问题，或是地方治理中的突出问题，而是有选择地"执行"，甚至"游戏式"行政。具体表现为，一是不求甚解，歪嘴和尚把经念歪。二是站在本地区本部门立场，以"结合本地实际"、"创新"等名义将各种重大治理举措、重大决策进行选择性、偏好性的实施。三是好大喜功，热衷表面文章，搞形式主义和形象工程。这种"偏锋式"的执行能力是现阶段影响我国公共治理绩效的一种典型形态。

提升规范、融通、创新的能力

规划力、决策力、执行力事实上构成现代国家治理能力的逻辑链条。规划力框定战略方向，决策力抉择治理主线，执行力决定实际营运。国家治理效能很大程度上取决于这三方面。

执行能力不仅是一种"按图施工"的作业能力，更是一种结合本地实际推进工作的"再创造"能力。在执行能力上可以比较清晰地检视出包括政府部门、社会团体、企事业组织等在内的各种行政结构的性能、素质和综合能力。

任何应付性、机械性、照本宣科性、能力不济性行为，都不可能构成好的执行力。至于我行我素、任意偏好的乱作为，更构成对执行力的消解作用。要整体性提升我国公共治理的执行力，就要对"执行力"本身进行必要的治理，矫治执行不力、执行乏力、执行偏力，构建优质高效的新型执行力。

首先，要提升"规范的"执行能力。行政过程不仅要程序合法、职权合法，更要合乎"实质正义"。要达到这一目标，就要通过明确行政责任、强化行政处分和行政处罚来规范行政行为，对不当行政行为进行强有力的监督和处罚。其次，要提升"融通的"执行能力。即注重在全面准确理解贯彻中央大政方针的基础上融会贯通，不遗漏、不变形、不随心所欲，同时不机械、不僵化。第三，要提升"创新的"执行能力。执行能力的生命，不在于表面的亦步亦趋，而在于"得其神、师其意"，实现真正意义上的执行能力创新。

这里有一个需要把握的问题，即如何界定执行力的自由裁量权？由于执行力具有现场性、操作性和应变性，任何执行力都存在一定的裁量空间。这种裁量空间也是与我国的国家结构和地域辽阔这些特点相适应的。我国重大决策具有总体性和高覆盖性，但在幅员辽阔的条件下，行政效率的空间递减是个客观问题。从政治学观点看，现代政治体系，不管其本质如何，都要有强健的地方行政管理，只有建构自由裁量运用恰当合理的地方执行力，使之成为治理"加油站"并形成一种"再创造"，才能有效遏制效率递减这一问题。自由裁量空间对于执行能力相当必要，本土化、创新性对于执行力不可或缺。但"裁量"不能任性，更不能成为权力设租、寻租的空间。要按照《中共中央关于全面推进依法治国若干重大问题的决定》提出的要求，"建立健全行政裁量权基准制度，细化、量化行政裁量标准，规范裁量范围、种类、幅度"，使裁量空间成为执行力的"能量加载"过程。

决定一个地方治理局面的，不仅在于有没有良好的规划能力，有没有良好的决策能力，更在于有没有良好的执行能力。深谋远虑，才有战略规划；把握全局，才有好的公共决策；用心用力、有充沛的责任心，才有好的执行能力。

按照治理体系与治理能力现代化的要求培育良好的执行能力，应秉承创新与贯彻的融会贯通，并实现理念、能力、效率的有机统一。良好执行能力的养成，要以激励约束机制为依托。要在明确行政职能、强化责任主体，并实现科学合理的分工协作的基础上，建立促进、提升执行能力和执行效率的激励约束制度。

　　要对执行能力作科学的评估。执行能力的优劣要通过完整的反馈系统来得知。无论"被动反馈"还是"主动调研",都应尽可能以具体周详的数据和典型案例来分析。在推进国家治理现代化的进程中,"执行能力"问题不仅在实践领域备受关注,也成为政治学、行政学和管理学等众多学科的研究热点。要通过深化理论研究,进一步助力和推进各级政府部门的执行能力建设。

十、我国智库建设要解决好几个突出问题

> 在智库高速发展中，存在良莠不齐、泥沙俱下、质量不高、实际资政能力不强的突出现象，这成为制约我国智库可持续发展的一大内忧。

高质量的智库是推进国家治理体制与治理能力现代化的重要条件。十八届三中全会提出建设新型智库的要求后，我国智库建设发展很快。美国宾夕法尼亚大学"智库与公民社会项目"发布《全球智库报告2015》显示，2015年底全球有智库6846家，其中中国435家。中国成为世界"第二智库大国"，也是智库增长速度最快的国家。另据"中国智库索引"（CTTI）显示，目前我国高校系统智库至少有250多家（不少高校智库尚未列入）。

但在智库高速发展中，存在良莠不齐、泥沙俱下、质量不高、实际资政能力不强的突出现象，这成为制约我国智库可持续发展的一大内忧。进一步推进我国新型智库建设，要着重解决好四个方面的突出问题。

一、遏制"同质化"倾向

由于智库建设重数量、轻质量，重速度、轻功能，重形式、轻特色，目前大体量的智库阵容普遍存在同质化现象。这突出表现在：一是搭便车、建机构、列编制、抢资源。各地方、各高校、各部门一窝蜂铺摊子，形成"智库遍地"，如雨后春笋增长的局面。正如习近平总书记在哲学社会科学工作座谈会上的讲话中指出的："有的智库研究存在重数量、轻质量问题，有的存在重形式传播、轻内容创新问题，还有的流于搭台子、请名人、办论坛等形式主义的做法。"二是缺乏鲜明的功能定位。功能重复，专业雷同，作用重叠，缺乏有价值的资政创见。三是重声势，重批示，重社会关系。急于求成，缺乏沉淀和积累的耐心。

2015年1月中共中央办公厅、国务院办公厅印发《关于加强中国特色新型智库建设的意见》，提出到2020年"形成定位明晰、特色鲜明、规模适度、布局合理的中国特色新型智库体系"的要求。智库的天然使命，是为诊断和解决特定公共问题研发和提供优质的资政产品，为决策特别是重大公共决策提供智力支持。一个不能为推进公共治理提供良策的"智库"，不是真正的智库。智库建设不是为争资源、争地位，而是为助益国家和地方治理现代化。智库建设不在于数量而在于质量，不在于形式而在于实际的资政功能。要根据实际需要建设经世致用的智库。探索建立中国特色的智库建设质量规范，既鼓励发展，又规范发展。对于功能性不强的"智库"，应有数量和规模上的控制，宁缺毋滥。同时要切实按照"定位明晰、特色鲜明"这一要求，注重特定功能的积累和开发，扬长避短，错位发展。

二、注重补好智库结构上的"短板"

我国体制内政策机构如党委系统的政策研究室、政府系统的发展研究中心、发改委相关部门，以及社科院、党校、行政学院、文秘部门等，都是成建制机构，阵容强大，并已形成历史延承。相对而言，我国结构性紧缺的是社会化、市场化、"第三方"的智库。十八届三中全会提出建设"新型智库"的命题，总体上是要加快发展社会化、市场化、"第三方"的智库，以补齐智库结构上的突出短板。

"新型智库"之"新"，本质上是体制、模式之新。我国现阶段智库建设实际上存在两大方面的战略重点：一是大力提升体制内智库的政策咨询质量。体制内智库具有信息便利、资金充裕等体制优势，但行政化突出、模式固化、利益牵涉紧密，政策咨询存在"我注六经、六经注我"的倾向等问题。这应在新的建设发展中得到解决。也就是说，体制内智库面临的主要任务是更多面向社会、提升质量，突破"锦上添花"和"政策诠释"的惯性思维。二是大力发展"新型"的社会化智库。对于一个组织体系来说，功能和模式决定了其效能和质量。通过加大体制和模式上的突破创新，构建起体制灵活多样、与我国治理现代化要求相适应、与 2020 年全面实现小康相匹配的新型智库体系。在政策空间、扶持力度、资源配置上要有更多的倾斜。

三、研究最突出、最现实、最前沿的治理难题

智库应注重研究国家和地方治理中事关全局的突出问题，注重研究与国计民生紧密相关的实际治理研究，而不能满足于热热闹闹的"秀场"和"场面大、名家多"却隔靴搔痒的"研讨"。一些智库习惯于运用体制的行政力量而非"专业的力量"来营运，提供的研究材料现实性不强，给出的相应对策质量不高。严格意义上，不少智库还只是行政化机构，没达到智库的整体素质和水准，这种现象是很值得警惕的。正如哈佛大学费正清中国研究中心专家指出的，智库如果满足于做文宣和诠释，就吸引不到真正有研究能力的人，长期下去会影响智库的人才培养和长远发展，这是一种"短视"行为。

我们应"风物长宜放眼量"，把建设重点放在有效资政的提供上，放在资政能力的创新上，放在解决各种突出的治理问题、为实现"四个全面"战略布局、实现公

共决策效能化最大化发挥促进作用上。

四、从"知"到"智"，加快提升"智慧之资"能力

智库资政有两个层次，一是"知识之资"，即提供知识、技术层面的支撑（有的国家称为"脑库"），这是智库的初级形态。二是"智慧之资"，即超越单纯的知识提供实现智慧层面的资政。苏格拉底说，"脱离知识的意见全都是丑的"，但知识只是决策的基础和条件，"智慧"之资才是智库的真正产品。一加一等于二是"知"，一加一大于二或不等于二才是"智"。智慧之资是智库功能的灵魂。

世界上享有盛誉的著名智库无不是"智慧供给"的高手，发挥着决策择优和修正重大决策的重要作用。对于现代治国理政来说，需要的是智慧层面的东西。我国智库要为决策科学化提供高质量的智力支持，要提供诊断问题、研判问题、解决问题的优质思想产品，就要具备"智慧供给"的能力。目前很多智库局限于线性的知识演绎和知识推导，与"智慧供给"尚有较大距离。把智库建成"智"库，不仅要提供知识层面的技术支撑，更要善于提供智慧层面的资政支撑。

"智慧之资"是智库功能建设的本位所在，也是智库社会价值之本。我国治理现代化的推进、法治社会建设的深化、"四个全面"战略布局的实施特别是 2020 年小

康社会目标的实现，都给智库建设提出了这样的要求。智库建设要"不为浮云遮望眼"，尽快从"知"的层面推进到"智"的层面，在"自然—社会—人"多维坐标中，对特定问题作出精深洞悉和精准把握，给出翔实有用的资政建言。要既"立地之实"，又"得天之道"，研发和提供高质量的资政产品。

智库的天职是推动社会进步。我国有着丰富的资政传统和资源，历朝历代"用师"、"经略"、"策业"层出不穷。历史上著名政治人物身边的高端智囊、思想库不胜枚举，而注重"战略擘画"、"智慧运筹"以及"不战而屈人之兵，善之善者"等智慧理念闪烁古今，并形成一种传统。智库建设还应从传统智慧中汲取营养，并注重借鉴国际先进经验为我所用。

十一、对"美好生活"的追求也是公共决策的目标

> 一定意义上，一切改革、发展、政策、举措、创新成功与否、好坏与否，都可以用能否真正为人们带来"美好生活"作衡量。

十八大闭幕后的记者见面会上，习近平总书记在讲话中说，"人民群众对美好生活的向往就是我们的奋斗目标"，成为人们传诵不已的"金句"。五年后十九大开幕会上，习近平总书记代表十八届中央委员会向大会作的报告中再次号召全党："永远把人民对美好生活的向往作为奋斗目标。"

十九大报告多处谈到"美好生活"。如提出"我国社会主要矛盾已经转化为人民日益增长的美好生活需要和不平衡不充分的发展之间的矛盾"，论述"新时代"是"不断创造美好生活、逐步实现全体人民共同富裕的时代"，"更加突出的问题是发展不平衡不充分，这已经成为满足人民日益增长的美好生活需要的主要制约因素"，强调"从让人民群众满意的事情做起，带领人民不

断创造美好生活"……

从开篇的"永远把人民对美好生活的向往作为奋斗目标",到最后一句话"为决胜全面建成小康社会、夺取新时代中国特色社会主义伟大胜利、实现中华民族伟大复兴的中国梦、实现人民对美好生活的向往继续奋斗!""美好生活"成为报告中非常亮眼的高频词,可以说是贯穿报告的一根红线,对各项工作指导意义重大。贯彻落实好十九大精神,重要的一点是要"把人民群众对美好生活的向往"作为各项工作的指导方针和基本目标。

"永远把人民群众对美好生活的向往作为奋斗目标"体现了马克思主义唯物史观,是辩证唯物主义和历史唯物主义原理的生动体现。人民群众是历史的创造者,也是美好生活创造者和享有者。满足人民群众对美好生活的向往,是党和政府一切工作的出发点和落脚点。一切好的方针政策、一切合乎人民利益的公共决策,最后都可以归结到能够有效地提升人民群众的美好生活上。

十九大作出"我国社会主要矛盾已经转化为人民日益增长的美好生活需要和不平衡不充分的发展之间的矛盾"这一重要判断,揭示出现阶段我国社会主要矛盾性质的变化,反映了改革开放以来特别是党的十八大以来,人们对美好生活的追求和期盼已上升为社会主要奋斗目标。如何满足人们对美好生活的追求,如何消除发展中不充分不平衡特别是解决好"发展不平衡不充分的一些突出问题",应成为一切公共治理、公共决策和各项工作出发点和立足点。

解决好人民日益增长的美好生活需要与不平衡不充分的发展之间的矛盾，是实现"中国梦"的基本条件，也是进入"新时代"一切公共决策面临的主要任务。"不平衡不充分"表现是多方面的，如地区之间、城乡之间、产业之间、部门之间等的发展落差。要把解决新的社会主要矛盾作为各项工作和公共决策的出发点，把解决发展"不平衡不充分"问题，作为现阶段全面建成小康社会、基本实现现代化的攻坚任务，实现共同发展、共同富裕。

正是基于对新的社会主要矛盾的客观判断，十九大报告强调要"更好满足人民在经济、政治、文化、社会、生态等方面日益增长的需要"，注重"在发展中保障和改善民生"、"在发展中补齐民生短板"、"增进民生福祉是发展的根本目的"；强调加快完善公共服务体系，加大公共供给，提升城乡居民收入增速。改革开放以来人们生活质量不断提升，六千多万贫困人口稳定脱贫，贫困发生率从百分之十点二下降到百分之四以下。城乡居民收入增速超过经济增速，中等收入群体扩大，人们有了很多获得感、幸福感。与此同时，人们对美好生活的向往进一步呈现爆发式增长，如期待有更廉价宽敞的居所，有更良好生态的自然环境，有更丰富的精神文化生活，有更为公平正义和谐的社会环境等。只有加快完善公共服务体系，加大公共供给，才能实现"幼有所育、学有所教、劳有所得、病有所医、老有所养、住有所居、弱有所扶"的目标，才能更好地满足人民群众对"美好生活"的新需求，也才能推进社会文明的进步。

发展是解决我国一切问题的基础和关键，也是解决新的社会主要矛盾的关键。坚持以人民为中心的发展，是注重满足人民对美好生活向往的发展。它要求践行"绿水青山就是金山银山"的新发展理念，坚持创新、协同、绿色、开放、共享，要求把生态、环保、低碳、循环和国家、民族长远发展、人民的利益放在首要位置，与GDP 至上、一线突进的发展方式有着本质区别。它要求建立相应的新发展模式即十九大报告强调的"发展更高层次的开放型经济"，"使市场在资源配置中起决定性作用"，通过开放型经济体系的创新建构，促进新一轮经济和社会的发展。

对"美好生活的向往"使老百姓不仅在物质层面有了新要求，对民主、法治、公平、正义、安全等也有了更高的期待，这些都要通过深化改革特别是放管服改革来满足。改革开放是 20 世纪 80 年代以来中国最大的历史性进步，也是今天社会变迁、人民群体生活提升、社会繁荣的根本缘由所在。随着简政放权的推进，如何提升"简政"和"放权"的含金量，成为新的突出命题。只有按照十九大精神进一步推进全面深化改革特别是切实推进"放管服"改革，才能增加人民福祉，增加国际综合竞争力。要将以往集中于行政、经济、文化等领域的改革扩展到更大范围，切实消除机制体制中存在的痼疾，通过政策举措保证各类市场主体平等竞争，形成开放、有序的现代市场体系，释放民间社会的活力，激发更多创造力。

一定意义上，一切改革、发展、政策、举措、创新的成功与否、好坏与否，都可以用能否真正为人们带来"美好生活"作衡量。由此包括公共管理、社会治理在内的一切公共决策过程，都要从实际出发，确保最大限度地体现和遵从民意，切实提高行政效率，以更好地满足"人民对美好生活的向往"，增进民众的实际福祉。

对美好生活的追求和向往是人类文明前行源源不绝的动力所在，但"美好生活"的实现"绝不是轻轻松松、敲锣打鼓就能实现的"，要靠全体国民脚踏实地"一件事情接着一件事情办，一年接着一年干"。正如19世纪法国哲学家柏格森指出的，人民被生活的激流鼓舞，组织起来参与"创造的进化"，能使人们不断"成长"。总之要在新的历史起点上，深刻把握人民日益增长的美好生活需要与不平衡不充分的发展之间的矛盾这一判断的时代性，把它作为一切公共决策的依据，同时要更切实地把"从让人民群众满意的事情做起，带领人民不断创造美好生活"作为公共治理、公共服务、公共决策的行动准则。

第四章　规划·策划

通过我们人为的制度中与自然相符合一致的同样规划，并且由于召唤了永不错误的和强大有力的本能的帮助来加强我们理性之易于失误而又软弱的策划，于是我们便从一种遗产的角度来考虑我们的自由而得到了其他某些不小的好处。

——柏克《法国革命论》

一、顶层设计：是什么，不是什么

> 任何改革的顶层设计的前提，是尊重社会发展的内在秩序和规律，不能"俱怀逸兴壮思飞，欲上青天揽明月"。

最近有个词儿很热。自中央提出"顶层设计"概念后，一时间"顶层设计"满天飞，治堵要"顶层设计"，绿化要"顶层设计"，菜贱伤农要"顶层设计"……当下最时髦的词可能就是"顶层设计"了。让人想起当年提出"依法治国"后，一时间"依法治……"如雨后春笋，一些地方甚至提出诸如"依法治所"（厕所）、"依法治园"（幼儿园）……

《中共中央关于制定国民经济和社会发展第十二个五年规划的建议》和《国民经济和社会发展第十二个五年规划纲要》中，提出要"以更大决心和勇气全面推进各领域改革，更加重视改革顶层设计和总体规划"，含义是明确严谨的，即强调改革设计的总体规划性和全局性，明确改革的优先顺序和重点任务。就这一概念来源来说，"顶层设计"源于工程学，主要指运用系统方式，自高端开始的总体构想和战略设计。引入社会领域，主要指站在较高战略点上，统筹协调各方面因素，整体性、系统性地解决社会问题之道，强调解决问题的规划性、科学性、关联性、系统性。

在今天改革发展中"规范"一件事情，最有绩效的办法是作出科学系统的制度安排；而推动国家和地方规划的全面落实，本质上是一个如何在经济社会发展客观基础上，进一步作出科学审慎的"顶层设计"的问题。

但是在人类历史上，理性的膨胀、意志的张扬，一直是人类健康发展面临的一个障碍。理性是人类宝贵的资源，是人类的禀赋，但理性也给人类带来过灾难。在柏拉图的"理想国"、莫尔的"乌托邦"、康帕内拉的"太阳城"、安德里亚的"基督城"中，你都能见到以"理性"推导社会、演绎文明、"重建社会文明"即意志决定一切、把现实中一切作为伟大意志的副产品的情形。

尽管人的理性、人的智慧是一种稀缺资源，但是理性过度昂扬是有很大危险的，过度的理性本身就是一种非理性。正如思想家哈耶克说的："理性并非万能……那种认为理性能够成为其自身的主宰并能控制其自身的发展的信念，却有可能摧毁理性。"

说到"顶层设计"上来，有几个质的规定性是显而易见的：

第一，顶层设计不是主观意志的无限度膨胀。任何改革的顶层设计的前提，是尊重社会发展的内在秩序和规律，不能"俱怀逸兴壮思飞，欲上青天揽明月"。它须立足于所处的历史发展阶段和现实状况,审慎发散人的意志和智慧。不能是天马行空,为所欲为,以主观意志行事,以拍脑袋决策。

第二,顶层设计不是自上而下的"顶层"输入。顶层设计强调的是整体性的考虑和安排,强调事物之间的关联性、平衡性和统筹性,不能顾此失彼,按下葫芦浮起瓢。顶层设计须有战略制高点,"不畏浮云遮望眼,只缘身在最高层",但决不只是"顶层"的输入。那种把"顶层设计"理解为自上而下的指令式安排,是错误的。如果是那样,当年的计划经济,就是典型的"顶层设计"了。

第三,顶层设计不是宏大叙事式的"重新安排河山"。改革的顶层设计,本质上是一种创新,但真正有效的创新的形成,是一个复杂的主客观多维博弈的过程,也是一种尊重现实的过程。本质上,"重建社会文明"是不可能的,也是违背事物规律的。"山河"是客观的,"文明"是延承的。不顾一切的、脱离实际的"重建"或追求"尽善尽美"社会蓝图的宏大叙事,伤筋动骨,都是与顶层设计的初衷和宗旨背道而驰的。

二、战略规划的思维准则

战略规划有三大基本任务：一是确立阶段性核心目标和布局；二是找出目标与实现目标之间"最短的直线"；三是界定在更大整体格局中其相对位置和对于整体的变量系数。

当人们对未来一定阶段一定范围设定目标、作出远大安排时，一个国家、一个地方抑或一个组织就有了"战略规划"这一命题。所谓战略，是带有全局性"发现智谋"的纲领，具有空间上的覆盖性和时间上的全程性；战略规划则是确定一个国家、一个地方或组织的发展大纲和长远目标。前瞻性、方向性、大局性和价值先导性是战略规划的灵魂。

当人类社会进入文明大量堆积的"繁杂社会"后，社会发展很多东西更不能靠"被动适应"来产生，更要靠"自觉认知"的研判和审慎设计来回应。20 世纪 90 年代以来，强化对本国经济社会的统筹协调，发挥中长期规划的发展推动力，成为世界各国普遍采用的做法，发达国家战略规划参与社会经济发展的比重不断提高。

20世纪下半叶以来，发达国家出现了大量加快经济、社会、政治、文化、社区发展方面制度安排、政策设计、运行机制等的研究成果，战略规划取得大幅度进展。

任何社会、任何组织都需要对宏观大象作出评估和布局。人类历史上一些重大变革时期，自觉地或不自觉地进行战略规划是一直就有的现象。以1787年人类第一部成文宪法诞生为标志，人类实际上进入了"规则政治"的时代。亨廷顿说过："身处正在实现现代化之中的当今世界，谁能组织政治，谁就能掌握未来。"

战略规划有三大基本任务：一是确立阶段性核心目标和布局；二是找出目标与实现目标之间"最短的直线"，即实施的路径、方法和保证条件；三是界定在更大整体格局中其相对位置和对于整体的变量系数。没有超前思维，就没有战略规划。人类生活的趋复杂性尤其是大国治理的多维性，决定了必须有强健的超前思维，即对一定历史时期政经事务在从容预判基础上作出预先筹划。但战略规划不能落入繁细和"尽善尽美"的泥淖，要避免落入波普等人批评的乌托邦的"整体主义"陷阱。

本质上，战略规划是基于对社会不完善的洞察、认识和救济，也是基于社会生活可以通过科学审慎的擘画以臻完善这样一样假设。在今天推进社会发展，或"规范"一件事情，最有效的办法，是作出科学健全的规制安排。

战略规划的重点是解决影响全局的关键问题，筹划先机性、后发性问题和相关政策、规制和体制架构问题。在战略规划的技术规定性上，它有三项基本的思维准则：

第一，"求真"与"证伪"原则。"求真"是战略规划的首要规则。著名思想家波普认为：科学与非科学的划界标准不是"意义"，而是经验上的"可证伪性"，凡是不可证伪的东西都是不靠谱的，是难以言说和评估的。科学只是未被证伪的假设。科学与非科学的辨别标准不在于其正确与否，而在于是否具有"可证伪性"。正如马克思指出的："人应该在实践中证明自己思维的真理性，即自己思维的现实性和力量，亦即自己思维的此岸性。"

任何规划制定总希冀规划最终得到"证实"，可事实上"规划"目标预设与发展结果即现实之间的差异，才是规划科学性和现实发展性的相互关系的真实生动的表现。它是实践对认知的"超越"，也是经济基础对上层建筑"决定"作用的表现。社会生活丰富多彩，无比丰富的发展现实如果仅仅只是规划之"注解"，就失去了规划最根本的意义。战略规划是一项"智性"事业，但不可能尽善尽美，正如西蒙指出的，人"不可能建立全知全能的理性体系"。规划的任何认知只能依据已有的实践空间，而社会变革的变数总是大大超越人们的预知。

第二，"求善"与"试错"原则。人类任何规划本质上都是一种"求证"和有待实现的预设。它不能代替未来发展的事实本身。从社会本身看,"社会自发秩序"(spontaneous order)所遵循的规则系统的完善与进化,是一种竞争和试错的过程。任何社会的传统和规则都与这一进化有关。好的战略规划懂得尊重这一自发秩序的创造性,具备渐进理性。制定战略规划要秉承"试错"精神,在不断试错中调整行为——一旦"规划"与实际生活发生错位和落差,要修改的是规划本身,而不是社会生活现实。

第三,"求美"与"底线"准则。战略规划不能包打天下,能由市场解决的问题比如资源配置等,应由市场来解决;只能由社会机制解决的问题则应由社会来解决。作为一门"社会技术"(social technology),战略规划应"在涉及那些操作制度者所需知识的数量方面考虑到人类合理性所受到的限制",不能包罗万象地、无遗漏地发挥"规划意志"。我国进行战略规划应注重秉承"大政简略"取向,不能事无巨细地设计一切,主要应着眼于"提供一个使公民在其中管理自身事务的框架",以使社会问题通过社会内的互动来解决。有底线有节制的规划才具有真正的战略智慧,才合乎战略规划本身的文化本性,也才具有投放社会实践后的指导性和可操作性。

三、战略规划的眼界、方位和境界

战略设计的第一境界是"理想境界",第二境界是"科学境界",第三境界是"艺术境界",第四境界是"哲学境界"。

规划力、决策力、执行力构成国家治理的现实能力。战略规划决定了一个国家一个民族一个地区中长远发展的眼量、方位和高度。在全球化进程中,通过完善的战略规划,厘定发展思路,强化对本国经济政治和社会发展的统筹指导,成为当今世界各国推动发展、赢得未来发展先机而普遍采用的做法。提升战略规划能力,也是我国当下实现治理体系与治理能力现代化所迫切要求的。

战略规划预设了一个国家的长远发展框架

战略规划为什么重要?因为它预设了一个国家的长远发展框架。通过科学审慎的战略设计,可以对中长远发展的"扇面度"作出选择和调整，凝聚起集体行动的前行力量。在另一方面，人类发展带着许多不确定性，正如许多思想家指出的，我们正"处于一个混沌的世界之中"，尤其是当进入繁杂社会和风险社会之后，全球发展的未来格局更趋错综复杂，各种挑战不断加剧，战略规划成为"把秩序加给这个混沌世界"的手段，成为推进国家治理、迈向兴盛的必需之举。

战略规划本质上是基于对社会不确定性、社会发展不完善性的洞察和救济，也是基于社会生活可以通过审慎规划以臻完善、以优化人的生存这样一种预期。

人类文明大量堆积后，社会发展形成既定秩序后，一个国家一个民族更为深远的发展并不能靠被动性的适应来获得，而要靠"自觉的筹划"来赢得，善于对社会发展目标、走向和结构体系作"与时迁徙，与世偃仰"的修正（revising）、重组（recombination）和再排（reordering）。一个缺乏良好战略规划能力的国家，是缺乏长远竞争力和后发能力的。近现代历史的政治发展表明：正在实现现代化之中的当今世界，谁能组织政治，谁就能掌握未来。

好的战略规划不是"乌托邦"之举，而是筹划发展、推动进步的一种理性表达。战略规划的基础是对实际情况的把握和对发展大局、路径的远见卓识。没有登高望远的远见卓识，是不可能有好的切合实际的战略规划的。

战略、大战略与总体战略

战略规划体系可分为战略、大战略、总体战略。"战略"一般用来指较为长远的行动规划。1979 年美国《军事及有关名词辞典》对战略作了比较简洁的界定，认为战略是在平时和战时发展和应用政治、经济、心理、军事权力以达到国家目标的艺术和科学。它强调的是战略的"艺术"与"科学"这一双重特征。二战时期美国几乎所有的战略思想都源自英国，战争结束时美国新创了"国家战略"概念并付诸实践。"国家战略"自那里起，成为战略思想中的新产品。

"大战略"是战略结构中更为宏大的构想和布局，比"战略"更具广幅性、长远性。早在 1830 年德国军事理论家和历史学家克劳塞维茨就提出过"大战略"的理念。而被称为"20 世纪的克劳塞维茨"的古典战略家李德·哈特强调，大战略是"较高级的战略"（higher strategy），它比战略的层级更高，正如战术是战略在较低层面的应用一样，战略是大战略在较低层面的应用。大战略的任务是为协调和指导一切国家资源（或若干国家的资源）"以达到战争的政治目的"。20 世纪另一名战略大师富勒指出，"大战略"有两大核心任务。一是为评估其国家的经济和财政地位，并发现其优劣之所在。从大战略的观点来看，素质与数量，人力与物力，都同样重要。二是了解其国民的精神特征，其历史、其社会，以及其政府制度。

第二次世界大战时曾任盟军中国战区参谋长的魏德迈，被认为有着较高的战略判断能力。他曾在 1947 年作出过"两年内中共军队将取得最终胜利"的著名判断。他认为大战略是使用一切国家资源，以达到国家政策所界定的目标的艺术和科学。无论过去、今天还是未来，构筑大战略不仅需要科学精神，更需要高超的政治前瞻能力以及历史意识。这正如富勒说的，"大战略家必须是饱学的史学家、远见的哲学家、敏锐的战略家"。

"总体战略"则是具有多位性、关联性结构的战略类系。总体战略用来解决整体性、互为变量性的国家重大问题。法国思想家、战略大师博弗尔最早提出了"总体战略"（total strategy）这一概念。我国经济—政治—社会—文化—生态"五位一体"总体布局、坚持全面小康、坚持全面深化改革、坚持全面依法治国、坚持全面从严治党"四个全面"战略布局以及创新、协调、绿色、开放、共享"五大发展理念"，具有明显的"总体战略"特征，也更需要运用总体战略的思维方法予以实施和协调推进。

一个不争的事实是，今天人类已进入"战略政治"的时代。我们不仅需要构筑战略的能力，更需要擘画大战略和总体战略的远见卓识。21 世纪"知识创新"在社会政治领域的最大表现，是如何在国家治理和长远可持续发展上谋篇布局，作出凸显生存价值、合乎历史逻辑、赢得未来发展的战略筹划和选择。

战略规划设计的四种境界

战略设计的灵魂是整理事象，排列优先，选择"最佳"的行动路线。战略规划和设计本质上属于政治规划学的范畴，总体上它涉及三方面内容：一是确立阶段性核心目标和布局；二是找出目标与实现目标之间"最短的直线"，即行动路径、实施方法和保证条件；三是界定在更大战略体系中的相对位置以及对于整体的变量系数。

战略设计的第一境界是"理想境界"。即基于"合目的性"的取向，依据"意志偏好"，追寻美轮美奂的战略构图。这一境界模式的突出特征是理想化，容易有急躁冒进乃至"乌托邦倾向"。古今中外，这种战略规划模式曾经非常普遍，给一些国家和地区的发展造成巨大负面影响，有很多经验教训。我国历史上也曾多次出现过脱离实际、片面追求不切实际的"高大上"战略目标这种状况，教训极为深刻。

战略设计的第二境界是"科学境界"。"科学理性"至上，求真为其首要规则。所谓"没有硬要事实迁就观点，而是让观点以事实为依据"，战略行为立足于对现实和历史环境的适应。但在科学理念下，线性思维、社会工程、理性主义殊为突出，其中一个很突出的特点，是习惯于以科学领域的实验和逻辑方式来解释和谋划国家—社会事务，以科学实验逻辑强加于并不简单等同于科学实验领域的国家—社会治理，并习惯以行政化刚性的"工程方式"，来营运和推动社会事务。

战略设计的第三境界是"艺术境界"。治国理政是一门科学，更是一门艺术。这一模式注重"从经验本身中吸取其灵感"，从过去—现在—未来的历史逻辑中选择国家治理的方位和行动线路，超越"1+1=2"的线性思维而寻求更为灵活适应性更强的良性发展。但这一类型中容易出现的一种偏颇，是激情、浪漫、超越现实。好的战略设计秉承的理念和取向是一种"可能的艺术"（the art of the possible），只有立足于现实与历史的实际，可能性才会成为现实性，但艺术境界的战略规划、设计容易犯的毛病是放大意志的力量，"人定胜天"式的偏好时常出现。

战略设计的第四境界是"哲学境界"。战略行为从"合目的性"与"合规律性"的相统一上，从工具理性与价值理性、主体性价值判断（人的尺度）与客观事实和真理（物的尺度）的相融合上，来构造中长远发展图式。所谓"盛衰之理虽曰天命，岂非人事也哉？"把积极事功作为有意识地去赢得未来发展和解决集体生活种种难题的一种尝试，能臻达自然观、社会历史观和认识论相一致的哲学高度。在这一模式中，应了博弗尔的那句话："人类命运的决定一方面要看所选择的是何种哲学，另一方面又要看他选择的战略以使其哲学理想得以实现。"

今天人类社会正日趋分化而变得复杂，世界格局也变动不居，人类各方面的不确定因素增加了。于是找准发展方位、规划发展路径、确定发展重点，变得日益重要。人类正走入一个规划的时代。通过科学审慎的战略规划确定中长远发展目标，推动社会发展，提升综合竞争力，成为越来越多国家愈益重视的做法。我国的发展更进入了一个需要科学、审慎、全面地规划、筹划和拓展新的发展方位的新时代。推进国家治理体系与治理能力现代化的现实要求、各项重大目标的实施以及21世纪中叶全面实现现代的愿景，不仅决定了宏观、中观、微观不同层面战略规划的重要性，同时也决定了进一步提升战略规划的水准、质量和境界的紧迫性。

四、区域战略规划的四种境界

> 区域战略规划的质量和境界，影响一个地方中长期发展的重要变量。从境界看，区域战略规划分为"商业境界"、"经济境界"、"生态境界"和"人文境界"。

区域战略规划是一个地方发展思路的表达、建设议程的设置以及治理价值和取向的择定。

好的区域战略规划促进发展，差劲的区域战略规划则折腾、延宕发展，甚至造成地方社会经济长久低迷和徘徊，需经长时间的调整才能"重振河山"。因此提升区域战略规划的质量和境界，是影响一个地方中长期发展的重要变量。

我国全面进入的"十三五"是个"大期"，要完成的目标有很多。按照中国现代化的时间表，到"十三五"末期（2020年），我国一要如期全面建成小康社会；二要基本建成创新型国家；三要初步建成法治政府；四要基本形成"开放型经济新体制"；五要实现"各方面制度更加成熟更加定型"，国家治理体系与治理能力取得重大进展。根据这些重大战略目标,进一步明晰区域发展主线、设置中长期发展议程,就相当重要了。

区域战略规划的第一境界是"商业境界"。规划和规划的实施主要局限于对购物中心、商业街、商务楼、工商企业、主题广场、专业市场、娱乐地产、住宅等进行规模化的商业布局,重心在于对商务、物流、园林、交通等硬件进行规划设计。尽管涉及内容林林总总,但主线是商业地产、楼宇建设、产业布局,具有突出的"物理性"发展思路和取向。

区域战略规划的第二境界是"经济境界"。突破商业地产、产业园区、楼宇建设、开发区营建、产业布局的局限,而能对整个区域经济作出相对整体的规划布局,如确定包括国民生产总值、产业结构比例、人均收入、资源开发利用、环境保护等在内的经济发展目标等。在这一类型中,高新区、开发区、科技园、产业基地、工业区、特色产业园等为主体。好一点的规划,能对区域经济中心模式、发展中轴、产业集聚带以及重点开发基地、重点发展领域作出较好选择和安排;而由传统产业向高新技术产业转型或推进,在其中通常占有较大比重。我国许多区域战略规划大体处于这一阶段。

区域战略规划的第三境界是"生态境界"。从单线性的商业模式、经济理性、产业布局,提升到"自然—生态"为主线的综合发展模式,把规划建立在良好生态的维护和治理上,不以生态破坏为代价来推动一时的发展,实现经济—环境、产业—生态、人—自然的协调共进。这一境界的规划注重对经济发展软、硬环境的分析,对诸如人口密度、技术密度、劳动密度、资源密度等基本要素和条件以及劳动力的数量和质量、社会文化教育状况以及人与自然的承载关系等,有较为全面的统筹和考虑。

区域战略规划的第四境界是"人文境界"。由物理性、数字化的刚性发展理念和发展模式,推进到"人—自然—社会"相统一的人文、人性界面,立足于经济的、历史的、传统的、宗教的、社会心理的各种因素,进行科学配置和顶层设计。这一境界的发展规划注重城市类型的甄别选择,注重建构合乎地区文化特性的多元空间结构,注重把人文和"人的全面发展"放在中心点上。"人"是规划和规划实施的中心,就业、就居、就学、就医、养老等民众切身利益有切实的保障优化。总之它是"人性"的擘画而不仅仅是"物理"的安排,是全方位、可持续的综合发展而非单线的突进。

所谓"能止健,大正也"。战略规划是一座桥,连接愿景与现实,近期与长远,今天与未来。在国家发展大局中,不同地区只有进一步调整好方位,扬长避短,因地制宜,注重发挥区域的比较优势,才能实现区域社会经济的长足发展。区域战略规划应高瞻远瞩,不仅着眼于近期发展,更应放眼长远,具有更为深远的战略眼量和谋篇布局。

五、政治设计何以可能

　　政治设计是人类追求美好社会的一种技术手段，有着
"条件"与"制约"的双重境遇。

　　政治设计的"工具理性"在于，能在比较本原的层
面触及社会，通过特定的规制供给、社会结构调整等，
解决特定的社会问题；并通过提供制度化"行为指南"，
对公共事务作出规范，对人的行为进行形塑，影响社会
选择。
　　政治设计何以必要？因其有着客观实际需要，它是
人的主体性参与历史的一种方式，也是人类追求美好社
会的一种技术手段。政治设计何以可能？因其有着"条
件"与"制约"的双重境遇，有着诸多的社会参数：
　　第一，"空间"与"时间"。人类任何政治创制，都
是在一定的空间和时间中展开的。空间和时间是政治
设计最大的条件，也是最大的制约。空间界定了政治创
制的广延性和物理位置，时间规定了政治创制的持续性
和历史流程。也就是说，空间给定了政治设计一定的宽

度和纬度，时间则约定了政治设计一定的长度和经度。好的政治设计，必须"一切以时间地点为转移"，满足"空间"和"时间"两个基本的规定性，既不可超越空间上的特殊性，也不能超越时间上的历史阶段性。

第二，"常识"与"规律"。人类早期文明秩序很大程度上是演进的产物而非"设计"的结果。而当人类拥有了充分的经验和资源后，主体性的选择就成为人与历史的一种互动。但这一切必须合乎常识和事物的性质、规律。常识是政治创制的"识性中轴"，规律则是政治创制的理性底线。一切有悖于常识、规律的东西都是荒谬的。越出了常识的边界和规律的底线，再美好的构想也会成为是盲动、荒谬而不可行的东西。

第三，"理性"与"经验"。人类历史活动既受制于理性，也受受制于经验，政治设计亦如此。人类历史上，人的理性亢奋造成过很大灾难。理性主义（rationalism）和经验主义（empiricism）是人类文化史、思想史上长久纷争的焦点之一。人的理性是宝贵的，没有理性，便无发展，理性太盛，则为灾难，但政治设计之理性不是唯意志主义、浪漫主义，而是渐进理性、公共理性、"经验"基础上的理性。这种理性和经验，要求社会领域的政治创制必须有"路径依赖"（path dependence），必须顾及文化传统、信仰体系等根本性的文化因素。

第四，"证实"与"证伪"。社会领域的任何构想、革新、创制，对社会进程的干预，都必须受"证实"和

"证伪"的过程。证实包括经过"完全证实"和"可能证实"、经验可能性和逻辑可能性的过程。同时，还必须经历可"证伪"（falsifiability）的过程。不可"证伪"的东西本质上是无法证实的。按照证伪主义思想家波普（Karl Popper）的理论，其一，理论表述内容愈普遍，其可证伪度愈高；其二，理论表述内容愈精确，其可证伪度亦愈高。

第五，"底数"与"公约数"。政治创制、政治创投牵一发而动全身，成本高、风险大，因此情况要明、数字要清、方法要得当、节奏要合理。最大限度地掌控"社会底数"，减少"未知度"，同时找出最大公约数，把握事物最一般本质和共相（universal），进行共相归类、同类抽象是十分重要的，它需要一种整体综合的方法。社会客观情势不断变化，政治设计要实现"底数"和"公约数"的最大统一。

第六，"可能性"与"现实性"。可能性是政治设计的"理想支点"，是政治设计能动性所在；现实性是政治设计的"立足支点"，是政治设计约束性所在。任何主体性的社会创制，都是基于可能性之上的"次优"艺术。政治设计作为"现实的"艺术，在于怎样使可能性变为现实性。"生活在根本上是不完善的"，政治设计要与脱离实际的"乌托邦工程"，保持足够的距离。

第七，"底线"与"边界"。政治设计有着广泛的社会运用空间，但本质上做"社会助产士"的工作，凡社会可以"自主"、"自净"的事情，凡市场可以作资源配置的地方，就是政治设计的底线和边界。"盲人摸象"式的盲动，"夜半临深池"式的蛮干，唐吉诃德"大战风车"式的豪情，天马行空式的"美好"构想，是作为规划科学的政治设计的大忌，必须"力戒"。

六、政治创制是一种艺术

注重提供一个使公民在其中管理自身的框架；社会事务大部分通过私人之间的互动来解决，完善的法律和市场又使这种互动成为可能。

以 1787 年人类第一部成文宪法诞生为标志，人类已进入规则政治时代。说到底，良好的"规则政治"要靠"政治规则"来规范。在更加尊重社会内在机制和"自发秩序"的同时，推行审慎的政治设计，成为确保公共生活光明度、实现社会繁荣、文明和秩序的重要手段。正如丹尼尔·贝尔认为的："社会结构的变化对政治制度提出了'管理'问题。在一个日益意识到自己的命运、并力图掌握自己命运的社会里，政治秩序必然是最重要的。"

17 世纪英国思想家霍布斯指出："庞然大物'利维坦'是用艺术造成的。"一种好的政治设计"看似寻常最奇崛，成如容易却艰辛"，它能从比较本原的层次上触及和作用于社会，它成就于科学的原则和高超的政治艺术。

"经验"的法则。马克思指出,"社会生活在本质上是实践的","人应该在实践中证明自己思维的真理性"。经验是政治创制的传统基础和渊源所在。任何经验性认识都源于实践,因此政治实践是第一位的。政治设计要以政治实践为依据,不能以某种先验理念为蓝本;并且它的社会效果也只能以实践来检验。正如思想家伯克所说:"建立在长期积累的传统之上的政府体制要优于建立在推理原则基础上的体制……各个时代的集体理智将初始正义的原则与人类无限众多的关注结合了起来。"政治设计必须充分考虑和顾及文化传统、信仰体系等这些根本性的制约因素;同时在全球经济一体化时代,在采撷其他地域政治文明的时候应汲取其精华,而不是生搬硬套。

"试错"的法则。社会自发秩序的形成、完善和进化,是一种竞争和试错的过程,政治设计作为一门"社会技术"(social technology)应尊重进化秩序的"创造性",以审慎的试错原则为指导,避免追寻尽善尽美、美轮美奂的理想目标而导致的大规模理性盲动主义。政治文化演绎的逻辑来自人、自然、社会三者关系,任何政治创制都需要有"摸着石头过河"的审慎态度和"千淘万漉虽辛苦,吹尽狂沙始得金"的负责精神。本质上说,任何政治创制和政治设计都不是"最优的艺术"而只是一种"次优的艺术"。试错、渐进是社会政治领域改革和政治创新确保成功率、降低风险度的根本性要求。

"修补"的法则。政治设计是对原有社会事物修缮而非"改天换地"。波普倡导"渐进的社会工程",认为"正如自然工程的主要任务是设计机器和改造、维修机器一样,渐进社会工程的任务是设计各种社会建构以及改造和运用已有的社会建构"。规避理性的昂扬过度和片面性,规避"重整山河"的整体主义,是政治设计必须恪守的底线。在政治操作中,不能以演绎推理导致的任何方式来重构社会。"治大国若烹小鲜",有节制的"除旧布新",才合乎人类文化的内在本性,也才能有相应的效率和收益。

"中和"的法则。孟德斯鸠在谈到政治的品格时说:"政治的'善'就好像道德的'善'一样,是经常处于两个极端之间的。"包括政治设计在内的社会领域的各种政治创投都应具备这样一种"善"的品格。人类历史表明,社会领域的革故鼎新最易出现的惯性之一是激进、偏激、走极端。"去掉一个最高分,去掉一个最低分",不搞极限、忌走极端,以适中适度、宽宏中正为上,是政治设计应遵循的重要思想方法。同时还应看到,只有较多依赖于专业领域并发挥社会智慧的纵横捭阖,才能更好地降低和消解偏激极端,确保政治创制的中和品格。

"有限"的法则。政治设计要考虑到操作者在知识数量、结构以及智能层级方面所受到的限制和羁绊,以最大限度地实现政治设计的科学化。"理性创造"不是万能的，不能包罗万象、无所遗漏地宣泄自己的意志。理性有限度地表达智慧本身就是一种智慧。

政治设计应当体现这样一种情怀：着意于设计这样一种架构——它注重提供一个使公民在其中管理自身的框架；社会事务大部分通过私人之间的互动来解决，完善的法律和市场又使这种互动成为可能。同时应当认识到，"制度是一座城堡，设计得再好，没有合适的卫兵去守卫，就成了虚幻的、空洞的残垣"。在社会领域，虚无主义和"乌托邦工程"的整体设计都有失妥当。政治设计是现实功能主义与历史有限主义的有机统一。

七、政治设计为什么重要

人性是靠不住的，不寄托于"自律"、"内修"之类，是政治设计的基点。作为一种政治规划行为，政治设计广泛存在于社会生活中。

在一个学术讲座上，有人问起政治设计问题："能举例来说明什么是政治设计、为什么政治设计对公共生活那样重要吗？"我回答说：如果我们有一块大蛋糕要分配，怎样才能以最简单、最有效率的办法，来尽可能确保切割（分配）行为的公正？

我们可以通过诸如学习开会、提高"觉悟"的办法，可以通过发文件、规定"几不准"之类的办法、可以通过成立"监督小组"的办法等，来约束人们，但是最管用的办法，是设定一条规则：切蛋糕者最后拿取蛋糕。

这就是著名的"分饼规则"。根据这一"程序规则"，负责分饼者不可以先拿蛋糕而须在他人选取之后——如果没有这种"他人先取、操刀者最后"的程序安排，权力者为什么不可以把饼切割得有大有小而先取

191

大者呢？这样的规则创制，就是政治设计。

经验表明，人类集体生活中大部分事情不能靠"自律"和"觉悟"的办法来解决。再比如，我们总是渴望"铁腕人物"（包括各类公众人物、社会明星）来主导公共生活，但古希腊人从城邦经历中，认识到由"卡里斯玛"（christma）式的强势人物来主导公共生活，危害极大。他们创制了一条政治规则，叫"贝壳放逐法"（也称"陶片放逐法"），对权倾一时而有可能危及城邦的强势人物，公民大会可以"票决制"来放逐他们，以防"僭主"再起。公民可在陶片上写上应放逐人的名字，投入壳箱。数额超过6000者，10天内必须离开城邦。放逐期是10年，10年后方可恢复各项公民权利。这一规制，有效遏制了领导人的骄奢淫逸、滥施淫威和践踏公民权利，它确立了整个雅典民主政制的基础。雅典人这种制度安排，也是典型的政治设计。

又比如，腐败与公权力如影随形。列宁曾对如何遏制日益加剧的腐败有过一个体制方面的构想，将当时整个监察系统建成不受地方"同级"党政机构辖制的"直线制"体制。即地方监察和纪检系统分别隶属于俄共最高监察机关"中央监察委员会"和苏维埃国家监察机关"工农检察院"。监察委员会与党委会为平行结构。监察委员会的决议，同级委员会必须执行。这种体制，对于地方领导人的腐败，有致命的杀伤力。不幸的是列宁早逝，这个重要构想未能付诸实施。

人性是靠不住的，不寄托于"自律"、"内修"之类，是政治设计的基点。作为一种政治规划行为，政治设计广泛存在于社会生活中。从公元前18世纪历史上第一部法典《汉穆拉比法典》诞生，到公元18世纪第一部成文宪法制定；从最初的生产、分配和交换产品中归纳出共同的规则，到现代法律体系的形成；从原始的公共机构，到今天的科层制；从民族国家的政府体制，到世界范围的联合国组织；从古代的"问策"，到今日的"资政"；从革命年代的战争策略，到和平时期的社会发展纲要；从革命先行者孙中山的"五权宪法"设计，到改革开放总设计师邓小平的"一国两制"构想，从康有为、汤因比等人"世界政府"的理论谋划，到马克思"自由人的联合体"的政治蓝图……政治设计在不同的历史时空中，展现着风光旖旎的历史画卷。

政治设计有五方面的主要特点：

一是主体性。主体性是指向客体施加逻辑的特性。"人们醒悟过来，发现自己处于一个混沌的世界中。于是，为了使生活变得能够忍受，他们力图把秩序强加给这个混沌世界。"（汤因比）正如在与自然的关系上人类投射出意志的光影，在社会场景中也施加着正义的逻辑。

二是理想性。理想性是指对现实不"消极默认"的特性。人类有着向往美好社会制度的天性。历史上理想国、乌托邦、新大西岛、太阳城、基督城、大洋国、法朗吉社会……一个个充满阳光的理想处所，正是这种"天性"的表达。尽管人类生活在"事实"中，但总是保持着超越现实的萌动。理想是人类手上永远玩不腻的玩具。

三是审度性。审度性是指对现实秩序作否定性审美的特性。其实，"批判性"与"理想性"同处一个维度。政治设计的价值动力，是"任何东西如果永远不去找出毛病，那就永远无法改正"（边沁）。正是这种社会审度意识，促发林林总总社会解构、建构、重构方案的产生。

四是功能性。功能性是指事物存在独特价值不可替代的特性。政治设计的功能性表现在通过制度结构安排，为社会创造一个可靠的、可预测的行为框架，"个人能够在其中执行他们的计划或项目时多少可以肯定其成功的前景……政治的任务就是创造一个合理的秩序作为人类自由明智的行动的必要条件"。

五是负荷性。负荷性是指负载前人智力的特性。人很难完全逾出自己前辈的思想框架。社会结构中的理念体系、制度体系、组织体系正是在集体生活中不断添加、缜密的。一种政治设计应该既承袭前人，又超越前人。一个时代的真正建树，只是在前人步履上跨出一小步，而不是前无古人、后无来者。

更重要的是，政治设计是人"族类"本质的外化，是历史主体特定的文化行为。政治设计创造的"社会建筑"，是人类文明创造活动非常重要的组成部分。

八、制度设计应当注重系统性和协调性

> 凡社会问题特别是重大、复杂的社会问题，须将其置于"系统状态"中而不是孤立地寻求解决办法。系统观察、系统规划、系统设计、系统配置，是推进制度变革的基本要求。

改革开放以来特别是全面深化改革以来，我国制度领域有很高的出产量，但制度行为的系统性、协调性不足。很多制度规划和制度创制东一榔头西一棒子，头痛医头，脚疼医脚，顾此失彼，"碎片化"特征突出。

制度设计是根据治理实际需求而定的制度供给行为。之所以要重视制度行为的系统性、协调性，是因为我们生活在"系统"中，任何社会问题都发生在"系统"中。社会是由"系统"组成和分割的，任何规制要解决的都是社会系统中的问题，无论金融、产业、就业、低保、生态问题，无论宏观方面还是微观方面，都如此。很少有真正"孤立"、"独个"的问题。正如政治学家迪韦尔热指出的，在社会领域"可以假设社会世界的一切因素，正如天体演化论者对物理世界的各种因素所作的假设一样，都是互相依存的，并构成一个统一体"。

"问题域"、"问题群"或问题的复杂关联性，是变革社会中社会问题的新特点。制度设计不仅要有针对性，还要有系统、协调性，才会有效率。国家和地方治理体系与治理能力现代化，一定程度上是实现治理体系和治理能力的系统化。

恩格斯在《自然辩证法》中谈到，"我们所面对着的整个自然界形成一个系统，即各种物体相互联系的总体"；黑格尔也曾谈到，在自然世界，每个有机生物都形成一个整体，形成一个完整而严密的系统，它的各个部分都是互相适应的，并通过它们的交互作用而促进它们的有目的的活动（黑格尔《自然哲学》）。

我们对于系统形态的认知大致可分为自然系统（natural system）和人工系统（artificial system），物质系统（physical system）和观念系统（conceptual system），动态系统（dynamic system）和静态系统（static system），开放系统（open system）和封闭系统（closed system），因果系统（causal system）和目的系统（teleological system），控制系统（control system）和行为系统（behavioral system），简单系统（simple system）和复合系统（compound system），还有小系统、中系统、大系统和巨型系统等。

20世纪80年代末，钱学森将系统分为简单系统、简单巨系统、复杂巨系统和特殊复杂巨系统。如生物体系统、人体系统、人脑系统、地理系统、社会系统、星系系统等都是复杂巨系统。其中社会系统是最复杂的系统了，又称作特殊复杂巨系统。这些系统又都是开放的，与外部环境有物质、能量和信息的交换，所以又被称作开放的复杂巨系统。

美籍奥地利生物学家贝塔朗菲（L.von Bertalanffy）将"系统"描述成："处于一定的相互关系中并与环境发生关系的各组成部分（要素）的总体（集）。"世界上任何事物都是作为系统而存在的，不同事物只是作为系统的构成而各有其特殊性罢了。

顶层设计就是一种典型的系统思维。有人把顶层设计理解为"上层设计"、"高层设计"之类，这是个很大的误解。顶层设计（top-down）是包括了"顶层"、"底层"整个系统在内的整体擘画。

"攻其一点，不及其余"、"头痛医头，脚疼医脚"，这在制度决策领域教训极为深刻。比如为了"防洪"，我们可以作出拦坝蓄水、建水库的决策，貌似"有效率"地解决了洪水问题，但在解决这"一点"的同时，可能引发的诸多问题比如水质、生态、气候（甚至更为严重的延伸后果）是巨大的，代价远远超过解决"一点"问题的决策收益。这种缺乏系统性、协调性的任意行为，严重浪费国民财产，付出的代价相当大。

《中共中央关于全面深化改革若干重大问题的决定》提出："必须更加注重改革的系统性、整体性、协同性。"任何真正有效能的改革，涉及的对象都是相互关联的系统。制度行为的"系统"范畴，表明不同的制度创新、创制尽管要解决的重点、方位不同，但都应尊重事物的联贯性和社会事物的联系特性，确立解决问题的系统思维。

系统整体性，特别是复杂系统和复杂巨系统（包括社会系统）的整体性问题就是复杂性问题。所以对复杂性研究人们后来采用"复杂系统"一词，代表那些对组成部分的理解不能解释其全部性质的系统。正如我们靠"系统"来理解一个由多重相互作用的要素构成的结构一样，也要靠"系统"来理解社会与规制相互作用的要素构成的结构。它要求制度行为必须注重整体性、联贯性，采用系统设计（system design）的技术方法去研判问题，能"系统地"解决社会问题。

所谓"不谋全局者，不足谋一域"。制度行为牵一发而动全身，凡社会问题特别是重大、复杂的社会问题，须将其置于"系统状态"中而不是孤立地寻求解决办法。系统观察、系统规划、系统设计、系统配置，是推进制度变革的基本要求。注重系统构成要素之间的相互联系，从整体上把握系统与社会环境的互动性，据此作出正确的研判和设计，是提升我国规制质量、实现制度功能最优化的要津。

九、制度设计和制度创新要注重价值理性

> 好的制度是人们行为的指南，是一定社会价值的载体。任何制度行为，都应经得起是否真正造福于社会、对集体生活带来"好处"这样一种基本考量。

制度是一个社会的治理工具，价值是它的灵魂。纯粹工具理性的制度行为，是机会主义的。本质上说，人类所有的制度设计无不负荷着一定的价值伦理。历史上推动社会进步的规制，都受一定价值（value）的投注，是一定理念价值下的历史选择。

马克思曾批评过"没有精神的制度"，缺乏价值导向的制度设计是一种盲动行为，是很难体现特定制度功能的。在推进国家治理体系与治理能力现代化过程中，制度供给、制度设计和制度创新应注重"价值注入"和"价值产出"这两个重要方面。

首先，制度设计要有正确的价值导入。良好的制度设计和制度创新具有"观念注入"或价值"先置倾向"。制度设计和创新首要的价值是正义。按照英国思想家

大卫·休谟的说法,"正义"的定义是使每个人各得其应有物的一种恒常和永久的意志(《人性论》)。罗尔斯在《正义论》中指出,正义是社会制度的首要价值,正像真理是思想体系的首要价值一样。一种理论,无论它多么精致和简洁,只要它不真实,就必须加以拒绝或修正。

民主理论思想家达尔曾指出:"事实上一切重大的政策决定,无论涉及个人或政府,都需要道德判断。我们在对政府政策意图达到的目的(比如,正义、公平、幸福、健康、生存、安全、福利、平等诸如此类的事情)进行决定的时候,是在作伦理的判断,而伦理判断并不是通常意义上的'科学'判断。"19世纪末,德国哲学家文德尔班(W.Windelband)把世界分成两部分即"事实世界"与"价值世界"。20世纪二三十年代,以摩里兹·石里克(M.Schlick)、鲁道夫·卡尔纳普(R.Carnap)等人为代表的逻辑实证主义认为科学是关于客观的事实判断,与价值无关。一切属于价值评判性的行为务必从科学领域中荡涤干净。然而尽管"事实世界"与"价值世界"的区分对于科学研究有方法论意义,本身是有"价值"的,但事实上科学领域中"事实"与"价值"是不可能绝缘的。正如美国著名哲学家普特南(H.Putnam)指出的,价值是带有事实的价值,事实则是带有价值的事实,"每一事实都含有价值,而我们的每一价值又都含有某些事实"(《理性、真理与历史》)。

制度设计、制度创制创新须遵循一定的价值和理念，才能增强制度行为的针对性和科学性，才可能对一个社会发挥应有的正向功能。

此外在不同方位的制度创制过程中，还应突出主导性的价值预设。比如，在社会治理上，制度设计和体制安排应有利于缩小贫富差距、有利于调整阶层关系、有利于形成"椭圆形"社会结构而不是相反。再如，反腐败的制度设计应据立于这样的价值预设：其一，生活中人都有可能成为"无赖"，有效遏制"无赖"行径要靠外在的规制钳制；其二，遏制腐败要靠有效监督，但真正有效的监督是"异体"监督，即不受被监督客体制约的监督才是有效的；其三，对于公权力结构的设计和安排，要有利于权力的分散、透明和制约而非相反。如果缺乏这样的价值理念，制定出来的制度必然不痛不痒、中看不中用，也不可能对腐败构成真正的杀伤力。

其次，制度设计要有良好的价值产出。价值（value）是客体的属性满足主体某种需要的关系范畴，马克思指出："'价值'这个普遍的概念是从人们对待满足他们需要的外界物的关系中产生的。"（《马克思恩格斯全集》第 19 卷）如果一项制度本身是有"价值"的，那么它应能"满足主体某种需要"，有良好的绩效产出。正如舍勒（Max Scheler）指出的，"有用事物导出价值"，"每一有用价值都是'对'一种生物'有用的'价值"。

好的制度是人们行为的指南，是一定社会价值的载体。任何制度行为，都应经得起是否真正造福于社会和对集体生活带来"好处"这样一种基本考量。

　　制度设计本身的"价值"就在于通过合理的"理性"行为，来弥补人性的缺陷和人类集体生活的不完善；通过结构性的调整和完善，提升社会运行的合理性和公共福利的效率。这就是说，制度行为的"价值终点"，在于最大限度地增进公共利益，为人们谋福祉，提升公共生活的质量水准。没有价值产出的制度行为本身是无价值的，应予遏制。

十、制度的设计与创新要注重社会关联的平衡性

任何制度安排都不是孤立的，都应有整体的和平衡的视野，正如制度经济学家科斯指出的，"一个制度安排的效率极大地依赖于其他有关制度安排的存在"。

德国经济学学者威廉·勒普克（Wilhem Röpke）在《伦理与经济生活》一文中说："当时我提出了一个今天也许广为人知和几乎不再有争议的假说：一个社会的各个方面和领域总是构成统一的整体，在这个统一体中所有的部分相互联系而形成一个不能由我们任意摆弄的整体。"达尔文在他划时代的《物种起源》一书中也指出：整个的体制在它的生长和发育中是如此紧密地结合在一起的，当任何一部分发生些微的变异，并且通过自然选择而被累积时，其他部分也要发生变异。自然界如此，社会领域亦如是。平衡性是一切自然系统、社会系统的普遍属性。当社会中任何一部分发生变异并经过社会选择而被累积时，社会其他部分迟早会受其影响并发生变异。

　　比如当我们发展人工智能，建设所谓"智慧城市"，同时就得处理和解决好包括技术理性化、"公民无隐私"、社会形态变形乃至人工智能失控风险等在内的一系列相关问题。当我们大力"拆违"、整治"群租"、驱逐"路边摊"，就得面临如何解决外来务工人员租房和生活成本上升、城市失业群体增大、低端服务业萎缩乃至市民生活便利受深度影响等后发问题。当我们大力发展汽车工业，就得应对和解决好汽车使用量激增产生的巨大交通压力问题以及环保问题、停车位管理问题以及城市停车空间过分"侵食"公共绿地等问题以及其他相关社会管理问题。

　　进一步的问题是，制度行为所面对的社会领域是充满比例、轻重、急缓、节奏等秩序比例和平衡性要求的，如中心城区与城镇分布的比例、传统产业与新兴产业的比例、就业群体与失业人口的比例、中间阶层与贫富阶层的比例、权力横向配置与垂直分权的比例、行政管控与自主管理的比例、新异与传统的比例等，任何改革和制度创新都面临着如何把握好平衡性这样一个问题，都要求有良好的把握感。

　　帕雷托指出，社会系统的各种主要特征是相互依赖、相互作用的，如果其中某一特征发生变化，其他特征会作出相对的反应。这类反应可能有两种结果，或者消除变化恢复到原有的平衡状态，或者也作出相应的变化，达到一种新的均衡。帕森斯对社会系统的全部社会学分析，中心问题就是社会系统的均衡。他认为，任何社会系统的各个子系统在结构和功能上必须相互平衡，以使社会系统能够存在。这种均衡既是社会变迁也是社会系统从一种均衡状态向另一种均衡状态的转变。

现代社会学理论中有所谓"社会均衡论"（Social Equilibrium），其基本观点是，平衡是社会的常态，变迁是暂时的，变迁的目的最终也是为达到新的平衡。在一定意义上，制度行为是用来平衡和优化社会关系的，如区域发展中的城乡平衡、经济增长中人与自然的平衡、权力配置中地方权益与中央统筹的平衡、战略规划中长远愿景与近期目标的平衡等。

任何制度安排都不是孤立的，都应有整体的和平衡的视野，正如制度经济学家科斯指出的："一个制度安排的效率极大地依赖于其他有关制度安排的存在。"制度设计要避免很容易出现的"不对称"（asymmetry）现象，即"对政治系统的稳定有直接影响的个人和团体的行为有各种不同的异质性、不平等和冲突"，"一种不平衡或不合比例的状况"（杰克·普拉诺语）。正因为如此，著名政治学家威廉·葛德文指出："在人类社会这架机器上，全部轮子都必须一齐转动。谁要想猛然把任何一个部分提得比其他各部分都高，或者强迫一个部分脱离其他部分，谁就一定是自己时代的敌人而不是造福者。"

系统理念是制度设计与创新应遵循的技术规定性，平衡理念则是制度设计与制度创新关于全局性的规定性，是对系统理念的具体化。任何制度行为都应有一种整体性的观照，给出的应是一种站立于全局视野的平衡方案，不能顾此失彼，"按下葫芦浮起瓢"。

正如自然法则为物质系统提供了秩序一样，社会关系中存在的对称或和谐的趋势也促进了社会系统中的平衡。一项制度政策举措的推出，可能打破整个社会的平衡，但要能促进实现达到新的平衡。因此制度的设计与创新，应当深切体悟大自然和人类社会的平衡性，并恪守这种平衡性。

十一、"智慧型领导"与战略策划

　　战略性的策划和设计，要懂得战略与战术的区分、懂得"大智"与"小聪"之间的不同、懂得技术与艺术的分合以及对分寸、节奏、平衡、情势的运筹和把握。

　　从日常领导过程看，领导者个性模式可以区分为"程序型主导"和"智慧型主导"两种基本类型。"程序型主导"的主要特征，偏重于"唯则定国"(《左传·僖公九年》)，即按既定的程序、规则(包括潜规则)行事，主体性较弱，刚性的程序要高于柔性的领导个性，亦即"非人格化"特征比较明显。由于行政系统既定的一套运行规则扮演主导角色，组成领导事务与过程的，更多的是一系列"规定动作"。"智慧型主导"则是将程序规则等作为演绎个性风格的辅助性背景和实现领导目标的依凭，对行政过程发散和施加较多的个性影响，亦即偏重于以一系列"个性化动作"和行为编码程序，来表达、解析和实现自己的领导意图。

　　对于规则系统相对"淡化"、个性风格相对彰显的

"智慧型领导",战略策划不仅必要,而且十分重要。它是实现良好领导效能的"必要条件"。战略策划就是按照某种预期目标,运用各种可能的手段和各种社会资源,对社会情势、事件热点、政府形象、公共舆论等进行引导、塑造、调控、均衡和筹划的综合性技术作业过程。好的战略策划,能延伸、凸显、形塑个性化的领导风格,提高行政绩效,优质地实现战略预期,并辅佐领导者在公共舞台上表现得恰到好处、游刃有余。当然,对于一个缺乏个人风格潜质的领导者,一切"策划"可能都是多余的。

智慧型主导模式存在三种阙失

从国际社会的经验看,无论在法治化环境中还是在非法治化环境中,政治与行政过程中的智慧型主导模式都有扩展的客观态势。中国当下的政治过程和行政过程更是如此。但是普遍的问题在于,这种模式中,存在这样三种阙失:一是缺乏策划思维;二是缺乏战略性策划;三是缺乏高水准的战略性策划。

策划思维的阙失,是行政系统和领导群体中通常出现的毛病。由于今天社会已不处在诸如战争、突发事件、各种不可预期的挑战性情势等"不规则"境遇中,客观上个性化智慧演绎的空间似乎已很小,一切按既定东西运转即可。当然,对于"陈平式"的领导者来说,按既定规则和前人套路平铺直叙、按部就班、按惯例惯性运行，可能是最"理智"的选择了。

缺乏战略策划，指即便有所谓的"策划"，也是那些"非战略"的缺乏整体性安排的杂碎事务策划，只在一些细枝末节、无碍大局的事情上耗费时力。比如，"形象"是现在人们比较关注的，但弄来弄去，所谓领导形象，往往局限于着装、发型、出镜率之类，而对关乎形象灵魂的公共性"政治人格形象"却了无所知。这使当今一些公共权威的"形象策划"，多少习染了一些"明星化"的倾向。良好的政治人格形象，必须有确定的形象基调（比如亲民的、权威的、威权的、平民的、贵族的），有自己的主流话语，有体现思维的"核心概念"。而"政治包装"、"政治化妆"的高境界，是不着痕迹，浑然天成。

缺乏有水准的战略策划，是指策划缺乏特定的战略眼量、特定的战略高度和特定的战略视角，缺乏"明者远见于未萌，而知者避危于无形"（司马相如《上书谏猎》）的深谋远虑。具有"战略品质"的策划，必须有"不畏浮云遮望眼，只缘身在最高层"的全局襟怀和那种运筹帷幄、全局在胸的总体把握以及"风物长宜放眼量"的深邃目光。不仅着眼现在，而且具有"前瞻取向"和"未来取向"。仍以"形象"为例，称得上"有水准"的战略策划，是指形象塑造并不倚重于高频率的出镜或出场，有时反倒出其不意，"大象无形"，"大音希声"，于无声处却有声，此时无声胜有声——留出耐人寻味的

空白和空间，以收其意想不到之奇效。一旦出镜，则形
神兼备，意味悠长，可读可看。

战略策划有较高的智慧性要求

良好的策划必须有高质量的智囊班子。无论何种策
划，如果不懂战略，不谙大势、无开阔之胸襟，又缺乏
对各种专业知识的融会贯通，习惯于拍脑袋、想当然，
或专业背景不够，何谈机智、远见且别出机杼的上乘佳
构？只能是一些平平之作和平庸的大路货。

严格地说，政治过程和行政过程中的战略策划，属
于政治设计范畴。"战略"不是简单的准则或公式，正
如战略学家博弗尔说的，"它是一种思想方法，其目的
是整理事象，排列优先，然后选择最有效的行动路线"。
"战略策划"则是艺术性的谋划和系统化的筹划，它在
本质上，是非线性的、非程序性的，有较高的智慧性需
求。在政治设计的视野中，战略策划，主要不是指常规
性的工作（事务）策划，而是指以领导者公共形象为基
点的综合性、整合性、全体性策划。

西晋陈寿在《三国志》中记载的著名的"隆中对"，
就是一种比较典型的战略策划。当时天下大乱，群雄并
起，地盘都占得差不多了，诸葛亮向刘备提出了"北让
曹操占天时，南让孙权占地利，将军可占人和"的发展
战略和"先取荆州为家，后取西川建业，以成鼎足之势，

然后以图中原"的行动方案。这个方案为刘备复兴汉室提供了三个战略步骤：一是选择合适的根据地（选荆、益两州）；二是推行正确的内外政策（"西和诸戎，南抚夷越，外结好孙权，内修政理"）；三是在占据适宜的根据地之后，不失时机地主动出击，图谋统一（分兵出荆州和益州）。诸葛亮对当时天下政治发展态势，作了高屋建瓴的大手笔式的分析和规划，勾勒出未来三国的宏观政治走势，可谓"欲识他年分鼎处，先生笑指画图中"。刘备按这一政治方案行事，逐渐走出困境，最后占据西蜀，三分天下，战略设计完全得以实现。诸葛亮的这种构想是一种典型的战略策划。它着眼于大的战略布局和政治走向，至于各种细枝末节，则都属这种大布局中的某个可操作的技术局部。

从技术要求看，战略性的策划和设计，要懂得战略与战术的区分、懂得"大智"与"小聪"之间的不同、懂得技术与艺术的分合以及对分寸、节奏、平衡、情势的运筹和把握，"不为不可成，不求不可得，不处不可久，不行不可复"。（《管子·牧民》，意为不做办不到的事情，不追求得不到的东西，不居于不能持久的位置，不推行不可重复的政策）。

《老子》说"大道甚夷，而人好径"，搞战略策划，就要有这种独辟蹊径的发散性思维。就其主要部分来看，策划人或策划班子要有一些特定素质：一是对"大势""大局"的把握，具有战略上的审度能力；二是清晰的战略目标的预设能力，能在相对"混沌"的状态中洞悉所以，找出关键所在；三是能在预期目标与实现目标的两点之间，找出一条既短又好的实现路径；四是除有专业背景、具有发散性思维外，还必须通晓和综合运用政治学、行政学、传播学、行为科学组织理论、政治美学等专业知识，通晓策略、谋略、战略、方略方面的掌故。少了这些基本要素，所谓"策划"，必然导致缺乏思想含量、缺乏蕴意、缺乏高度，甚至弄巧成拙，不但于事无补，甚至有害。

总之，实现智慧领导效能的战略策划，需要在确立总体取向的基础上，高屋建瓴，高瞻远瞩，深谋远虑，精心谋篇布局，实现战略目标与战术目标的统一。需要指出的是，无论是政治设计还是战略策划，玩的都是"大智慧"，绝对不是玩"小聪明"。那种缺乏通观全局的、缺乏战略眼量的、顾此失彼、缺乏专业背景的"拍脑袋"式的小聪明和种种"雕虫小技"，是战略策划之大忌，须予力戒。

第五章　法则·规则

在人类制度中，如同在人体内一样，在履行不同生存职能的各种器官之外，还存在一种看不见的中心力量，这种力量乃是生命的本源。

——托克维尔《旧制度与大革命》

一、制度是为了补救人性缺陷

制度作为一个社会的游戏规则，是遏制腐败最有力量的工具，也是无可避免的一种选择。良好的规则加上良好的执行，是人类法治的真谛。

《人民日报》曾经刊文，谈到权力不能成为一种乐趣。文章说，2011年是执政74年的苏共亡党二十年祭。苏联部长会议主席雷日科夫引用过一句名言——"权力应当成为一种负担。当它是负担时就会稳如泰山，而当权力变成一种乐趣时，那么一切也就完了"。

今天，社会各方面关于反腐败的话已说得够多，重要的是如何做，才能更好地提升反腐败绩效，才能实现反腐败绩效的最大化。

公共权力本质上是服务于民的一种义务，它应当带来的是责任而不是"乐趣"。当人陶然醉乐于权力的滋味时，表明这种权力是不受制约的，是可以从中谋取私利的。这种权力本质上附带着极大危险。腐败泛滥程度越高，公权力的基础越脆弱。

要把权力当成一种"负担"，而不是沉醉其中的享受和乐趣，不能依赖于一个人的"理性自觉"。人类经验一再表明，治理腐败不能依赖于人的自制力。道理很简单，人不是天使，人即使是天使，也会有所谓"一念之差"而生发贪欲的时候。当没有外在制约的压力，当权力可以用来谋取不当利益时，它必然成为权力拥有者的"享受"和"乐趣"。人们热衷权力的内因，就在于不受制约的权力能带来巨大私利。在一个由"人"组成而不是由"圣贤"组成的社会里，觉悟、性善、理性等不能作为社会治理的依据，也不能成为反腐败制度安排的依据。反腐败的第一要件，是刚性的规制钳制而不是人的自我"抵制力"。

要使权力真正成为一种责任、一种"负担"，只有通过构建科学规范的反腐败制度体系才能实现。胡锦涛在庆祝中国共产党成立90周年大会上的讲话中指出，"在新的历史条件下提高党的建设科学化水平，必须坚持用制度管权管事管人，健全民主集中制，不断推进党的建设制度化、规范化、程序化"，"必须始终把制度建设贯穿党的思想建设、组织建设、作风建设和反腐倡廉建设之中，坚持突出重点、整体推进，继承传统、大胆创新，构建内容协调、程序严密、配套完备、有效管用的制度体系"。

在反腐败领域，遏制对权力充满"乐趣"的"许三多"，还得靠规制来解决问题。在任何时候，在任何地方，反腐败的基点不在于道德上的自律，而在于有健全的刚性他律，归根结蒂还是制度有力量。正如习近平总书记在十九大报告中所指出的，要"推进反腐败国家立法，建设覆盖纪检监察系统的检举举报平台"。

人类制度的产生，正是为了补救人性的缺陷。制度本质上是实践的工具，它的历史与国家的历史同样久远。从公元前8世纪古希腊荷马时代结束、城邦制度兴起算起，人类规制至少已有两千多年的漫长历史。近代以来，对权力腐败的警策导致了更为积极的制度行为的出现，制度设计在更加自觉的层面上被提出来。制度作为一个社会的游戏规则，是遏制腐败最有力量的工具，也是无可避免的一种选择。良好的规制加上良好的执行，是人类法治的真谛。

人类社会的一个历史性结论是，"人们需要的与其说是好人，还不如说是好制度"。当然，制度不是万能的。在中国文化情境中，制度力量时常遭受质疑，是因为人们担心，制度再好，也是靠人来执行——但是这些问题本身，还得靠良好的制度体系的完善来解决。

综观我国反腐败的历程和业绩，制度正日益发挥出更强健的功能和作用，反腐败的制度体系正在不断完善，反腐防变、抵御风险的制度创新能力正得到不断提升，这是十分令人欣慰的。

二、规制与人性

好的规制，优化人性；坏的规制，毒化人性。一个社会文明的质量，说到底是规制的质量。制度不仅是一种刚性的外在约束，也是人性的"药引"。

薄熙来涉嫌受贿、贪污、滥用职权犯罪一案，曾在济南市中级人民法院公开审理，薄熙来受贿、贪污、滥用职权已受到相应法律惩治。而这之前，沪上高院 5 名法官集体招嫖事件曝光；国家发改委前副主任、能源局前局长刘铁男因重大贪腐而被"双开"，使得反腐败问题再次聚集国人目光。套用清人赵翼的诗句：贪腐官员万口传，至今已觉不新鲜。江山代有巨贪出，各创纪录三五天。

说不新鲜，是因为揭出的贪案，"模式"大体一样，无非滥用公权，巨额贪渎，情妇一批……说到底，这是失去监督的权力的"常态"。如此这般，案案皆然。一波接一波的贪渎案，倒是再一次让我们直面规制与人性的关系，思考规制与人性的关系。

从历史与现实的经验看，规制与人性，至少有这样三重关系：

一是规制是用来弥补人性缺陷的。如果人都是上帝，那就不需要规则、道德这些东西了。公元前18世纪人类就有了巴比伦的《汉穆拉比法典》。从古至今形形色色的规制，在确保公共生活有序和正义方面，发挥着不可替代的功能。人类之所以需要规制，归根结蒂因为它是一种"非人格化结构"。"人是天使，也是魔鬼"，人性的缺陷包括了贪腐一面，这是由人的"天性"或者说"动物性"决定的。正是因为这种无可奈何的事实，人类才无可奈何地发明出许多游戏规则，用来对人的行为进行规范和制约。亨廷顿在《变化社会中的政治秩序》中认为：政制具有道德和结构两个范畴，没有强有力的规则，社会便缺乏确定和实现共同利益的手段。所以创建政制的能力，是一种"创建公共利益的能力"。

规制作为人性缺陷之果，应当跑在人性之前。寄托于伦理反腐、道德反腐，无疑是缘木求鱼，通过法治和制度反腐肃贪，才是真正的可行之道。

二是好的规制，优化人性；坏的规制，毒化人性。一个社会文明的质量，说到底是规制的质量。制度不仅是一种刚性的外在约束，也是人性的"药引"。好的规制，开发人的正能量；差劲的规制，把人性中恶的一面引爆出来。因为有"执法提成"这样的制度，就有"钓鱼执法"、为拿"提成"而诱人于水火这样事情的发生。我们不仅要重视制度建设，更要注重规制的质量，注重规制本身的伦理取向和它的正义性。

三是在更高层级上，好的规制有着培植和养护公民品质的功能。正如林德布洛姆认为的，制度不仅是控制社会的工具与手段，同时"也是组织社会智力的方法"。制度学家们认为，制度要有助于社会问题明智的解决和公民性格的形成。其实更早从柏拉图开始，许多政治学家就提出，一个社会的规制，应有助于培养公民良好个性。卢梭曾论述说：好的社会制度是这样的制度，它知道如何才能够最好地使人改变他的天性，如何才能够剥夺他的绝对存在，而给他以相对的存在并且把"我"转移到共同体中去，以便使各个人不再把自己看作一个独立的人，而只看作共同体的一部分。这是对制度纯粹工具化的一种超越和一种价值关怀。

前腐后继的贪渎案，反映的是"人性景况"，反映的是制度供给上的短缺（有效、管用的制度，不是只做表面文章的"制度"）。腐败是一切权力的伴生物，也是一切权力的"天性"。如果没有诸如"财产申报制度"这些根本性的反腐利剑，没有"把权力锁进制度的笼子里"的刚性举措，发生贪腐再正常不过，不贪腐才不正常，因为那不合乎人的本性，也不合乎权力的本性。

一个国家的清廉，不是靠人"自律"出来的，是靠铁的规制钳制出来的。把权力关进制度的笼子，才能从整体上治腐肃贪，提升反腐败绩效，开创反腐新局面。不要再寄托于所谓的"人性完善"、"崇高觉悟"，而要致力于制度安排，真正建立起健全的刚性规制，这才是真正管用、真正有杀伤力的治贪之举。如果说，真的存在"人性完善"的话，那也只有在良好规制的约束下，才有可能。正如杰斐逊指出的，"不要再侈谈对人的信任，而是要用宪法的锁链，来约束他们不做坏事"。没有完善的规制，就没有人性的完善。

三、规则与伦理

一个由现实的、利益偏好的人，或经济学所称"理性人"
组成的社会，觉悟、良知、善端这些东西十分重要，但它们
不可能成为治政的基础。

规则和伦理，都是人类的伟大创造。规则的产生，
基于对不可避免的人性弱点的洞察；伦理的产生，则基
于对人性"善端"的希望。规则强调客观性，强调不依
赖于人自身的外部制约；伦理强调主观性，强调依赖于
人性的觉悟和自省。

规则表现为刚性和强制性，伦理表现为柔性和教化
性。伦理与人的关系比较复杂，人们受制于伦理的表现
差异极大。正如有句话说的："圣贤和无赖，都是我们
这个社会的成员。"规则和伦理，也是人类社会两种基
本的治政能力。规制是一种"工具能力"，伦理是一种
"道德能力"。

对于人类的生存，规则和伦理都有着不同寻常的意
义。但在集体行动中，规则高于伦理。制度是用来弥补

人性缺陷的，如果人都是圣贤，就不需要任何制度了。对于一个由非圣贤的"人"组成的社会来说，公正的游戏规则，是任何社会得以正常运行和保持公平正义的基本条件。马路上的交通灯，作为一种物化的"制度"，其制度效益是调节不同方向交通流量的平衡和保持公共交通的秩序。

太多的经验表明，伦理的治政模式是极不安全、极不可靠的。一个由现实的、利益偏好的人，或经济学所称"理性人"组成的社会，觉悟、良知、善端这些东西十分重要，但它们不可能成为治政的基础。

西方有谚语说，"篱笆好，邻居好"，只有先设置好明确的篱笆，才可能有好的邻里关系。这句谚语表达了一个普遍性原理："法理"愈明，"人情"愈亲。只有以明晰的产权关系界定人们的权利空间和边界，才能产生秩序、公正、和谐的社会。而这种产权关系的建立，如果没有健全周密的法规体系，是不可想象的。

在治政效率上，规则除了"非人格化结构"外，还具有忽略个案、作用于整体的特性。我们有 100 项事务要处理，如果一事一理，会十分繁杂、效率低下且成本高昂。如果进行管理抽象，根据它们共性制定出规则，就能"集成"处理这 100 件事，这就是规制的"事类处置"功能。《韩非子·难一》在谈到这一点时说："以有尽逐无已，所止者寡矣。赏罚使天下必行之，令曰：'中程者赏，弗中程者诛。'令朝至暮变，暮至朝变。"这是说，用有限的生命，去制止人们无限的过错，能制止的太少；

如果树立赏罚的规则，在天下推行，下命令说"做事符合规定的有赏，做事违反规定的就罚"，这个命令早上公布，到晚上风气就改变；晚上公布，第二天早上风气就改变。两千多年前韩非子的这一灼见，远远超出了他同时代的人。

规则高于伦理意味着，在协调个人理性和集体理性时，规则发挥着关键作用，伦理则是它结构性的辅助和补充。规制减少了不确定性，使世界变得能被预测，并激励和约束着"政治行动者的行为和他们的集体选择"。

对于一个社会来说，"觉悟"不被泛化，"觉悟"会更有尊严；"人情"越理性和节制，"人情"会保持得越好。全球化时代，人类治政的本质是规则理性。可以由规则、制度来解决的事情，应尽量避免滥用伦理的方式。伦理的和人治的交易成本，有时低于规制的交易成本，但是它的长远绩效一定是很低的，且伦理和人治不是人类社会公共治理的根本之道。

四、"权力清单"上的误区

> 权力清单为反腐败创造了条件,但对于权力规范运行及其程序、环节、过程、责任乃至监督、制约等,要靠更为具体的"把权力关进制度的笼子"的顶层设计。

不少地方政府在制定和推出自己的"权力清单"。在充分肯定这种探索的同时,应当看到这一问题上存在的误区。不少地方将权力清单与权力制约混为一谈,认为推出了"权力清单",权力制约和监管就得到了保证,反腐败就有了保障,这是非常理想化的。"权力清单"上的误区主要表现在:

一是将权力清单与"负面清单"简单类比。"负面清单"作为一种现代市场管理理念和经贸管理模式,是国际上广泛采用的投资准入制度,上海自贸试验区在我国率先推出"负面清单"模式。这种管理模式的本质是"法无规定皆可为"。权力清单则是把政府和各政府部门手上的权力用列单的方式公布,让社会和公众知晓。"负面清单"是相对确定的国际社会经贸管理模式,"权力清单"在法理上则是个不甚确定的概念,本质上是一种非规制化行政行为,两者的主旨和性质都不相同。

二是将权力清单简单等同于权力制约,以为推出了权力清单,就管住了权力,反腐败就有了利器。事实上权力清单的公布,只解决了一个权力"列单明细"的问题,至于"单子"上的权力是否合理,如何规范、怎样运行,其程序正义与实质正义如何体现,其行政绩效如何,权力清单本身并不能解决。

三是政府部门自我制定权力清单,陷入权力自我认定、自我裁量的法理怪圈。政府本身并不是权力的法理来源。政府之所以具有权力,是由人民的授予。法理上,能开出"权力清单"的,不是政府或政府部门自身,而是授予政府权力的主体即人民——其法理代理者是各级人民代表大会。政府不能对权力自我认定、自我裁量,在权力问题上自己划定。

进一步的问题还在于:我国作为单一制国家,各地方政府和政府部门的权力配置是平衡的,不能是此大彼小的。否则会出现同级别政府或部门权力清单有大有小、权力"苦乐不均"的怪象。同时,政府系统,无论政府行政首长还是各部门,其权力边界不是通过清单来勘定的,而是通过部门职能、岗位职责设置来体现的;是依据国家宪法和法律,在国家政权机构上来解决的。

权力清单涉及改革深层次问题,涉及公共权力的合法性来源和法理母体、权力边界勘定及规范政府权力运行的治本之道等方面。在深层次上,它更是一个如何依据国家宪法和其他法律、按照推进国家治理体系与治理能力现代化的要求，进行科学配置的深层次公共治理问题。

权力清单的功能在于公布"权力明细"，为反腐败创造了条件，但对于权力规范运行及其程序、环节、过程、责任乃至监督、制约等，要靠完善的制度和体制安排，要靠更为具体的"把权力关进笼子"的顶层设计。

首先，要依照宪法和法律，由各级人民代表大会科学勘定各级政府和部门的权力内容和边界，根据新一轮改革总体部署和精简原则，作出行政事权的规范性裁定。其次，政府部门要在"晒权"的同时，更注重"治权"，引入外部监督机制，扩大公民有序的政治参与，建立公众监督下的违规用权问责机制。第三，加快政府职能转变，把更多事情交给社会和市场，更充分地发挥市场在资源配置上的决定性作用，这样才能使政府事权真正有所减缩。在此基础上，建立起比较完备的反腐败制度体系，更多通过制度和体制的力量来遏制、治理和预防腐败，真正"把权力关进制度的笼子"。

五、完善权力清单制度的几个问题

从权力清单制度的实践情况看，还存在许多需认真解决的问题。尤其要深入思考和解决好四个方面的重要问题。

权力运行规范化是国家治理现代化的核心。人类自公权力产生后，社会文明的每一次进步都以实现对公权力有效制约为条件。推进国家治理体系与治理能力现代化，最重要的是实现对公权力的有效制约和刚性监督，提升公权力运行的质量、产出和效率。

权力清单制度是近年推进国家治理现代化过程中出现的新举措。2004年，河北省外经贸厅一起腐败案引发的"权力公开透明运行"的改革，开我国"权力清单"制度之先河。近年一些地方政府公开政务运作流程，给权力划定边界，在推行权力清单方面进行了有益探索。2014年有更多地方政府和政府部门制定和推出权力清单。2015年中共中央办公厅、国务院办公厅印发《关于推行地方各级政府工作部门权力清单制度的指导意见》，要求省级政府2015年年底前、市县两级政府

2016 年年底前基本完成权力清单的制定和公布。

所谓权力清单制度，是政府及部门在对行使的权力全面梳理的基础上，将各种行政事权行使主体、行使依据、行使流程、相应责任等以清单形式列示出来，向社会公布，接受社会监督。权力清单制度的要旨，是在厘定权力边界基础上界定各政府部门拥有哪些权力，通过公布权力条目，实现权力运行的规范化、透明化和可监督性。

权力清单制度是规范权力运行、推进权力监督的有益尝试和探索，是推进国家治理现代化的重要组成部分。但是从权力清单制度的实践情况看，还存在许多需认真解决的问题。尤其要深入思考和解决好四个方面的重要问题。

问题一：谁是裁定行政事权和权力边界的法理主体

公共权力产生于公共生活的实际需要，用来解决超越公民个体无法承担和解决的事务即公共事务。正如马克思曾指出的：公权力只是公民权利的一种伴随物。公共权力的合法性来源，是公民法理上的授权。人类权力文明的公理是，政府本身不是权力的法理来源，而必须是由人民授予。公权力与民众的关系是"代理—委托"的关系。能开出"权力清单"的，不是政府部门自身，而是人民的代议机构即各级人民代表大会。政府自身不能成为勘定权力清单的法理主体。

公权力的边界和有效制约一直是人类社会的基本问题。政府及其部门的权力是由国家宪法和法律确定的，非可任意裁定。《中共中央关于全面深化改革若干重大问题的决定》提出"完善行政执法程序，规范执法自由裁量权"，就是要进一步限制自由裁量权。权力清单制度的基本目标之一是实现"清单之外无职权"，压缩政府部门行使权力的自由裁量空间，但政府部门自我勘定行政权力，自己给自己开权力单子，恰恰成为最大的"自由裁量权"，陷入了政府权力自我认定、自我裁量、自我说了算的法理悖论。

问题二：同级政府部门权力配置是平衡的还是参差不齐的

我国是单一制国家，国家治理具有统一性。不同省份、不同地区同级政府部门的权力配置是平衡、可比照的。其事权不是宽窄不一、任性定夺的。作为推进国家治理现代化的一个举措，各地政府都推出了自己的权力清单。但权力清单规定的事权宽严不同、多寡不一。媒体报道"各省份口径不一，有的省七八百项，有的三四百项，有的是大项，有的是小项……"在省一级，安徽省曾公布 75 个行政部门 1700 多项事权，浙江省公布了 42 个政府部门 4000 多项行政权力，广东省公布了

51个直属部门6900多项事权。各地政府部门自我制定和公布权力清单，事权轻重不一，宽窄相异。一些基层政府部门这方面的问题，更为突出。

问题三：权力清单如何才能真正有效解决权力监督和遏制腐败

权力清单制度对于深化行政体制改革，建设有限政府具有重要意义，但对这一举措的实际绩效应有客观的评估。制定和公布权力清单的一个重要预期，是解决公权力的公开监督问题，使权力任性和权力寻租不能肆意妄为，这种预期无疑非常好。但是亮出权力清单，只是实现了权力的"明细列单"，一定程度上使权力置于公众视野中，单子上的权力是否合理、如何运行、是否越权、有无腐败，其程序正义与实质正义如何，行政绩效怎样等，并没有解决，公众也无从监督。就是说，权力清单为权力的监督打下了一定基础，但并不意味已把权力关进了"制度的笼子"。权力"入单"与权力如何运行，是两回事。要真正发挥好"权力清单"对于权力的监督作用，就要进一步在此基础上建立相应完善的权力监督制度，让上了清单的权力在实际运行中受到真正的监督。

没有相应的法律规制，一纸清单是靠不住的。一个政府部门的滥权、越权，不是因为缺乏权力明细，而是因为缺乏外在约束；政府部门和官员腐败，不是因其自我约束不够，而是"他律"供给不足。权力清单的性质总体上仍属于政府"自律"、"自我革命"范畴。要实现公权力的规范运行和有效制约，就要按照十九大精神加快行政体制改革，加快"不敢腐、不能腐、不想腐"长效机制的体制安排和制度设计。

问题四：政府权力由"权力清单"裁定还是由相应职能和法定程序来确定

一个政府部门之所以存在，是因其有特定的职能。职能决定事权。职能的确定则须"于法有据"。任何政府系统，无论其行政首长还是职能部门，其权力的裁定应通过科学合理的政府职能设置来体现。因此清理和规范政府权力，只能通过对行政职能的删繁就简、简政放权和加快政府职能转变才能真正实现。要大力裁剪那些本可由市场和社会来承担的职能，恪守"法无授权不可为"，遏制"管事偏好"，政府事权才能有效瘦身，各种寻租才会"消解"。

从技术层面看，厘定政府职能和相应权力是一项相当复杂、专业要求非常高的业务。政府部门成为事实上裁定行政权力的主体，不仅于法理和程序正义不符，更在技术上亦难承担。要在由专业机构提供先期方案基础上，按照政府职能、领导职位和部门职责，科学分类并勘定权力范围，依据行政职能确定相应行政职权。总之应当明确的是，政府权力不是由"单子"确定的，而应依据国家宪法和法律，在清理政府职能的基础上在国家政权机构层面上来解决。

六、制度设计的工具理性与价值理性

> 好的制度设计，应当在工具理性与价值理性之间把握好平衡点，实现制度的社会治理功利最大化与制度内在价值承载最大化两者的兼得与平衡。

制度属于历史的范畴，制度文明是人类文明重要的组成部分。马克思称制度为"具有规定和管理一切特殊物的、带有普遍意义的'特殊物'"。但是人类社会并不是一开始就处在这种严密的制度体系中的。恩格斯在1884年写成的《家庭、私有制和国家的起源》一文中，曾对原始社会氏族民主制感慨说："这种十分单纯质朴的氏族制度是一种多么美妙的制度啊！没有军队、宪兵和警察，没有贵族、国王、总督、地方官和法官，没有监狱，没有诉讼，而一切都是有条有理的。……丝毫没有今日这样臃肿复杂的管理机关。"

在整个历史上，当人们需要在国家与"无政府主义"之间作出选择时，人们都选择了前者。这是因为随着人类历史的延伸和社会生活的扩张，"制度化"成为人类无可规避的选择。正如恩格斯指出的：“一个哪怕只由两个人组成的社会，如果每个人都不放弃一些自治权，又怎么可能存在。”

人类公共性的社会生活开始后，事实上就产生了对规则的大量需求；就产生了这样一种需要：把每天重复着的生产、分配和交换产品的行为用一个共同的规则概括起来，设法使个人服从生产和交换的一般条件。这些规则首先表现为习惯，后来便成了法律。

亚里士多德说：“任何制度，凡先前的总是比较粗疏，而后起的就可以更加周到。”从无制度到有制度，从粗疏的制度到周到的制度，从个别制度到各种不同层次的制度体系，人类社会制度体系（institutional system）的形成经历了漫长的历史过程。毫不夸张地说，现代文明社会已是一张严密的制度网络，现代人生活在这张密集的制度“网”里。

制度变迁是社会变迁的内生变量，它是通过制度设计、制度创制与制度改革等形式来实现的。随着社会的不断发展，无序与制度不健全的弊端不断显露出来，这促使人们依据传统、习俗或众人可以接受的方式，制定和修正各种行为规范，并从一个领域扩展至另一个领域，从不完善到逐步完善。故此，人类社会发展是逐步规则化（institutionalization）的过程，亦即社会生活有序化的过程。

马克斯·韦伯在考察欧洲文明兴起时，提出了“工具合理性行动”和“价值合理性行动”两个概念。工具合理性行动，是对处于周围和他人环境中的客体行为的期待所决定的行动，这种期待被当作达到行动者本人所追求的和经过计算的目的的"条件"或"手段"；价值合理性行动，是出于某些伦理的、审美的、宗教的、政治的或其他行动方式的考虑，与成功希望无关，纯由行动者对特定价值的意识信仰决定。

工具理性是基于对"存在是什么"的认识，故与责任伦理相联系；价值理性则是基于对"存在应该是什么"的认知，故与信念伦理相联系。从具体角度看，制度的设计与创制是一种工具理性行动，具有形式合理性（formal rationality）。形式合理性主要被归结为手段和程序的可计算性。但从历史角度看，制度的设计与创制也是一种价值理性行动。正如英国历史学家汤因比说的：人类为了生存，不得不绘制一张航向图，尽管人们还不能证实这张航向图与变幻莫测的现实是否相符。在马克斯·韦伯所说的"社会行为"层面，制度的需求、创设与变迁可以看作人类对于环境与发展不确定性这一挑战积极"应战"的行为，这更是一种价值体系的反映。

马克斯·韦伯认为，从纯粹形式的、客观的行动最大可计算的角度上看，现代世界科学、技术、资本主义、现代法律体系和行政管理体系（官僚制）是形式合理性的。这种纯粹形式的合理性是现代社会结构具有的一种客观属性。但社会生活的制度化，通过精密理性计算技术，使社会生活内容一切都趋于"理性化"了，这使得现代文明的社会结构与文化价值之间，存在着无可解构的冲突，也使制度设计与创制面临工具理性与价值理性的平衡性如何把握的问题。

应当看到，缺乏价值理性的"制度"客观上是不存在的。好的制度设计，应当在工具理性与价值理性之间把握好平衡点，实现制度的社会治理功利最大化与制度内在价值承载最大化两者的兼得与平衡。

七、非人格化行政是文官制度的灵魂

　　领导行为模式从"卡里斯玛"型向更多发挥团队功能的"非人格化行政"转型，是大趋势，体现了科学领导的历史逻辑。

　　历史上，无数充满魅力的人物，以其突出的"人格化行政"留下了某些印记。一定意义上说，人类有些历史是以个人为标记的。而今天，从"个人魅力型"向团队型、平民化的领导模式转型，是世界范围领导风格变革的重大特征之一。

　　德国著名社会学家马克斯·韦伯曾提出过一个理论假设。他把人类历史上的权力形态分为"个人魅力型"、"传统型"和"法理型"三种：个人魅力型是一种"人格化行政"，不需要规则、不需要班子、不需要组织架构，主要依靠个人魅力来运作，特点是随意化、非科学化倾向；"传统型"则普遍存在于人类前现代社会中，典型形态是家长制和世袭制，其行政管理班子不是官员，而是统治者个人的"仆从"；而"法理型"是建立在制度和法

237

律基础上的"非人格化系统",依靠法律和契约行事,行政过程是制度化的。马克斯·韦伯认为,这是一种体现了现代精神的"理性合法权威"。

非人格化行政是现代文官制度的灵魂。"个人魅力"有其历史合理性,但当"个人魅力"、"明星政治"主宰行政过程的时候,科学决策、民主决策就难以得到保证。从世界范围看,一名魅力型领袖的身后,时常是动乱、纷争和变数。相较而言,发挥协调作用、基于"班子"整体功能的法理型团队领导者,在今天和平发展时代的国家结构中有着不可忽视的优越性和稳定性。

毫无疑问,比起"个人魅力"来,制度规范、民主法治、集体领导等"非人格化行政",在公共生活中更重要,因为"当制度强有力时,它们就会成为我们解释受其影响的行为的决策模式的一部分","在协调个人理性和集体理性时,制度发挥着关键的作用"。而这种为政之道的另一面,是"平民化"的价值取向。今天,各国领导人尽管性格、风格迥异,但"平民化"是普遍的追寻目标。包括政党领袖、国务活动家、政治家等在内的各种公共权威,都以具有亲和力的"普通人"为取向。"普通人"是今天公共权威的时代特征之一。当然,它决非表面的作派,而是来自内心世界的真正平民化,一种来自心灵上的朴实。

中国的政治建设在 2012 年书写了重要一笔。党的十八大开启了新时代,向全世界展示了中国改革开放和政治发展的新形象,显示了强健的科层理性、制度理性和团队理性。正如政治学家亨廷顿指出的："一个组织越是能够不时地克服和平接班的问题……其制度化的程度就越高。"人类之所以需要规制，是因为归根结蒂它是一种非人格化结构，具有维系和推动社会发展的功能。从习近平总书记会见中外记者时的谈话，到一系列场合强调反腐败，对进一步扩大改革开放提出构想和要求，都把制度建设提到极为重要的地位。"中国特色社会主义制度"日臻完善与成熟，可以说，中国的"制度时代"正在到来。而第十八届中央政治局开局伊始，就新风扑面，如提出改进工作作风、密切联系群众的"八项规定"，所涉及的都是人民群众议论多、意见多的问题，引起强烈反响。

作风和形象是一个政党的生命。而在全球化背景下和日益成熟的市场环境中，领导行为模式从"卡里斯玛"型向更多发挥团队功能的"非人格化行政"转型，是大趋势，体现了科学领导的历史逻辑，也是实现科学执政、民主执政和依法执政的必然要求。人类公共生活需要的，不是那种一呼百应的"政治明星"，而是求真务实、大气谦和、具有大智慧和公共理性的领导团队。这是一个国家政治建设走向成熟的标志。

八、制度创新是实现加快发展的关键

> 人类经验业已证明，受制约的权力即在规制框架中的权力运行，才是最有效率的。

"十三五"是全面建成小康社会的决胜阶段。2020年全面建成小康社会，是"两个100年"奋斗目标的第一个百年奋斗目标，改革和发展已进入更为艰难的"攻坚期和深水区"。十八届五中全会《公报》从多方面提出制度和体制建设的问题。十九大报告在"新时代党的建设"、"社会治理"以及"协商民主"等方面提出要加强制度建设。能否有效地在制度创新和体制安排上有新的作为和突破，决定了"十三五"目标特别是小康社会的能否实现。

与改革开放初期"摸着石头过河"不同，今天我们更需要也更有条件对改革和社会发展作全局性思考，对制度创新和体制改革作出审慎而科学的顶层设计，为实现各项目标提供新的制度和体制动力。

构建科学完善的权力制约体系

十八届五中全会在"十三五"全面建成小康社会新的目标要求中，提出要大力推进"各方面制度更加成熟更加定型，国家治理体系和治理能力现代化取得重大进展"的任务，可谓抓住了改革发展的灵魂。制度和体制反映了一个国家政治文明所能达到的高度。"制度是国家的良知，规则是群体的智商"，制度和体制的进步反映了一个社会真正的进步。

十一届三中全会以来鉴于"文革"的沉痛教训，我们一再致力于制度和体制建设，通过一系列改革初步建立起政治、文化、社会各方面制度和体制。但制度和体制的问题仍相当突出。十八大制定"坚持走中国特色社会主义政治发展道路和推进政治体制改革前进方向"的七条方针，第六条是"健全权力运行制约和监督体系"，提出要"确保决策权、执行权、监督权既相互制约又相互协调，确保国家机关按照法定权限和程序行使权力"。建立完善的权力制约体系，真正实现"把权力关进制度的笼子里"，确保权力在阳光下运行，是当下中国政治发展面临的重要任务。

人类政治文明进程很大程度上表现在对公权力的制约进阶上。所谓政治文明，本质上是国家的"权力文明"。权力制约和权力管理是现代国家运行的核心问题。"十三五"意味着我国进入发展新阶段，改革进入攻坚期和深水区，只有完善的制度和体制才能构建新的动力机制。"如果权力排除了其他目的，成为政治上的目标，它就会变得离经叛道、野蛮残暴，甚至自我毁灭"，这是人类基本经验。因此马克思主义创始人在他们许多著作中非常强调对公权力的制约。权力制约程度反映了一个国家政治建构的程度和治理体系与治理能力现代化的实际状况。在今天急剧的社会变革和社会发展中，我们一方面需要强化权力结构、强化权威，另一方面更需要强化对公权力的规范和制约。

人类经验业已证明，受制约的权力即在规制框架中的权力运行，才最有效率也最具权威的。缺乏制约或弱化制约的权力运行风险很大。邓小平在20世纪80年代指出："党和国家现行的一些具体制度中，还存在不少的弊端，妨碍甚至严重妨碍社会主义优越性的发挥。如不认真改革，就很难适应现代化建设的迫切需要，我们就要严重地脱离广大群众。"如何实现权力与权力制约的科学配置、如何建立起结构性的健全透明的权力制约体系，是我国现代化进程中的基本问题，也是我国政治发展和经济社会发展要解决好的问题。建立起真正有效的权力监督体系，才能实现"各方面制度更加成熟更加定型，国家治理体系和治理能力现代化取得重大进展"这一目标。

构建反腐败法治治理体系

十八届五中全会提出要"健全改进作风长效机制，着力构建不敢腐、不能腐、不想腐的体制机制"，"努力实现干部清正、政府清廉、政治清明，为经济社会发展提供坚强政治保证"。十九大报告对反腐形势作出判断并明确目标："反腐败斗争形势依然严峻复杂，巩固压倒性态势，夺取压倒性胜利的决心必须坚如磐石。"

改革开放以来我国的反腐败呈现为三个阶段：1978年十一届三中全会到1992年十四大为第一阶段。这十四年，现代化第一步战略目标实现，国民生产总值和城乡居民收入翻了一番还多，成为人民得到实惠最多的时期。伴随着加快经济发展，腐败滋生，反腐败提上议事日程。从1992年到2012年十八大召开为第二阶段。十五大把"反对腐败，从严治党"提上议事日程；十六大、十七大都把反腐败列为重要任务。十八大后，反腐败进入第三阶段。反腐败之弦绷得更紧。截至2015年8月底查处的省部级干部超过120多名。目前一方面要继续保持惩治腐败的高压态势；另一方面，要拿出一套治理和预防腐败的制度，来实现反腐败制度化和法治化。正如习近平指出的："要善于用法治思维和法治方式反对腐败，加强反腐败国家立法，加强反腐倡廉党内法规制度建设，让法律制度刚性运行。"

只能通过制度设计与体制安排，构建"不敢腐、不能腐、不想腐"的行政结构，才能有效遏制腐败，反腐败才能从"运动式"、"风暴式"走向常态化、规制化，才能纳入国家治理体系现代化的有序轨道。这是遏制腐败、建设"廉洁政治"的根本出路。

推进反腐败制度化法治化，一是要推进反腐败国家立法进程，实现用制度和法治的办法管人管事管权，减少公职领域腐败滋生的概率，有效遏制腐败的高发态势。二是要开展反腐败的制度和体制的创新设计，"必须把发展基点放在创新上，形成促进创新的体制架构"，创造真正有效并管用的制度和体制安排，如建构惩治贪污贿赂犯罪法律制度，把贿赂犯罪对象由财物扩展为财物和其他财产性利益。三是要改革完善纪检监察体制，由现在双重管理的纪检监察体制推进到"直管"的垂直体制。列宁生前曾构想，把原属地方的党的纪检和行政监察系统转变为直属中央和工农监察院，以减少和消除纪检监察的地方牵制。但这一构想未来得及付诸实施。按照十八届五中全会精神和十九大精神，从制度和体制上推进反腐败，才能提升反腐败的层级和绩效，把反腐败推进到法治治理的新境界。

构建"创新型"社会体制架构

十八届五中全会提出"必须把发展基点放在创新

上，形成促进创新的体制架构"，提出"构建发展新体
制，加快形成有利于创新发展的市场环境、产权制度、
投融资体系、分配制度……完善各类国有资产管理体
制，建立健全现代财政制度、税收制度"，还提出"全面
实行准入前国民待遇加负面清单管理制度"、"探索对贫
困人口实行资产收益扶持制度"、"建立更加公平更可
持续的社会保障制度"……五中全会《公报》特别强调
"坚持共享发展，必须坚持发展为了人民、发展依靠人
民、发展成果由人民共享，作出更有效的制度安排"，抓
住了"十三五"社会经济发展的关键。

　　十四大作出了建立社会主义市场经济体制的重大战
略决策，从 1992 年到现在，社会主义市场经济体制改
革栉风沐雨，历经坎坷，实现了从高度集中的计划经济
体制到充满活力的社会主义市场经济体制的历史性转
折。《中共中央关于全面深化改革若干重大问题的决定》
提出要加快完善现代市场体系，使市场在资源配置中起
"决定性作用"。但今天一个不争的事实是，在一些地方
和一些领域"逆市场化"愈演愈烈，行政力量不断扩张，
行政管制趋向加剧，市场在资源配置中所起的作用减
弱。比如一些地方产权问题日益突出，公有制领域产权
不明晰，非公有制领域产权则不断遭受侵犯。这在很大
程度上，减弱和消耗了我国经济发展的内在动力。

　　行政力量介入经济活动和贸易过程的偏好与一个
基本认识有关，即认为强化国家干预，不仅可以实现经
济高效率，合乎经济本身的需求，还可以有效增进国民

福利。但事实上只有以市场为主体来配置资源，才能促进各种社会资源自由流动，这种资源配置最合理、最公平，也最有效率；也才是提升国民福利的渊源所在。国家包揽经济是低效率的。能否加快完善现代市场体系，提高资源配置的效率和公平性，强化公平开放透明的市场规则，决定着我国社会经济发展的优劣，决定着能否全面建成小康社会。2020年实现全面建成小康社会目标，实现居民收入比2010年翻一番，是以完善的市场经济体制为基础为前提的。

没有完善的社会主义市场经济体制的框架结构，"十三五"小康社会可能会成为一个虚幻的目标。如果到2020年，我们还不能形成各方面都相当成熟的社会主义市场经济体制及其相应的社会构件，不仅是一个经济受损失的概念，而将会丧失重要的历史性机遇，引发各种新的社会问题。要通过创新驱动，切实消除阻碍社会主义市场经济体制发展的各种现实障碍，坚决遏制各种"逆市场化"倾向，才能形成新的经济增长内在驱动力，真正建成完善的社会主义市场经济体制。

九、制度是一个社会结构的灵魂

近代以降，消极政治观导致了更为积极的制度行为的出现。制度创制和设计在更加自觉的层面被提出来。

制度本质上是人类实践和经验的产物。对于制度功能，新制度经济学派道格拉斯·C.诺斯（Douglas C. North）一语中的："制度通过向人们提供一个日常生活的结构来减少不确定性。制度是人们发生相互关系的指南。"

制度决定了人们的选择，更决定了一个社会的状况。对于制度的功能，人类觉醒很早。古希腊时代雅典人创制了一整套相当规范的民主政制。"制度"一词出现在中国思想史上也相当早。《商君书·壹言》说，"凡将立国，制度不可不察也，治法不可不慎也，国务不可不谨也，事本不可不抟也。制度时，则国俗可而民从制……"《礼记·礼运》中也有关于制度的议论："故天子有田以处其子孙，诸侯有国以处其子孙，大夫有采以处其子孙，是谓制度。"这里"制度"的基本含义，是以法令为主要形式的规则和以产权让渡为内容的规制。《论语·尧曰》说:"谨权量,审法度,修废官,四方之政行焉。"其中"法度"亦制度之谓。中国古代对制度的认知,同英语世界的 institution(法律、风俗、习惯等)已相当接近。

人类政制的历史与国家的历史同样久远。国家产生即意味着某种类型政制的建立。近代以降,消极政治观导致了更为积极的制度行为的出现。制度创制和设计在更加自觉的层面被提出来,众多的思想家在界定国家权力与公民权利的关系和制约配置等重大问题上殚精竭虑,贡献了各种智慧,建构了诸如宪法设计、选举制度设计、议会制度设计、政党制度设计、行政制度设计、司法制度设计等各种政治设计,形成了新的制度文明。

对制度的研究可追溯到古希腊历史学家、号称"史学之父"的希罗多德(Herodotus)对希腊波斯战争的研究。亚里士多德也曾以当时各城邦的政制为对象,对各种政体形式及政治原则进行过研究。在近代,制度研究的对象非常广泛,包括了国家的宪法、组织形式、选举制度、政党制度以及政权机构内部的制衡与分权关系、中央与地方制度关系等问题。在经济学中,早期的一些制度经济学家如凡勃伦、康芒斯等人对制度在经济中的功能,已有精当的见解。如康芒斯把制度看作人类社会经济的推动力量,认为在集体行动中最重要的是法律制度;法律制度不仅先于经济制度而存在,并且对经济制度的演变起着决定性作用。

第二次世界大战后，经济学界在新古典经济学一度占主导地位后很快换位，形成了由尼尔森和文特的进化理论、道格拉斯·C.诺斯以制度因素解释经济变迁的理论、罗纳德·科斯、德姆塞茨、张五常等的产权理论和奥立弗·威廉姆森的交易成本理论等汇成的"新制度主义"思潮。

20世纪70年代后，对制度的研究成为社科领域共同关注的焦点，形成了所谓"新制度主义"（New Institutionalism），提供了一种以制度为轴心理解历史演进的分析方法。道格拉斯·C.诺斯等人以制度（主要是产权）—个人选择—经济绩效的分析模型，作为解释经济变迁的原因。诺斯指出，经济增长的决定性作用是制度因素而非技术因素，制度的演进，改变着人类历史的面貌。20世纪80年代后，诺斯研究制度变迁与经济增长的关系、产权制度与经济发展的关系，建立了包括产权理论、国家理论和意识形态理论在内的"制度变迁理论"。

与经济学领域相比，政治学领域中的制度主义研究传统更为久远。如前所述，亚里士多德曾以制度方法对古希腊各种城邦政体开展过研究。19世纪和20世纪前期，制度方法在欧美政治学界长期占据主导地位。20世纪50年代行为主义成为主流政治学，行为研究取代了对制度研究，纯粹实证研究取代了规范性研究。1984年美国政治学家詹姆斯·马奇和约翰·奥尔森发表《新制度主义：政治生活中的组织因素》一文，指出了制度因素在混乱无序的世界里建立起秩序的重要功能。新制度主义形成了不同的流派,但在强调制度影响个人选择并影响社会结局这点上非常一致。

　　制度是一个社会结构的灵魂。通过制度这个维度解析社会,界定人们社会行为和经济增长的内因,是基于一种人类的经验意识,比较接近历史发展的真实状况。制度的变迁,决定了社会历史的变迁,或者说是社会历史变迁的质量标识。正如孟德斯鸠说的:"有一般的政治法,表现人类创建了一切社会的智慧。"

第六章　都市·街市

是城市在全球网络中的功能，而不是城市的大小决定了城市的地位。

——彼德·纽曼等《规划世界城市》

一、城市的文化身份

城市的文化身份来源于当地历史文化的 DNA，它是城市个性的文化标识。

"十二五"期间中国城市化率突破 50%。2015 年中国从以农村人口为主的国家转型为以城市人口为主的国家。而到 2020 年，中国城市化率可达 60% 左右。麦肯锡全球研究所最近一份研究报告认为，到 2025 年，世界上经济发展最快的十个城市中，中国将占有九个。

当代中国城市化进程，深刻地改变了传统社会运行模式、生产和生活消费模式以及人们的价值和观念系统。中国城市化过程中呈现的许多问题，已越出传统人文社会科学既有框架。这当中，如何凸显城市的文化身份，促进文化个性的成长，是今天中国城市普遍面临的问题。

城市，是文化和文明的结晶，本质上是人类的一种人文艺术。一个没有"文化身份"的城市，是没有生命力和竞争力的。今天，在喧嚣的"文化建设"的背后，许多城市呈现的是文化上的苍白和浅陋。全国大大小小的城市雷同化、齐一化，城市形貌高度同构，城市角落无处没有"刻意"的影子，很少看到真正有文化个性的东西。

一些地方以经济标尺衡量文化发展，急功近利地把文化当作消遣工具，认为"城市文化"只是个时间问题，迟早可建成"文化大都市"。狂飙式的体量扩展、"大跃进"式的短平快"文化工程"，导致对文化资源的深度破坏。尽管各种所谓"地标性建筑"如雨后春笋，但中国城市总体上呈现出文化饥渴症和营养不良症。

城市的文化身份来源于当地历史文化的 DNA，它是城市个性的文化标识。世界上几乎所有著名的城市，无论巴黎、维也纳、苏黎世，还是罗马、佛罗伦萨、柏林，无不是有着鲜明"文化身份"的城市。欧洲哪怕一个极小的街镇，都有着浓郁的历史感和文化个性，见不到掀动历史文脉的"大手笔"，见不到人的意志的过度张扬，在缕缕炊烟、堆堆干草和晚风中飘荡的悠然钟声里，人们感受到的是历史之河、人文之脉的静静流淌。

一个没有文化个性的城市，一个缺乏文化信仰的城市，是缺乏综合竞争力的。这里，缺失的一个关键性文化理念是，城市发展演绎的是"天道"而非"人道"。作为文明文化积淀之物的城市，本质上是"自然秩序"作用的结果，是历史风雨雕塑的作品，人的意志不可能完全操纵城市文化生命的运行。在古希腊，亚里士多德在谈到"城邦"的特点时说："一切城邦既然都是这一生长过程的完成，也该是自然的产物。"

今天中国，已形成京津唐城市群、长三角城市群、珠三角城市群、山东半岛城市群和辽中南城市群，由于城乡二元结构的国情，中国城市化水平每提高一个百分点，就意味有1500多万农村人口导入城市。如何实现大量农业劳动力向城市非农产业转化，是各大城市下一步面临的挑战；而凸显城市的文化身份，实现从"经济城市"向"文化城市"转变，更是中国城市提升质量、最终全面实现现代化更为深刻、重大的事情。

由此"十三五"期间无疑是中国实现城市化和城市文化提升的双重战略转型阶段。尊重城市生态的自然哲学，尊重和体认城市的文化特征和内在生命律动，不包办城市文化发展的自身逻辑，尤其不把"计划偏好"转弯抹角地弄到城市发展中来，是今天城市发展必须认真解决好的问题。

我们不要总是嫌弃城市发展太慢，不要过于自信自己的"打造"能力，今天我们引以"自豪"的许多东西，到后来或许只是成为见证我们"无知"的某些证据。

二、重视"城市品牌"的营建

重要的一点是学会慢下来，耐心让城市文化内质饱满、抽穗、成长。让知识、人文和科学注入城市品牌的内涵。

城市品牌是一座城市在文明街市中的"门牌号"，是立于世界城市之林的个性标识。世界上有影响力的城市都是品牌城市。2017年5月10日我国举办了首个"中国品牌日"活动，此前2015年11月9日"城市品牌建设研讨会"在京召开，"城市品牌"正成为热门话题，城市品牌建设上升为国家治理层面的战略。

国家"十三五"规划对于城市建设提出了新的构想。现阶段中国城市建设存在的普遍问题，一是重"打造"，轻发展。城市发展有着强烈的行政意志印迹，文化特性隐约不见。二三线城市抄袭模仿一线城市，一线城市则以发达国家城市为机械参照。二是求快不求质、求大不求精。重形态、轻内质，商务经济、会展经济、工程经济、旅游经济和市政建设，构成了城市改造更新的主线。三是惯模仿，少创意。习惯于中心广场、会展商

255

务、城市绿地、星级宾馆、景点开发整治这样一些司空见惯的路数。而当某一城市在某方面创出了一些花样，雷同、模仿、抄袭便席卷而来，形成"遍地开花"之势。近年"绿色城市"、"智慧城市"、"数字城市"、"环保城市"等成为新标签，一些地方又演绎成一场场尘土飞扬的大兴土木。2016 年下半年各地开展的"特色城市"和"特色小镇"建设，很多又开始落入这一俗套。

这种浅表化做法，使中国城市建设一直徘徊于粗放模式。"十三五"期间中国城市建设应从"粗放阶段"迈向"品牌建设"阶段，实现城市建设"质"的提升。

一要重视知识、人文和科学。"欲致鱼者先通水，欲致鸟者先树木"，城市建设要做"有本之木"、"有水之源"的文章，重要的一点是学会慢下来，耐心让城市文化内质饱满、抽穗、成长。让知识、人文和科学注入城市品牌的内涵。

二要遵循城市的社会地理特性。把握一个城市的社会地理，是城市品牌营建的前提。不同的城市类型，本质上源于特定的物质和文化生活方式，是对不同自然、社群和社会环境的"反应"。一个城市的文化传统是城市生命力所在，要重视发掘城市"故事"和"传奇"。"故事"构成了一个城市历史和现代的感性地带，融汇了当地的变迁；"传奇"则是一个城市经历的或壮丽、或悲壮、或奇幻的不平凡事件。它们记录变迁，是城市社会美学的浪漫云气。一个没有"故事"和"传奇"的城市是乏味的。要扬长避短，立足于文化根脉进行品牌治理。

三要善于营运"城市识别"。维也纳以金色大厅、新年音乐会以及美泉宫、圣斯蒂芬大教堂等构筑了独特的城市品牌魅力。海顿、莫扎特、贝多芬、舒伯特和约翰·施特劳斯则是维也纳的文化品格标识。准确地确立"叙事标识",对城市品牌进行描述,这本身是一种哲学境界的体悟。英伦威尔士基于"必须建立一个单纯、一致、具有整合资源和创新手法的品牌策略"的考虑,将城市品牌价值确定为"无污染的原始大自然和传统人文环境",城市定位为"人们减轻生活压力、精神振作之地"。对城市品牌的描述是,"在威尔士,你将找到一种对生活的热情"!

四要重视"人"的作用。城市品牌根本上是由这个城市的"人"来体现的,由城市的集体行动方可日积月累、长效常新。一方面要提升市民素养,培养人们对于城市品牌的认知;另一方面要让市民参与城市品牌营建过程。市民才是城市精神、城市品牌的真正的承载者、体现者和解说者。

"城市品牌"是提升城市软实力的重要内容。城市品牌的营建、成熟和扩散,不能"毕其功于一役",应立足长远,持续用力,形成一套稳定的推进机制,并重视进行效度测评。重要的一点是,要防止落入窠臼,避免把"城市品牌"建设又变成形式化的城市外貌改造运动。

三、城市文化创新的廊道与维度

　　什么才是今天文化创新语境中的"城市文化"？今天城市文化创新主要有哪些廊道和作用点？这是应深入研究的问题。

　　文化创新是城市发展的灵魂。城市作为一种文明形态，本身就是创新之果。大面积的城市和城市群落形成后，带来了人们生活方式的巨大变迁，城市又成为各方面创新的中心地带。现阶段，中国城市建设呈现的主要问题是，"有技术，没文化"；"有形态，缺灵魂"，甚至城市外貌弄得越华丽，文化内涵越缺失。

　　城市文化不是空泛的概念，而是有其确定的构成。什么才是今天文化创新语境中的"城市文化"？换言之，今天城市文化创新主要有哪些廊道和作用点？这是应深入研究的问题。城市文化创新有着三个方面的廊道：

　　一是"故事"。一个没有"故事"的城市，是枯燥乏味的。故事构成了一个城市的历史和感性地带，融汇了一个城市的经历和变迁。正如历史学家芒福德说的：

"城市早已经成为一个充满惊喜的场所，那里就是一个剧院，人们既可以要舞台上展现自己，也能被别人所欣赏。"城市"故事"的价值在于铭记历史，记录变迁，给予城市以社会美学的审美空间和浪漫气息。如洛阳不仅有牡丹花的国色天香，有逾5000年灿烂文明史，更充满了故事。周公在这里制礼，老子在这里著述，孔子在这里问礼，班固在这里写了第一部断代史《汉书》，司马光在这里完成了《资治通鉴》。左思的《三都赋》使"洛阳纸贵"，曹植的《洛神赋》则使洛河充满离绪惆怅的美丽。洛阳成为中华文化最有历史感的读本之一。城市故事通过对城市经历的叙述，揭示某种范围的独特文化形态。因为每一个故事都是城市对自身历程的存档和传播，积淀着城市的历史厚度。

二是"传奇"。比起故事，传奇更具有强烈性、色彩性、新奇性和易传播性。传奇作为城市文化的又一载体，是一个城市或壮丽，或悲壮，或不平常的事件乃至市井坊间的趣事逸闻。世界上任何一座著名城市都有其动人心魄的传奇。西湖断桥，唐已建成，宋称保佑桥，元称段家桥，后在1941年改建。一座平平常常的桥，因有民间爱情传奇"白蛇传"发生于此，就成为杭州一个文化符号，"断桥残雪"因其传奇性才更有了看头。传奇通过民间口耳相传的记录方式，反映带有寓意的事件，它对研究一个城市的历史文化和民间趣闻逸事具有非常重要的作用。传奇也包括一个城市某些方面的突出业绩。比如1992年邓小平视察南方并发表南方谈话——邓小平在深圳期间的所言所行，最后由《深圳特区报》以"东方风来满眼春"进行报道扩散，由此引发中国改革开放"第二春"的新的高潮，具有相当的传奇性。而深圳由一个小渔村发展成为今天改革开放的新型城市，本身也是一个传奇。

三是"性格"。城市个性作为复杂的文化结构系统，是一个城市魅力之所在。所谓"各行成习，积习成性"，一个城市所经历的风云际会对城市投射下性格光谱，构成了城市性格的知性差异，它构成了城市性格不同的知性差异和温度差异，给予人们以开放型、凝重型、婉约型、浪漫型抑或"知性"、"商性"、"山性"、"水性"、"柔性"、"刚性"等直觉认知感受。由此而来的精神品质，造成一座城市风格层面的迥异，比如"深圳速度"、"深圳观念"是构成"深圳性格"并作为创新先锋城市的要素之一；而苏州温婉雅致之"范型"，不仅来源于它的古色隽秀的古典园林，更来源于历史深处养成的深厚人文气质。重要的是，城市性格既是城市文化的孕育之果，又是对城市文化的一种诠释。当今全球化浪潮席卷各地，没有独特的文化传承基因，就不会形成真正的城市性格。每一个城市都应当有其独特经历基础上形成的性格，否则是缺乏魅力的。

我国要建成创新型国家，城市文化创新是题中应有之义。城市文化创新突破的维度是：

体制结构维度。《中共中央关于制定国民经济与社会发展第十三个五年规划的建议》在谈到"创新"时强调："必须把发展基点放在创新上，形成促进创新体制架构。"形成促进创新体制架构，是城市文化创新的第一要义。体制架构营建了某种结构从而影响整体社会系统。只有通过结构，各构成要素才能形成系统整体，实现系统性能。没有好的体制架构，任何社会创新都不可能真正实现。要"形成促进创新体制架构"，不仅要激发民间的创新冲动，构筑让人们"放手创新发明"的政策法治环境，还要让人们在创新冲动成本与创新收益之间，实现正向的比率。

社会哲学维度。即需要确立一种思想方法，来解决以何种方式来认知文化和文化创新的问题。所谓城市文化创新，不是搞伤筋动骨的宏大叙事，不是搞地动山摇"重新安排河山"。因为事实上，任何形态的文化都不是简单"打造"出来的。文化因子是延承的，文化的变革，需要很长的历史时间才能完成。形形色色的文化功利主义、"风景线"式的文化"短平快"、政绩取向的文化打造工程，都对城市文化创新构成内在伤害。

民间主体维度。一个国家和民族的创新，无论经济、科技、文化、制度，真正的内生动因都发轫于民间。"人民，只有人民，才是创造世界历史的动力"，这一历史唯物主义原理对文化创新有着重要的指导意义。政府部门不是文化创造、创新的主体，真正的主体是民间、公众、社会。政府部门的职责，是营建宽松的公共空间，提供促进竞争的政策规制，鼓励人们在文化领域进行各种探索、试错、发明、创造而不包揽一切。民间才是城市文化创新的辽阔疆场,民众才是创新的永不变易的历史主体。

文化个性维度。推进文化创新,必须恪守尊重城市个性的法则。"千城一面、百城同风",是城市文化毁灭性、灾难性的一个趋向。城市形貌上的高度同构性,是过度意志化的结果。今天无论走到哪里都有一种似曾相识的感觉,很少看到由一地历史文化DNA生成的东西,是那样地缺少耦合性,缺少历史的风雨感。在古希腊,亚里士多德在谈到"城邦"的特点时说:"一切城邦既然都是这一生长过程的完成,也该是自然的产物。"这种"自然的产物",是各种历史元素、各种社会元素耦合、天人合一共同作用的结果。如果没有历史熔铸出的个性,所谓城市就成了没有灵魂的砖瓦石木的物质堆积。因此城市文化创新要尊重和发现城市个性,倡导注重城市生态的自然哲学,依循城市内在的生命律动,审慎地"锦上添花"。

审美趣味维度。一座有"文化"的城市,不是光怪陆离、华彩遍地。文化的外衣是素朴的,高雅的,大气开阔的。防止城市审美的低俗化,是当下文化创新需治理的一个问题。城市文化创新首先须合乎"正义"原则,一个城市的"漂亮"如果是建立在对强势者的谄媚和对弱势者的剥夺上,这种"漂亮"就缺乏正义。进一步问题是:怎样才是一个城市的"漂亮"?花花哨哨、红红绿绿的东西可以娱乐,却很难成为文化。很多这样的"漂亮",恰恰反映的是一座城市的平庸、乏味和无奈。

城市文化创新应注重城市文化内质上的提升，把城市社群的审美趣味、精神操守的优质化作为一条主线，并注重从城市细节上营建健康高雅的城市文化。

四、多点让城市"自然成长"的耐心

当我们施加太多的"意志"在城市发展上的时候,人的短视、偏好、浮浅和种种"美丽的愚蠢",就会不可避免地、物型化地出现在城市形貌上,它不仅包围着今天人的生活,而且还会以物型化存在的方式,去干预和影响今后人的生活。

城市建设上的大跃进,赶超式的"改天换地",固然带来了城市物理面貌上的"日新月异",但在另一面,它不仅隐藏着大量建设质量上的隐患,而且还造成大量先天性人文品质上的缺陷。

无疑,"打造"是今天我们城市生活的关键词。从"新城"、"故里"到文明、文化,一切均可以打造,都可以成为我们意志的副产品。这里涉及城市文明发展的一个基本问题,即城市建设究竟应当如何保持在一个合理的"力度"上?

本质上,城市演绎的是"天道"而非"人道",城市是历史风雨打磨的产物,而非意志打造的产物。我们总是缺乏让城市自然成长的耐心,巴不得一夜之间城市焕然一新，三天五天，就有一座"新城"出现在地平线上。

"巴黎不是一天建成的"，世界上几乎所有著名的、给人留下深刻印象的城市，具有强劲竞争力的城市，无不是"自然"演进的结果。因为城市本质上是"自然的产物"（亚里士多德语），一个城市庞大的实体框架可以在短期内搭建起来，可以迅捷扩张，但是真正内蕴性的东西不是立马可以塑成的。一些地方"旧貌换新颜"，把城市文化根脉连根拔起，不仅超越当地经济发展水平，而且造成大量雷同和平庸，并患有先天性文化贫乏症的"新城"，造成积重难返的新城市病。这种宏大叙事的"大跃进"，说白了，是对城市文明特性的无知、漠视和亵渎。这种"无畏"，才是真正令人可畏的。

还有，正如任何事物都存在某种"模糊性"一样，城市发展也有一定的模糊性，它有一部分是非数据化、非线性的。无视城市生长节律的一面、历史积淀的一面、风雨雕塑的一面，就会违拗城市品性，异化人的生存境遇。一个城市如果没有偶然性、独特性、历史熔铸出的个性，所谓的城市，就成了没有灵魂的砖瓦石木的空壳堆积。

人类的生存空间是一个很复杂的问题。当我们施加太多的"意志"在城市发展上的时候，人的短视、偏好、浮浅和种种"美丽的愚蠢"，就会不可避免地、物型化地出现在城市形貌上，它不仅包围着今天人的生活，而且还会以物型化存在的方式，去干预和影响今后人的生活。

　　还是那句话，不要总是嫌城市发展太慢，不要过于自信自己的"打造"能力。事实上，各地许多缺乏人文内质的豪华型"标志性建筑"，最后都成为拆除对象，如 2007 年山东威海拆除"华夏帝王宫"，2008 年杭州拆除"中华石窟艺术集萃园"，2009 年徐州拆除人造景观"大榕树"，2011 年厦门拆除鼓浪屿 147 米的"金带长廊"……

　　好的城市，不是靠建筑材料"打造"出来的，是靠历史文化熏陶出来的，岁月风雨打磨雕刻出来的。城市现代化的本质是人文素养和品性层级的提升，一个城市的文化特性、内在生命力和综合竞争力，都靠"内质"的养成而非急功近利的"打造"。

　　尊重城市自然"成长"的一面，多一点让城市自然"成长"的耐心，不是倡导无所作为，而是要更多地体悟"道法自然"，尊重自然的城市生态，遏制唯意志的张扬和冲动。

五、城市转型发展的急迫命题

从"器物型城市"步入"创新型城市",再步入"人文型城市",既是城市文明进步经历的三个历史阶段,也是我国提升城市层级的必然选择。

到 2020 年建成创新型国家,是在 2006 年全国科技大会上首次宣布的命题,2013 年十八届三中全会通过的《关于全面深化改革若干重大问题的决定》中,又作出"加快建设创新型国家"的重大决策。十九大报告提出,从 2020 年到 2035 年,在全面建成小康社会的基础上,再奋进 15 年,基本实现社会主义现代化。到那时,我国经济实力、科技实力将大幅跃升,跻身创新型国家前列。

按照 2020 年初步建成创新型国家的时间表,还有几年时间。作为实施国家战略的组成部分,加快推进上海和深圳创新型城市建设,时间已非常紧迫。

20 世纪 90 年代形成的大规模建设,使得中国城市基础设施有了大幅度改观。但除了城市风貌雷同、千城一面等问题外，城市建设普遍化问题是"器物型城市"的取向。从"器物型城市"步入"创新型城市"，再步入"人文型城市"，既是城市文明进步经历的三个历史阶段，也是我国提升城市层级的必然选择。

20世纪初，经济学家熊彼特首次将"创新"定义为经济增长的内生变量，认为创新是把生产要素和生产条件的新组合引入生产体系，"建立一种新的生产函数"。现代管理之父彼得·德鲁克认为，创新是赋予资源以新的创造财富的能力。经济学家迈克尔·波特则把创新纳入国家发展的驱动要素，最早使用了"创新驱动"这一概念。

城市就其文化形态而言，本身就是创新之果。城市成为文明创新的结集点。因此，自觉推进创新型城市建设，对城市的转型发展有着不同寻常的意义。

2007年5月，时任上海市委书记的习近平在上海市第九次党代会上，提出要提高自主创新能力，建设创新型城市，把增强自主创新能力贯穿于工作的各环节，以自主创新驱动城市发展。2014年8月，中央财经领导小组第七次会议强调，"实施创新驱动发展战略，就是要推动以科技创新为核心的全面创新"，并提出"要研究在一些省区市系统推进全面创新改革试验，形成几个具有创新示范和带动作用的区域性创新平台"。

没有创新驱动，就没有城市的转型发展。世界公认的美、英、法、德、日、芬兰、韩国等20多个创新型国家，都是以技术创新为核心驱动力，创新综合指数明显高于其他国家，如科技进步贡献率在 70% 以上，研发投入占 GDP 比例都在 2.5% 以上，对外技术依存度指标一般在 30% 以下。

此外，数量上这些国家获得的专利占整个世界的绝大多数。英国人在谈到创新驱动时说："我们人口占世界 1%，但研发经费占全球 5%，创造全球科学著作 5%，被引用数量占 9%；科学家获得 70 多次诺贝尔奖……世界上每 10 种抗生素中，就有 5 种出自英国的医药制造企业……"

当下，我国加快推进创新型城市建设很重要的一点，是必须解决好科技管理创新机制、社会创新激励机制、产学研协同机制、科技金融结合机制、人才发展遴选机制等，这些重要的结构性问题。

在城市创新的支撑体系上，要注重优化科技应用服务体系、知识产权保护体系、科技中介供给体系等软环境，把发展新技术、新模式、新业态、新产业放在首位。这其中更深层次的问题，是如何避免政府包揽创新型城市建设，如何激活全社会的创新热忱和革故鼎新的内动力，如何使"创新"成为城市精神的核心概念，进而真正将"创新"内化为中国城市的公共品格。

六、"店牌"与公共政策

产业的形成，是一个自然选择和淘汰、提升的过程，我们可以通过行政力加快它的选择、提升和淘汰，但不能人为地替代这个过程。

中国古代强调"观风俗，知得失"，强调"为政必先究风俗"，中国第一部诗歌总集《诗经》，就是先秦考察民俗采风的记录。今天，五光十色的街市和店牌，也是考量公共政策优劣、"观风俗，知得失"的一个重要参照。

政策制定时据以参照的社会有各个变项，其中一个是客观真实的"政策之果"。如果仔细考察一条街面，至少可以看到产业政策、就业政策、人口政策和公共管理某些方面的联系和相关信息，可用来为我们检视公共政策取向和得失服务。

前些时候，有个毕业工作了几年的同学出差来看我。他告诉我，他们那里有两条人流量最大的街道，一条是步行街，基本都是浙江等地品牌当家；另一条当地人称为"发街"，最多的店牌是餐饮、脚摩和"美容美发"。如今浙江等地品牌很强势，在许多中小城市、二线城市都能见到浙江品牌，这至少反映了江浙之地公共政策上的民营经济取向。至于餐饮、脚摩和"美容美发"多而拥挤，它在反映"需求"的同时，可能更反映了政策导向形成的街市业态，在某些方面还反映出创业难、就业难等信息。街市店牌的单质化、雷同化，是"街市产业"的一个警讯。

产业的形成是一个自然选择和淘汰、提升的过程。我们可以通过行政力加快它的选择、提升和淘汰，但不能人为地替代这个过程。在产业政策上，今天各地都重视"高精尖"，这是好的，但科学健全的产业政策并非越高越精越尖越好。近年来，中央提出社会建设的核心是解决民生问题，而就业是民生的核心，为民生之本。今天"就业难"在许多地方成为一个社会问题，原因很多，其中一个重要原因是由片面的、不切实际的所谓"产业高端化"带来的，正如不切实际和一拥而上的"国际化大都市建设"造成华而不实的城市形态一样。

中国社会发展到今天，除了发展战略性新兴产业，在产业政策取向上，应向中小企业和产业倾斜，扶持新业态和绿色业态，特别是对专业服务、医疗保健、教育培训、家庭服务等新兴服务业以及咨询、会计、审计、法律、经纪、人力资源这些就业容纳率高的业态，实质性地降低准入门槛，让我们的街市店牌更丰富多彩一些。同时，对乡村郊区的服务业提供更多的优惠政策，以体现城乡统筹、城乡一体化。一个地方如果都是流水线、自动化、高精尖,产业能级是提高了,但大量劳动力如何处置?在全局上,有些劳动密集型产业仍需要保留,因为它能容纳大量就业人口,对稳定社会有好处。好的产业政策,是充分考虑到当地经济发展水平、人口规模和构成以及就业状况的政策。

政治学家伊斯顿认为,公共政策是对社会价值的权威分配,比起一个社会的基本制度,它具有"短平快"和适应性、调控性特点。一方面,我们不要动辄采用政策管制来解决问题,它不合乎资源配置的"帕累托效率"原则。当管制过强、就业门槛过高,当一个地方片面追求所谓尖端产业时,也许就会出现"低端产业"铺天盖地的情形。而当公共政策成为市场和企业一种必不可少的替代选择时,更重要的是另一方面:它必须非常注重"结果与反馈",注重政策与社会之间的良性互动的管理。

总之,政策是现实的,"月晕而风,础润而雨"。从许多方面来看,街市店牌是公共政策的一种结果,一种显性反映,一种业态性符号。

七、建筑，是城市品性的标识

> 好的建筑，不仅有合理的技术设计，更有一种公共精神和人文理念的注入。比如市政楼宇，最好的"风格"是平衡中正，而不是"高耸入云"。

每次经过沪上一所女子中学时，对它那充满肌肉感的大石头校门一直抱有好奇。那是用粗糙、沉重的大石头垒成的校门和围墙——一个女子中学，何需如此夸张地表达阳刚和强烈的肌肉感呢？

建筑是流动的音乐，是一门艺术，这不用我说。我想说的是，城市的建设，艺术品质是其次，先得有点"角色感"和"身份意识"。比如医院，不必追求高大威猛、冷峻和华贵感，而应当亲切平和，色彩以暖色为上，这样会给就医者一种亲近可亲的质感和心理暗示，而不会让病人产生压抑感。人家是来看病的，不是来体验"畏惧感"和受寒光刺激的。

好的建筑，不仅有合理的技术设计，更有一种公共精神和人文理念的注入。比如市政楼宇，最好的"风格"是平衡中正，而不是"高耸入云"。可以粗犷一些，给人一种稳定感和"可依靠"感，但不能太花哨和轻飘飘。发达国家的市政厅，都有简洁、阳光、亲和的风格。维也纳的市政厅是中间高、两边低、对称式的开阔欧式建筑，没有高高的围墙，也没有威武的门岗，有一种稳定感和开朗平整的结构美。

今天走在大街上，时常能看到很多豪华的浮世型建筑。如上海中山公园附近有幢硕大的"香蕉楼"商业中心，到底表达了怎样的"艺术"意韵，人们不得而知。更有大量建筑，不仅玩华贵，更玩"恫吓"，恨不得把建筑都搞成大盖帽式或盾牌式，正如时下各式安保，都是一身威武的警察服一样。徐家汇"港汇广场"，本是沪上一个休闲购物的地方，却有了过于宏大的叙事气势。高高的漫长的殿堂式台阶，让你在拾级而上时，体验到"步入人民大会堂"式的崇高感。

中国目前是世界上新建建筑工程量最大的国家，每年消费世界总量40%的水泥和钢材。2009年10月，牛津大学发布"2020年全球建筑市场展望"研究报告称：2009年至2020年，中国建筑业将增长130%。其中2018年中国将超过美国成为全球最大的建筑市场，占全球建筑业总产值的19.1%。

与其说，人"生存"在世界上，不如说"生存"在建筑中。今天中国，千城一面，百城同风，客观地说，时下建筑空间构成的"硬环境"相当枯燥和贫乏，这不必多说。在风格和角色上，光"肌肉式"的女子中学、"威武式"的医院、"罗马式"的法院、"古堡式"的政府楼、"商务中心式"的教学楼……种种"角色反串",似乎就相当地趣味横生。

而无广场的"广场",少花树的"花园",无山影的"山庄",楼宇光照不足的"太阳岛",死水微澜的"月亮河","香榭丽舍"公寓、"伊丽莎白"小区,林林总总的名不副实,就更多了。至于临汾版的"天安门"、各地山寨版的"白宫"等,更是一种有点好玩的建筑幽默。

建筑是物质之物,也是精神之物。人类的建筑有其特定的社会学蕴义。当我们在都市里竖起一幢建筑时,其实也树起了人文、哲学、心理、精神、城市品性的标识。

八、争当城市科创"第一小提琴手"

上海面临着更为深刻的第三次社会转型，即通过新一轮的创新驱动，加快建设全球科创中心，率先成为中国创新型城市，成为中国现代化的创新样本。

我国要在 2020 年建成创新型国家，并接着实现后面两大目标，即 2035 年进入创新型国家前列，2050 年成为世界科技强国，挑战十分严峻。从上海科技发展的实际基础和积累及中央对上海"四个率先"的战略要求看，上海应当有勇气、有能力、有担当，成为科技创新"第一小提琴手"，为国家创新型国家建设、为全国创新驱动、转型发展作出引领和表率。

在国家实施的创新战略中，上海应以怎样的转型发展和主动变革来建构一个新的社会创新结构和新的知识经济体系，尽快成为面向全球的创新驱动战略基地？这是个需深入研究和解决的大问题。目前上海正处于由本土创新扩散向国际创新中心升级的阶段，从整体看，上海在参与国家创新战略、推进城市综合创新方面，要切实解决好五个方面的结构性问题。

第一，加快实施新的社会转型，实施创新型城市的整体变革。新中国成立以来，上海已经历过两次深刻的社会转型。第一次转型是 20 世纪 50 年代，通过计划经济体制的建立，上海成为中国最重要的工业基地和计划经济的重镇，从一个旧上海转型为工业化"新上海"。第二次转型是 20 世纪 90 年代，浦东开发开放和先行先试引领了中国整个 90 年代的改革开放，上海从传统的工业基地转型为中国改革开放的"龙头"。今天上海事实上面临着更为深刻的第三次社会转型，即通过新一轮的创新驱动，加快建设全球科创中心，率先成为中国创新型城市，成为中国现代化的创新样本。

第二，根据"全球科创中心"的内在要求，调整城市类型选择和方位。传统的城市形态和"外延增长模式"已不可持续。上海作为中国第一大都市，面临着进行面向世界的新的城市类型变革的压力和城市内涵提升的客观需求。上海应尽快成为"世界性城市"而非"区域型"城市，成为"市场型城市"而非"行政型"城市，成为"引领型城市"而非"跟进型"城市，成为"城乡一体化城市"而非"城乡分割型"城市，成为"低碳型城市"而非"高耗能"城市，成为"创新容易型城市"而非"创新艰难型"城市。

城市类型上，产业结构与文化上的差异，使世界城市分为"资本吸收型"和"资本供给型"。依据全球科创中心的精神文化逻辑，上海的城市功能选择、经济运行方式、产业构造变革、城市资本价值等都应作出相应布局调整。城市的物理空间、社群的精神偏好、政府的决策模式都得作出较大幅度的深层次变革。应结合《上海城市总体规划（2017—2035）纲要》，对上海城市性质进行面向全球的目标调整和提升。

第三，进一步加大研发投入，寻求战略性关键科技领域的重大突破。通过加大新的科技创新投入，遏制"创新微衰"，解决原创不足、集成创新不足、消化吸收之上超越性创新不足等突出问题，整体性提升创新强度和幅度。世界上创新型国家的研发投入占 GDP 的比例都在 2% 以上，专利发明占世界专利份额高，科技进步贡献率都在 70% 以上，而对外技术依存指标都在 30%以下。英国的科技研发经费占到全球 5%，获得过 70 多次诺贝尔奖。英国科技著作占全球科技学著作 5%，引用指数占 9%。上海要激荡新的创新活力，还要加快实施一批创新工程。同时，要强化创新服务的支撑体系，健全知识产权的服务体系，提高科技中介服务效率。科技基础设施建设除加大财政投入外，更要鼓励社会多元投资。通过政策引导，调动各类创业基金向科技原始创新、集成创新、超越性创新聚焦，鼓励创新的"百舸争流"，求得新的研发突破。

第四，构建开放型经济新体制，推行"自贸区逻辑"普遍化。我国提出，要在 2020 年基本形成"开放型经济新体制"。上海应成为构建开放型经济新体制的先锋城市，一是要实现资源配置的高度市场化；二是要进一步实现经贸活动的高度开放性，按世界通行法则开展经贸活动。

上海自贸区不仅是个经贸创新概念，更是建设全球科创中心的"先发条件"。要使自贸区理念、模式、制度尽快普遍化，面临的一个突出任务是如何以规制创新为核心，在简政放权、放管结合、政府扁平化管理、实现贸易投资便利化以及全方位趋动市场化、国际化、法治化方面，探索出更多的"上海路径"和"上海模式"。使开放型经济新体制与全球科创中心建设和创新型城市建设相得益彰，构成相互依托和良性支撑。

第五，消除科技创新的体制性短板，进一步释放创新活力。科技体制是一个城市创新活力的规制变量。上海科技体制传统性高、行政化强，很大程度上抑制和消耗了新的创新驱动能量。上海有条件有能力在全球战略坐标中构建起面向全球竞争压力的科技新体制，其显性特征是科技创新活动的高度开放性、流动性和高端研发人才的世界性。通过科技体制和制度的变革，上海可以释放出很大一波创新能量。重点要完善科技管理体制、企业创新激励机制、产学研协同创新、高校科研院所企业联动创新机制、科技—金融融合机制、科研人员自由流动体制，构建高级智力国际流动新模式。张江高科技园区以及各类科学工程研发基地，应开展体制上的变革与升级，营建"升级版"的创新基地，缩短从研发到成果产业化的距离，实现新技术、新模式、新业态、新产能的新突破。

　　上海全球科创中心建设不只是个科技创新的概念，更是个整体性的城市创新品质提升和全方位的革命性变革。因此要做的，不只是科技领域的谋篇布局，更应有更深刻的城市变革行动。尤其要对各相关系统比如技术、人才、创新包容度方面，对结构性资本、人力资本、文化资本和社会资本变革等方面，都有更高层面的战略性筹划。在国家创新战略的实施中，特别是在创新型国家建设中，上海要"敢为天下先"，开物成务，赢占先机，担当起引领城市创新发展的"第一小提琴手"，实现新的更有突破性的跨越发展。

九、文化复兴与建设全球文化战略高地

> 要克服文化建设上的"浅表化"、"美图化"倾向，防止
> 以急功近利的"文化打造"、"文化标签"代替文化内蕴和养
> 成式发展。

《2016年上海文化产业发展报告》显示：上海文化
产业规模不断扩大，占到我国文化及相关产业比重的
6%。新兴文化产业占文化产业增加值的48%；骨干文
化企业对全球资源的利用配置都有提高。同时，上海文
化活动品牌的影响力也持续得到提升。

2020年上海要建成具有全球资源配置能力的四个
中心并形成"全球科创中心"基本框架，2040年要建成
"卓越的全球城市"，夯实文化根基、推进文化复兴，是
确保实现这些战略目标的"内力积蕴"所在。从城市硬
件形态看，上海与世界公认的全球城市差距并不大，但
在精神内质、文化情态方面差距不小。就主要方面来
说，上海城市文化治理面临的突出问题，表现在以下三
个方面：

一是如何使"老上海"有限文化资源不流失、文化传统不断根。文化自信、文化创新的前提，首先是确保城市传统文化资源不流失。市政协文史委曾作过一项石库门"申遗"专项调研，上海解放后曾有20万座石库门里弄式建筑，现在70%石库门已消亡。其他如古镇、老弄堂、茶馆、老剧场、闻人名宅等，也多有毁损。不少文化遗迹灵韵不再，不断遭受餐饮酒吧、宾馆客栈以及商业店铺等业态的裹挟挤压。有些文化资源经商业性开发后毁损更大。上海有21个街道（镇）被文化部命名为"中国民间文化艺术之乡"，还有近1500处不可移动文物，都亟须强化保护。

二是如何使城市非物质文化遗产传承不萎缩。"非遗"对城市发展有着难以言传的价值情感，是城市传统文化活的信息密码。与市民生活息息相关的老字号如"功德林""钱万隆""老凤祥""杏花楼"等虽在营运中，但在市场夹缝中勉强生存。如有130多年历史、世称"官酱油"的"钱万隆酱油"，以手工操作为基础的酿造技术已名存实亡。又如江南丝竹、乌泥泾手工棉纺织技艺、嘉定竹刻、松江顾绣、徐行草编、奉贤滚灯、浦东说书、黄杨木雕等传统技艺亦已难以为继。2016年有一项统计显示，国家级非物质文化遗产徐行草编的黄草染色匠人，目前上海仅剩一人。上海应积极探索，为大都市文化治理提供现代化境遇中非物质文化遗产保护和传承的成功经验。

三是如何使文化建设合乎文化特性，克服浅表化、功利化的短期行为。近年上海文化建设成效卓著，无论在文化硬件建设方面、文化产业增长方面，还是在大型公共文化活动组织方面，均处在全国前列。上海除有近150家文博会馆、近500座公共图书馆、文化馆，50多所文化宫、俱乐部和少年宫外，还有遍及全市的5200多个社区文化活动中心以及"田子坊"、"M50"等艺术园区，形成现代化文化设施的基本框架。但同时也存在文化活动"形态多、实质少"，标签多、文化培育少的现象，各类文化市场主体5000多家中以商业性运筹居多。《2016年上海文化产业发展报告》显示：上海文化产品活力不足，文化用品生产增加值为123.69亿元，同比下降8.7%。尤其缺乏真正能穿越历史时空的经典之作。近年来社区群文活动发展较快，但品级较低，且尚未成为市民生活的一部分。调查显示40.3%市民很少去社区文化中心，79.4%受访市民认为社区文化活动主要适合老年人且内容贫乏。

上海要重振文化大都市雄风，就要瞄准全球文化战略高地的目标，加快治理城市文化短板，加快推进以文化复兴为主线的文化培育和文化治理：

第一，守住上海文化特性，尊重城市文化性态。情调和风情是上海城市文化特质，也是上海城市文化光谱特质之一。上海文化布局和文化发展不能简单跟着纽约、伦敦、巴黎等后面亦步亦趋，照搬其形态。有一种观点认为，全球化正在消融城市的个性含义，城市文化地理位置正被"高移动性"或流动性所消融，但事实上文化性态是不可复制的。全球化浪潮中不仅不能淹没文化个性，还应更加凸显文化特质和个性。文化性态决定了文化情态，上海城市文化的地理位置应根据自身文化特质和文化性态来定位，并通过"良治"实现高质量的文化发展。

第二，遏制大拆大建，限制商业性景点开发。城市更新中的大拆大建掀动文化根脉，造成城市文化不可再生性的严重毁损。在城市外表的"日新月异"中，城市文化根基日见消蚀。上海作为世界性东方文化大都市，应坚决制止大拆大建，同时对商业性开发作严格限制。对已损坏的旧里（老镇、老弄堂、石库门）、历史建筑（包括闻人名宅）、文化遗迹（茶馆、说书场、老剧场）等尽可能地修复，修复后不应只作为一种"文化摆设"，应研究实施养护性的社会可持续资用。

第三，加大对非物质文化遗产的保护。应大力确保"非遗"的原生性和满足人自然需求、社会需求和精神需求的活态真实性，遏制过度物化包装和形式表演性。对于前述的老字号"功德林""钱万隆""老凤祥"等以及"锣鼓书"、"竹刻"、"顾绣"、徐行草编、奉贤滚灯、黄杨木雕、浦东说书、江南丝竹等加强保护性开发，不能的话，则不刻意搞"恢复"。对于上海非物质文化遗产的切实保护应突出以人为核心的技艺、经验、精神和"活态流变"，确保其民间性和不依赖物质形态的存在品质。

第四，大力发展"住文化"，遏制中心城区"空心化"趋势。在城市发展中，大部分中心城区用作功利性商务开发，大量人居被移置中心地区之外，这种"城市新态"是值得商榷的。它不仅使人成为"城市的附庸"，更造成"千城一面、百区同风"，实际上是一种"逆文化"，非常有悖上海多元、包容的城市文化特性。"居住"才是城市文化最本原的母体，只有尊重人居，才能养护人文。应大力抢救、发展海派"住文化"。防止简单以商业逻辑覆盖文化生态逻辑，以"打造"思维替代文化养成，以华彩外衣掩失文化内质的流失。

第五，推行上海"文化复兴"计划。风情的底蕴是文化厚度。三十多年的经济高增长带来了都市繁荣，也使城市变得刚性和线性。技术理性普遍化，使城市客观上存在"经济动物型"的趋动，构成对未来城市文化品质的深层次障碍。

今天，上海社会经济发展为文化复兴奠定了坚实基础，应根据上海发展的总体战略目标，分阶段有步骤地推行文化复兴。要克服文化建设上的"浅表化"、"美图化"倾向，防止以急功近利的"文化打造"、"文化标签"代替文化内蕴和养成式发展。文化发展是错落有致而不是严整划一的，要进一步拓展政策空间，更多地容纳多元，让文化发展有柔性、有弹性、有空间。根据不同区域文化特点推进多元和错位式发展，在浪漫氤氲中实现新一轮文化创新发展，迈向全球文化战略高地。

十、破解城市治理的"世界级难题"

> 在尊重城市丰富特性的同时，还要遏制文化发展的"打造思维"和急于求成，注重文化发展的养成性、根基性和历史传承性，克服浅表化形态。

2017 年上海第十一次党代会报告提出了之后五年上海发展的战略目标，核心内容是基本建成"四个中心"和社会主义现代化国际大都市，创新驱动发展、经济转型升级实现历史性跨越，打造"创新之城、人文之城、生态之城"。这些发展目标包含了人类可持续发展的基本要素，反映了城市发展的方向，实现这些宏大目标，将深刻改变上海城市形态，大幅度提升上海的城市能级和市民的生活质量。

要在此后五年高质量地实现这些目标并向"全球科创中心"和"卓越的世界城市"迈进，就要按照党代会提出的发展理念，重新熔铸城市生命节律和发展形态，更新城市类型的战略定位，对城市功能选择、经济运行方式、产业构造变革、城市资本价值、城市文化逻辑等方面作出新的谋篇布局。

2017 年 3 月 5 日，习近平总书记在参加两会上海代表团审议时指出，"走出一条符合超大城市特点和规律的社会治理新路子，是关系上海发展的大问题。城市管理应该像绣花一样精细。城市精细化管理，必须适应城市发展。要持续用力、不断深化，提升社会治理能力，增强社会发展活力"，并强调"这是一个世界级难题"。破解上海超大型城市治理创新这一"世界级难题"，就要按照习近平总书记提出的要求，进一步攻坚克难，在一些关键性治理难点上实现突破性的转型发展：

第一，经济模式要加快向"市场配置型"的经济新形态转型，在市场搏击中获得内生动力。改革开放以来上海经济保持着高增长，近年来更重视发展的内涵和质量，结构调整和产业布局取得新突破，但要获得持久的发展动力，就要通过经济模式的更新获得创新之源，尤其要从大项目、重大工程、大型公共活动、房地产等拉动 GDP 转向"市场多元投资型"的新模式，并引领长三角城市群实现经济形态新跨越。

党代会报告提出战略性新兴产业增加值将占全市生产总值比重 20% 以上，全社会研发经费支出要占全市生产总值 4%以上，实现这些目标，就要加快培育市场型新兴产业体系，推进重大科技基础设施集群和重大研发的功能转化和市场化，推进科创中心构架体系建设。正如城市专家指出的，上海"所需要的政策包括与香港一样更加的开放，市场机制的加强，持续完善社会和物质基础设施建设，以吸引外国直接投资，以及改善居住条件和提高劳动力素质"。上海自贸区作为体制机制创新引领者,不仅在于提供更多可复制、可推广的经验,还要推行"自贸区逻辑"的普遍化,按照世界通行法则推行经贸管理。政府进一步担当好利益平衡者和市场激活者的角色,简化行政监管和干预,减少税费,让民间经济活力泉涌。

第二,社会治理要加快向"基层多元治理"转型,全面落实上海市市委2014"一号课题"1+6文件的各项内容。尤其要按照《关于进一步创新社会治理加强基层建设的意见》,正确处理好政府、市场和社会组织的关系,消除"大都市、弱社会"这一结构性短板,在社会政策、社会调适、社会工作等方面实现新突破:一是实现社会治理重心下移、资源下沉、权力下放,使"向上对口"转变为"向下对应",建立社区工作者职业化体系,将工作重点转移至"三公"即"公共管理、公共服务、公共安全"的焦点上。二是拓展社会治理空间,激发社会创造活力,通过培育更多"参与型"、"功能型"、"治理型"社会组织,有序参与城市治理,建构多元分散的社会风险排解机制,降低社会运行的风险成本。三是加快消除城乡统筹上的结构性短板,关键要打破"分割体制固化",实施联动性、均衡性布局,向城乡统筹共治模式迈进。

第三,文化发展要加快向"政—企分离型"转型,重振上海文化大都市雄风。根据党代会报告提出的五年中"基本建成国际文化大都市"的目标,首先要着力消除与世界大都市相比在文化软实力和文化情态方面的短板。目前上海人均文化消费水平不足发达国家的1/3,文化产业产值在GDP中占比不高。现阶段缺少专业化文化中介机构,文化行业协会有较多行政色彩。要推进政企分离，发展文化服务支撑体系，在诸如专业论证、资质评估、行业统计、专业培训、产品质检等方面更多由文化社会组织来履行职能。其次要激荡都市文化的多元特质，重视构筑都市民间文化地带。正如历史学家芒福德指出的，"城市涵盖了地理学意义上的神经丛、经济组织、制度进程、社会活动的剧场以及艺术象征等各项功能。城市不仅培育出艺术，其本身也是艺术，不仅创造了剧院，它自己就是剧院"。在尊重城市丰富特性的同时，还要遏制文化发展的"打造思维"和急于求成，注重文化发展的养成性、根基性和历史传承性，克服浅表化形态。

第四，城市体制要加快向"扁平简约型"转型，实现结构性的制度创新。一般认为"中国城市易受制于两个方向相关联的重大变化，即与全球市场联系的开放和中国内部的政府改革"，上海法治化程度高，行政管理效率高，城市管理体制创新有良好基础。体制创新的选择方位应聚焦于扁平化的组织体系、简约化的规制体系、同心圆式的民意表达采集机制、高效能的机构运行机制，以整体性提升城市制度体系的水准。

注重通过发挥规制的力量来探索破解超大型城市治理的"世界级难题"。这当中，尤其要按照"全球科创中心"和"全球城市"的物质能量效率、生态环境支持、精神愉悦感知水平等质量标准，来引导城市体制创新。厘清各类执法范围和边界，强化对于执法体系的治理，率先实现各方面制度"基本成熟、基本定型"这一目标。

　　第五，分配模式要加快从"经济总量导向"向"国民收入导向"转型，让市民有更多"获得感"。党代会报告提出"改革发展成果更多更公平惠及全市人民"的目标要求，并提出"城市更加宜居宜业，吸引力、创造力、竞争力不断增强"，体现了城市"人性温度"，对于拓展"普惠于民"的增量，让广大市民享受到更多改革发展的福祉有指导价值。要加快研究出台国民收入导向型的分配政策措施，在改善民生上迈出新步伐，实现"城市让生活更美好"的愿景。同时要实施城乡平衡统筹，通过社会保障制度的城乡衔接，推进教育、卫生、医疗、住房等的民生普惠，实现社会正义。

　　上海城市治理创新既要注重凸显时代特征、中国特色、上海特点，遵循"全球科创中心"和"全球城市"发展的一般规律和内在逻辑，又要有"像绣花一样精细"的精耕细作和审慎，注重在城市物理空间、社群精神偏好、政府决策模式等方面革故鼎新，实现超大型城市治理创新的战略性新跨越。

十一、建构新型国际人才试验区

> 人是社会发展和进步的历史主体，人才的规模和质量，决定了一个国家和地区发展的面貌。人才的规模和质量是个决定性变量，是实现转型发展的灵魂。

2016年上海提出《关于进一步深化人才发展体制机制改革加快推进具有全球影响力的科技创新中心建设的实施意见》，在2015年"人才政策20条"基础上推出"人才新政30条"，标志着上海全球科创中心建设步入营建相配套的世界级高端人才试验区的新阶段。

人是社会发展和进步的历史主体，人才的规模和质量，决定一个国家和地区发展的面貌。到2020年上海除了要建成"四个中心"、率先建成创新型城市和社会主义现代化国际大都市之外，还要基本形成全球科创中心的框架，其中人才的规模和质量是个决定性变量，是上海实现转型发展的灵魂。

上海推出"人才新政30条"，不仅全面体现了中央全面深化改革的精神和要求，紧紧抓住了上海全球科创中心建设的核心问题，而且全面诠释了上海"十三五"加快发展和更长远发展的战略思维，将全方位提升上海人才的规模、质量和国际综合竞争力。这一重大决策所具有的鲜明导向，为上海加快发展、构建世界级高端人才试验区标识了方位：

一是更为开放的"能量释放"导向。上海已全面进入全球科创中心建设阶段，正遇新的"用人之际"，步入了新一轮高端人才的"刚需"阶段。把集聚更多世界级高端人才放在全球科创中心建设的战略中心点上，实施包括大幅度向用人单位放权、松绑、实现人才效率最大化等在内的更为开放的人才战略变革，从简单的"监管"到活性的"释放"，促进人才链、创新链、产业链、财富链的有机衔接和互动，使更多天下英才"来得了、待得住、用得好、流得动"，这是一种人才思维上的根本性变迁，具有进一步释放能量和活力的巨大功能。

按照这一示范导向，加快推进全球科创中心建设，一是以更为开放的胸襟，通过进一步破除束缚人才各环节上的障碍来"释放能量"。加快简政放权，尽快建立两级政府部门"人才管理权力清单"和"责任清单"，大幅度敞开空间，下放权力，真正把人才使用权、管理权还到市场主体的手中。二是通过抑制商务成本来"释放能量"。上海商务成本持续攀升，已成为扼止上海发挥更强综合竞争力的一个制约因素。过去20年里上海出国留学人员10万名，回沪工作和创业3.2万人，回归率30%左右，商务成本高是个重要因素。《福布斯》发布的

2015 年中国城市经营成本排行中，上海综合商务成本虽排名第七，但劳动力成本指数和办公成本指数都为全国第二。上海作为特大型城市商务成本增高有必然性，但对于需要大量外来人才参与全球科创中心建设的上海来说，抑制商务成本、让更多人才群体"活得下来"、发展得好，就不是一般的商务概念了，而是一个有着巨大"能量释放"收益的重大战略举措。

二是更为翔实的"制度创新"导向。制度和体制是一个社会结构的灵魂，也是上海加快形成世界级高端人才试验区和人才高地的灵魂。如何聚集更多更出色高端人才，本质上是一个制度和体制创新的问题。上海要加快形成与全球科创中心相适应的高端人才的阵容规模，就必须风物眼量，实施真正意义上的制度和体制创新，"人才新政 30 条"体现了这一鲜明导向。其突破在于：一是充分吸纳发达国家的相关经验，按照国际通行法则来建立人才管理制度，探索具有国际竞争力的新型人才制度和体制；二是把近年实践中出现各种重点、难点问题通过制度和体制创新加以解决并规范化，体现了"先行先试"的勇气和力度。

依据这一导向，包括"四个中心"建设、全球科创中心建设和社会主义国际大都市在内的上海"十三五"发展规划的实施，都应把重心和力点聚焦于制度与体制上的突破。按照《实施意见》的要求，更多地运用制度、体制和法治的方式来革新人才工作，更多地探索和创造人才制度、人才体制、人才机制方面可复制、可推广的新经验。

三是更为具体的"政策激励"导向。新的《实施意见》推出了一系列政策激励举措，如运用户籍政策杠杆，通过诸如改进居住证积分、居住证转办户籍、直接落户人才引进政策等的协同配套，对"四个中心"建设和全球科创中心建设急需的各类紧缺人才加大引入，具有"四两拨千斤"的功能。在具体"政策激励"导向中，有个突出的亮点是对先行先试的"双自"地区（上海自由贸易试验区、张江国家自主创新示范区）合乎条件的各类外籍高层次人才，经自贸区管委会、张江高新区管委会推荐可直接申请永久居留，并推行外国专家证和外国人就业证"两证合一"试点等。这些政策性突破，表明上海户籍政策已从静态性、管束性功能阶段，推进到动态性、激励性功能的新阶段。

世界级人才增量不足，是上海较为突出的结构性短板。缺乏规模化世界级人才的城市经济，很难具有真正的创新驱动力，这与上海作为国际大都市的地位和建设全球科创中心的要求是不相符的。通过户籍政策的"正向效应"延伸，促进上海重大科学工程、重要科研公共平台、重大科学研究中心、重大科技基础设施建设等领域高层次和世界级人才的优先引进，是应大力抓好的重中之重。

四是更为鲜明的"市场配置"导向。"人才新政30条"有个非常突出的导向，是强调人才配置的市场化，强调市场在人才配置上的主导作用，把人才、人力资源配置和评价，由政府主导转向由市场主导。这是个很大的突破。如何在发挥政府作用的同时，突出市场在人才配置的主导功能，构建市场化人才资源配置模式，是我国全面深化改革必须解决好的一个基础性问题。上海要按中央要求，要在2020年率先建成"开放型经济新体制"，不但要更好地坚持生产要素和资源由市场配置的决定性作用，还要加快实现包括人才资源在内的各类社会资源的市场化配置，这也是上海"先行先试"、提供可复制和可推广经验的一个重要方面。

由此应按照新的《实施意见》的要求，加快推进用人制度的市场化改革，确立人才的市场评价本位，在人才引进集聚中强化市场发现、市场认可、市场评价的机制。上海缺乏规模化的对市场具有高度敏感力的企业家群体，能走出国门谋篇全球的更少，这与市场化不足有关。在各类专业性人才方面上海缺口也很大。"2015陆家嘴论坛"数据表明：上海35万名金融从业人员中传统金融类从业人员占60%以上，创业投资、科技金融、互联网金融人才短缺，具有国际视野的金融人才更匮乏，比例低于2%（在新加坡则达20%左右）。而从硅谷、深圳的经验看，一个城市创业创新强度依赖于规模化集聚的"创客族群"，这在张江、杨浦等有雏形，但影响力不大。更多"创客族群"的形成只有在更加充分的市场化条件下才能实现。

上海"人才新政30条"凝聚了上海多年探索、实践、创新的成果，体现了上海人才战略、制度、体制、政策上的突破创新。它是一项含金量高、产出预期大的改革大举措。实施好这一重大战略决策，关键是抓落实、抓行动、抓细化，把全面展开的全球科创中心建设奠定在更为坚实的世界级人才试验区这一基础上。

十二、"清理思维"要不得

清理驱遣"低端人口"与现代化治理理念格格不入，它本身是一种应清理的"低端思维"。不能城市的基础设施上去了，城市的品质却掉下来。

近年来一些城市出于控制人口规模和提升城市层级的考虑，推出诸如"以业控人""以证控人""以房控人"等举措，并将"清理"指标下发基层，要求在规定时间内完成。一些城市则通过消除"城中村"和"拆违"来驱离外来人口。

"清理"行动的主要理由有二，一是认为城市人口规模超越了基础设施的"承载力"；二是认为"低端人口"影响了城市管理的质量和形象，拖了城市发展的后腿。

一些城市"不约而同"地采取这一举措。在这种清理行动中，清理掉的不仅仅是外来人口，更是包容多元的城市品质。引人思考的警策很多。这里有两个值得思考的问题：

其一，对社会群体作所谓"低端"和"高端"的区分，是否有违城市精神和公平正义？

我国公民只有受教育程度、收入高低等的不同，没有身份上高低之分。人们的统一身份是国民和国家的劳动者。无数外来打工者是城市发展的建设者，为城市发展作出了巨大贡献。比如深圳一开始就是一座由外来人口创造和发展的城市，没有"打工者"，就没有今天的深圳。无数打工者为中国城市文明挥洒了汗水。区分和清理所谓"低端人口"作为一种歧视性思维，既无法理依据，也经不起伦理上的正义考量。

其二，清理所谓"低端人口"，是否有利于城市群体结构的自然选择？

通过市场交易聚集"各式人等"，城市是实现群体结构自然选择的历史场所。城市作为一种社会公共空间，本身是经社会长期选择并经历长期进化过程的产物。一个城市"最合理"的群体结构，是通过自然选择和市场行为实现而非"清理"出来的。以种种"以业""以证""以房""以政策"清理低端人口，事实上正破坏着城市的社会生态平衡。

城市是一个自然生态系统，需要各行各业。一个城市不能全是高科技行业、高学历人才、智能化产业，还得有各层级的劳动力市场作为支撑，阳春白雪和下里巴人应各得其所。一个城市只有"精英"和"高端"，谁来从事服务业？谁来送快递，谁来当安保，谁来做保洁，谁来去工地？城市群体趋于"单质化"，除了阻碍人口更新并将大幅度加快老龄化程度外，还会对城市的长远发展构成结构性的制约。

一线城市是中国城市现代化的第一梯队，代表了中国城市治理的水平。清理驱遣"低端人口"与现代化治理理念格格不入，它本身是一种应清理的"低端思维"。不能城市的基础设施上去了，城市的品质却掉下来。

在这个问题上，中国一线城市要有革故鼎新的思维转变并率先垂范。

第一，要从"排斥思维"向"包容思维"转变。是什么让一座城市伟大？是它的包容性和海纳百川。世界"品牌城市"的根本特征是其多元性和包容性。改革开放以来中国城市发生了翻天覆地的变化，无数打工者为它抛洒了青春和汗水。不能把城市现实问题如交通拥挤、环境污染、房价飙升等，归咎于所谓"低端人口"。事实上试图以"清理"思路来消解大城市病、提升城市层级，乃是缘木求鱼。

2016 年 6 月 3 日国家发改委发布的《长江三角洲城市群发展规划》指出："城市包容性不足，外来人口市民化滞后。长三角城市群是我国外来人口最大的集聚地，也是外来人口落户门槛最高的区域之一。城市群内约有 2500 万人未在常住城市落户，未能在教育、就业、医疗、养老、保障性住房等方面均等化享受城镇居民基本公共服务。"无论一座城市的物理形态多么先进，只要它缺乏包容性和开放精神，就与真正的国际大都市拉开了距离，更不利于世界级的城市品牌建设。建设现代化城市首先要增强包容性、拓展开放度。这不仅是品牌城市应有的品质，更是城市发展的一种"多赢"。

第二，要从"限量思维"向"发展思维"转变。我国作为人口大国和经济发展水平相对落后的基本国情以及城市集中了最优质的公共资源这一现实，决定了城市"聚集效应"的不可替代性。"基础设施承载不了人口"不应成为驱遣打工者的理由，这一理念是建立在既定的城市规模和公众服务设施这一基点上的。根本的问题在于：不是应让城市人口去"适应"基础设施的承载量，而是应让城市基础设施按人口发展趋势去规划、安排和发展。

第三，要从"行政思维"向"市场思维"转变。一个城市的人口规模和结构类型根本上是由市场和社会发展决定的。比如随着城市商务成本的提高，低端行业的劳动力会通过市场竞争机制的方式自然疏散出去；比如转移低附加值产业，也会带动一部分低价值链从业人员向外流动。城市社群从聚合到分散，从增长到减少，有其自身规律。人们对就业、居住和环境的敏感度，远远超过"看得见的手"。如深圳是"房价收入比"排名全球最高的城市，北京大学社会调查研究中心和智联招聘联合发布的《2016 中国年度最佳雇主年度总报告》显示，在大学生理想的就业城市中，深圳位于第 6，不仅远落后于北京、上海，也被非一线城市杭州和成都超越。在博士群体中排在第 10 位，仅有 1.5% 博士把深圳作为求职首选。

近年北上广深都提出了严控人口规模、守住常住人口规模底线的目标，如 2017 年 1 月《深圳市人口与社会事业发展"十三五"规划》提出到 2020 年，深圳常住人口目标是 1480 万人，这有一定合理性。但一是城市人口调控不只是个数量概念，不只是要"做减法"，城市人口调控有着"数量规模"、"群体结构"和"社群分布"三个维度；二是更为重要的，任何一个城市的社群合理规模，都不是行政管控出来的，刚性的"削足适履"对城市人口更新和人才流动阻碍非常大。只有尊重"自然选择"，才能实现人口结构和规模的最优化。这是面向新时代的我国城市治理和城市品牌建设应予重视的。

十三、创新型城市的价值目标

世界上公认的包括美、日、芬兰、韩国等在内的二十多个创新型国家，都是以技术创新为核心驱动力的国家，其创新综合指数明显高于其他国家。

深圳市第六次党代会提出"努力建成现代化国际化创新型城市"的重大决策，使深圳的城市建设，又步入一个新境界。

深圳是创新型城市的"第一梯队"

创新型国家建设是我国的国家战略。我国在2006年全国科技大会上向全世界宣布：2020年建成创新型国家，经济增长的科技进步贡献率从39%提升至60%以上，研发投入占GDP比重从1.35%提高到2.5%。随后《国家中长期科学和技术发展规划纲要（2006—2020年）》对此作出布局。2012年中共中央、国务院印发《关于深化科技体制改革加快国家创新体系建设的意见》，使创新型国家建设进入一个新阶段。2013 年十八届三中全会公布的《关于全面深化改革若干重大问题的决定》，进一步作出"加快建设创新型国家"的重大决策。

创新是一个城市的核心竞争力，是城市发展的灵魂。深圳应当为全国的创新驱动、转型发展作出表率。目前北上广深创新指数在全国占据前列。深圳把自主创新作为城市发展主导战略，确立了市场化、法治化、国际化和前海开发开放的"三化一平台"改革主攻方向，并获批成为国家自主创新示范区。

深圳科技创新能力位居全国前列。2014 年全社会研发投入占 GDP 比重达 4.02%。超材料、基因测序、新能源汽车等领域核心技术水平跻身世界前沿。战略性新兴产业产值年均增长 20% 以上，国家级高新技术企业超过 4700 家，是 2009 年的 3.5 倍。深圳第三产业增加值占 GDP 的 57.3%，5 年提高 4.1 个百分点，高新技术、金融、物流、文化等产业增加值占 GDP 的 64.0%。这些都为创新型城市建设打下了坚实基础。

按照 2020 年初步建成"创新型国家"这一时间表，还有短短几年时间。作为实施国家战略的组成部分，深圳加快创新型城市建设是一个历史与现实的必然选择。深圳是改革开放的产儿，"创新"是深圳的文化之母，"先行先试"和"敢为天下先"是深圳最深刻和最显性的文化记忆，深圳最有条件率先建成创新型城市。

　　"创新"是深圳最为本质的城市精神,"创新之都"则是深圳最切实的城市定位。在未来的国家科技创新中,深圳应担当起"第一梯队"的角色。

城市创新:"建立一种新的生产函数"

　　20 世纪初,美籍奥地利经济学家熊彼特首次将"创新"定义为经济增长的内生变量,认为所谓"创新"就是把生产要素和生产条件的新组合引入生产体系,即"建立一种新的生产函数",目的是获得更大的利润。

　　现代管理之父彼得·德鲁克认为:创新是赋予资源以新的创造财富能力的行为。而美国经济学家迈克尔·波特则把创新纳入国家发展的驱动要素,最早使用了"创新驱动"这一概念。波特的国家竞争发展理论以人均 GDP 为依据,对国家和地区的发展阶段作出划分:一是要素驱动阶段,二是投资驱动阶段,三是创新驱动阶段,四是财富驱动阶段。创新驱动是一个重要阶段。

　　世界上公认的包括美、日、芬兰、韩国等在内的二十多个创新型国家,都是以技术创新为核心驱动力的国家,创新综合指数明显高于其他国家,如科技进步贡献率在 70% 以上,研发投入占 GDP 比例都在 2% 以上,对外技术依存度指标一般在 30% 以下。此外,这些国家获得的专利占世界专利总量的绝大多数。英国人在谈到创新驱动时说:"我们人口占世界人口 1%,但研发经费占全球 5%，创造全球科学著作 5%，被引用数量占 9%；科学家获得 70 多次诺贝尔奖……世界上每 10 种抗生素中，就有 5 种出自英国的医药制造企业。"伦敦聚集了英国 1/4 教育科研机构，年教育经费超 7 亿英镑，吸引着英国 40% 的风险投资，60% 的人从事与教育和科技相关的行业。

关于创新型城市指标体系，影响较大的有欧盟的《全球创新排行》、世界经济论坛的《全球竞争力报告》以及瑞士洛桑国家管理学院的《世界竞争力报告》。国内影响较大的有国家统计局提出的创新国家指标体系、《中国区域创新能力报告》以及全国科技进步统计监测指标体系等。

美国理查德·佛罗里达（Richard Florida）教授曾提出创新型城市的"3T"指标，即技术（technology）、人才（talent）、包容度（tolerance）。香港大学进一步提出了资本创意指数，即结构性资本、人力资本、文化资本、社会资本，分析视角不同，但都强调创新型城市建设是个系统工程。任何一个环节脱落，都可能导致城市创新的衰败。

深圳应瞄准创新型城市的世界标准，率先形成符合创新驱动发展要求的体制机制，在全面落实《深圳国家自主创新示范区发展规划纲要（2015—2020 年）》的基础上，建成更高水平的国家自主创新示范区，并在"深圳速度"的基础上，形成自己创新型建设发展的"深圳质量"、"深圳标准"和"深圳创造"。

创新根植于自然、社会、人的历史性演绎

创新是刷新人类文明的伟大力量，而科技创新则是促进人类社会变迁、改进人类生活方式的原动力。回眸人类走过的漫漫历程，创新是人类最为珍贵的精神价值之一，是人类文明生长与变迁源源不绝的活力之源。

在人类公元前 8 世纪到前 2 世纪，即德国哲学家雅斯贝尔斯称为"轴心时代"（Axial Age）的那个时候，人类已整体性地在哲学、文学、宗教、科学等方面，综合性地展示了巨大的创新能力，并由此构成诸民族文化特质的基本形态，奠定了人类文明的精神基础，成为后来文明前行的引领。以后，各文明形态一路走来，由创新的不断激荡而一次次获得新的生命之光。

创新，生发于对自然、社会、人三元关系的历史性演绎和对生存内在驱动的自觉回应。今天，现代社会的重要架构——市场经济、民主政治、正义伦理这些"现代文明"要件，也无一不是在创新之树上结出的丰硕果实。

文明的形成与发展，是一个依靠创新拾级而上的过程。科学革命引发人类生活观念深刻变化和科学上的重大突破，技术革命是引发人类生产方式深刻变化的技术变革，产业革命是科技成果在生产上的应用，使国民经济的产业结构发生重大变化。本质地说，创新是人类

"族类"特质的外化。

中国的现代化旋律，在19世纪末已奏响，但充其量不过是现代化的"萌动"，无论科学革命、技术革命或产业革命，都落后于世界文明主潮。著名现代化学者布莱克在他《现代化的动力》一书中提出现代化进程的四个阶段：（1）现代性的挑战，在传统知识框架中社会开始面对现代观念和体制；（2）现代化领导的强固，推动社会进步的力量转入现代化领袖手中；（3）经济和社会的转变，从乡村农耕生活方式占主导转变为都市工业生活方式占主导；（4）社会的整合，经济和社会转变引起社会结构的根本性改组。按布莱克的界定，中国在1905—1949年属于第二阶段，1949年后才开始第三个阶段，而美国在1933年已完成第三阶段，进入第四阶段。英、法、德、加拿大、澳大利亚、新西兰、比利时、卢森堡、荷兰、瑞士、丹麦、挪威、瑞典在20世纪三四十年代进入第四阶段。

中国要进入第四阶段，实现科学革命、技术革命和产业革命的联动推进，必须靠科技创新。一个没有创新能力的民族是衰败的，而一个创新强度不足的国家，是没有前途的。中国要在21世纪中叶实现现代化，时间已非常紧迫。如果没有科技创新和人才战略的整体性导入，这种目标的实现会很困难。深圳应着眼于现代化总体战略布局和未来30年发展，来思考和布局包括科技创新在内的城市综合创新和人才战略问题。

"敢闯"是最珍贵的精神价值

1992 年邓小平在视察南方的谈话中指出,"深圳的重要经验就是敢闯",并指出"没有一点闯的精神,没有一点'冒'的精神,没有一股气呀、劲呀,就走不出一条好路,走不出一条新路,就干不出新的事业"。这是对深圳城市精神、也是对创新命题的深刻诠释。

"敢闯"是创新型城市建设应秉承的品质。没有"敢闯"就没有创新,没有创新就没有转型。创新必须有切切实实的举措导入,特别要营造"敢闯"、"敢为天下先"的制度环境。如果缺乏有效的制度供给,"大胆地试"、"大胆地闯"就不可能,创新就是一句空话。对于创新的社会保护,不仅是精神性的,更应是制度性的,成为一种社会结构。深圳市人大常委会通过的《深圳经济特区改革创新促进条例》是全国首部改革创新法规,要使这部法律成为创新型城市建设的有力支撑。

突破制度和体制瓶颈,率先突破制度创新的难点。制度和体制是一个社会结构的灵魂。创新型城市建设必须解决好科技管理的创新机制、企业创新的激励机制、产学研的协同机制、科技金融结合机制和人才发展机制这些基本问题。在创新服务的支撑体系上,应注重优化科技基础设施体系、知识产权服务体系、科技中介服务体系等软环境,强化科技成果产业化,发展新技术、新模式、新业态、新产业"四新"经济。

从创新型国家建设的总体布局中进行创新性布局。在创新型城市建设的布局中，要着眼于成为代表国家参与全球竞争合作的先行区、若干领域在亚太乃至全球具有重要影响力的国际化城市这一基点，对创新驱动、转型发展作出整体安排，使城市真正成为新兴产业发展的基地、科技开放的前沿、科技惠民的典范、创新创业的沃土。特别要按照建立技术创新市场导向机制的要求，推进深圳国家知识产权示范城市建设，完善知识产权保护政策法规体系。扩大"深港创新圈"的发散功能，促进香港金融、信息和科研等优势与深圳创新创业环境有机融合。

使"领新标异"内化为城市的公共品格。深圳要做"领异标新二月花"，使"创新"成为最强健的都市主旋律，成为城市话语的核心概念。由此，深圳不妨可以有自己的"创新博物馆"，甚至可以有"创新大道"、"创新广场"和"创新文学"等城市符号。其他地方有这种奖那种奖，深圳应设立最重要的"创新奖"。创新精神应如"轻风漾水光"，如和煦春风，拂面而来，伴随现代化国际化创新型城市建设的全过程。

第七章　道理·伦理

　　每一价值体系，特别是道德体系及其核心的正义观念，是一个社会现象，是社会的产物，因而按照其所产生的社会的性质而有所不同。

　　　　　　　　　——凯尔森《法与国家的一般理论》

一、习俗是一种伟大的力量

习俗之所以能成为习俗，成为人们习守的风俗，是历史积淀的结果，也是"历史合理性"的体现。所以一般情况下，我们不要与它唱对台戏。

习俗是指由重复或练习而巩固下来的并变成需要的行动方式，即风俗习惯。人类社会的维持和发展，其中很重要的一种内在力量，是习俗在发挥着作用。正如马克斯·韦伯在《经济与社会》中说的："'习俗'是一种外在方面没有保障的规则，行为者自愿地事实上遵守它……"

我们今天的管理也好，治理也罢，非常刚性化。好像除了红头文件、条令法规、文宣灌输、行政手段别无他法，这在治理上显得捉襟见肘，事实上，当我们强调"治理"时，就已经表达了对于传统管理一维性、刚性的超越。它强调治理主体的多元性，治理方法的丰富性，而习俗正是实现治理体系与治理能力现代化的重要力量。

古往今来，习俗是一种很重要的治理力量，具有"四两拨千斤"的作用。恩格斯在谈到古代氏族习俗的治理力量时说："虽然当时的公共事务比今日更多，——家庭经济都是由若干个家庭按照共产制共同经营的，土地乃是全部落的财产，仅有小小的园圃归家庭经济暂时使用，——可是，丝毫没有今天这样臃肿复杂的管理机关。一切问题，都由当事人自己解决，在大多数情况下，历史的习俗就把一切调整好了。"

一个好的社会，主要是指有好的社会习俗。

约翰·杜威（John Dewey）说：习俗在形成个人的行为中所起的作用远远超过了对传统习俗所能发生的任何影响。鲁迅认为：公共领域的很多事情要注重为"风俗和习惯所拥护"，要"有风俗和习惯的后援"。他在《习惯与改革》一文中指出："倘不深入民众的大层中，于他们的风俗习惯，加以研究，解剖，分别好坏，立存废的标准，而于存于废，都慎选施行的方法，则无论怎样的改革，都将为习惯的岩石所压碎，或者只在表面上浮游一时。"

习俗是一种伟大的力量。英国哲学家、经济学家大卫·休谟认为，习俗"是人生的伟大指南"。任何一个社会，没有习俗，就没有公共秩序，就没有正常社会关系的保持。按照中世纪著名的政治思想家托马斯·阿奎那的说法，习俗"具有法律的力量，它可以取消法律，也可以作为法律的解释者"。

习俗之所以能成为习俗，成为人们习守的风俗，是历史积淀的结果，也是"历史合理性"的体现。所以一般情况下，我们不要与它唱对台戏。

一个社会真正的秩序、稳定、安详，是靠其内在的良好的习俗、习惯维系的，而不是靠强力维系的，正如一个人的气质是靠内在修养维系一样。所以公共生活中，很多事情，我们可以尽可能多一些可砥砺习俗、共振风尚的事，少一些行政命令。

我国20世纪90年代开始，先后有300多个城市相继以立法形式"禁止"春节燃放烟花爆竹，近来又不得不纷纷解禁，回归民俗。"禁放"的依据是，烟花爆竹每年都"造成很多伤害事故"，春节期间"火灾多发"……。但是各民族风俗中都有着一些貌似"伤害"的东西，如西班牙斗牛、"奔牛节"很危险，但西班牙人并没"禁斗"、"禁奔"。况且中国人的爆竹声响过先秦两汉，响过唐宋元明清，一直响到今天。"爆竹声中一岁除，春风送暖入屠苏"已是中华民族几千年的欢庆习俗，具有顽强生命力。2006年春节北京市顺从民意，改"禁放"为"限放"，此前此后，全国许多城市都纷纷"解禁"。

德国近代著名政治思想家洪堡在《论国家的作用》中指出，国家行为要避免"反习俗"，"国家一般必须完全放弃一切直接或间接地对民族的习俗和性格施加影响的努力"。国家行为中的任何"反习俗"，不仅是违反逻辑的，枉耗成本的，而且也是不自量力的。人类经验表明，凡是"反习俗"的行为，都要付出高昂的损耗成本，应予警策。

二、"不争论"才是大智慧

中国现代化任重道远，"争取时间干"才是硬道理。一个理性品质健全的社会，是一个思辨的社会、书香的社会和沉静的社会，肯定不是"好辩"的社会。

喋喋不休、煞有介事的争吵，不仅是思想界也是整个中国社会的一大景观。2015年关于贩卖儿童实施死刑与否的争论，2015年对柴静《穹顶之下》的争论，更早时候2007年对"故宫能不能有星巴克"的争论……皆如此。这样的口水仗，除了制造一些微信热点、饭后谈资，不会有什么思想价值。

有些争论话题貌似严肃，但其实并不尽然。比如，"公平优先，还是效率优先？"话题高大上，争论双方各执一词，但这多少像是莎剧中哈姆雷特"生，还是死"的思想范式，说到底，是个笑话。为什么？因为在任何一个制度化环境中，公平与效率不仅本质上没有冲突，而且恰恰是互为条件的。迄今为止，人类最有效率的经济制度是市场经济，它是建立在最公平的分配制度即自愿等价交换基础之上的。真正的市场经济天然排斥欺诈背信、垄断牟利、巧取豪夺、权钱交易这些"违逆"，还有什么经济制度能比这更体现"公平"？

完善的市场经济体制能实现社会产出的"帕累托最优"，即最有效率。因此最公平的制度才可能是最有效率的制度，反之亦然。人类市场经济呈现的定律是：一切真正能提高效率的规制举措，一定是合乎公平准则的。漠视公平，也意味着无视效率。那种认为强调效率就得牺牲公平，或实现公平就得牺牲效率的看法，是荒唐的。这是"争论思维"，不是辩证思维。

今天经济和社会领域存在的效率低的问题，主要还是由制度和体制导致的"不公平"，要更好地解决社会公平如贫富差距问题，根本上还是要加快完善社会主义市场经济体制，更彻底地推行市场化，实现十八届三中全会强调的"让市场在资源配置中起决定性作用"。

1992 年春，邓小平在南方谈话中说："不搞争论，是我的一个发明。不争论，是为了争取时间干。一争论就复杂了，把时间都争掉了，什么也干不成……"

"不争论"过时了吗？没有。中国现代化任重道远，"争取时间干"才是硬道理。有一种时髦观点认为，"不争论"过时了，现在应该"争论"了，这是非常有害的。真理是客观的，不是吵架吵出来的，所谓"真理越辩越明"是特定条件下的。以前"姓资姓社"的争论和近年时不时爆发的各种争论，并没解决什么问题，推进社会进步，倒是引发了诸如滥用道德说教、社会群体撕裂、思想界对立等问题。

一个理性品质健全的社会，是一个思辨的社会、书香的社会和沉静的社会，肯定不是"好辩"的社会。公元前 3 世纪，韩非子在《五蠹》中指出：一个社会"好辩"之风大盛，"士民纵恣于内，言谈者为势于外"，人们"悦其辩而不求其当"，害处极大。社会群体动辄争论，风起云涌，恰恰是思考缺位、盲从盛行、轻慢浮躁造成的。

相比传统媒体，今天新媒体具有更大的开放性和互动性，是一种"补偿性媒介"。正如美国传播学者保罗·莱文森"补偿性媒介"理论指出的："补偿性媒介一方面带来纯粹的进步，另一方面又带来新的挑战和噪音。"由于新媒体的匿名性、自由度大等特点，人们趋向参与争议性话题的狂欢，各种言语风暴经娱乐化、低俗化而成为纯粹的"口水游戏"。

一个民族的成熟、多元和思维的激荡，不是表现在喋喋不休的吵架上，而是懂得把时间和精力放在"大胆地试、大胆地闯"和"争取时间干"上。一个社会公共理性越多，无谓争论就越少。"不争论"才是公共生活的大智慧。

三、贫富差距与社会正义

中国文化传统对社会贫富问题比较敏感，"民不患寡而患不均"是延续了几千年的社会心理。在中国这样一个大国建设现代化，尤要审慎对待社会贫富问题，遏制两极分化。

2012年两会《政府工作报告》中，再次提出控制分配差距、实现社会公平的问题。贫富差距一直是人类社会发展中的重大问题之一。一方面，适度的贫富差异是人类社会发展的动力；另一方面，导致巨大落差的贫富差距会带来危害，危及一个社会可持续发展，甚至影响整个文明的进步。

"十一五"末中国国内生产总值达39.8万亿元，年均增长11.2%。随着经济总量的扩大，贫富差距不断扩大。2010年，世界银行公布数据显示，美国5%的人口掌握了60%的财富；中国1%的人口，掌握了全国41.4%的财富，财富集聚程度远超美国。

国际社会通常以基尼系数衡量人们收入的差异程

度。1978年，中国大陆基尼系数为0.317。2000年，国家统计局第一次公布全国居民基尼系数为0.39。2006年升至0.496，近年年基尼系数达到0.5，超过警戒线。

当然我们不能完全照搬国际社会的统计口径。中国的特殊国情，如城乡差距是形成基尼系数上升的重要原因。发达国家由于较早实现工业化，在工业化过程中农民进入城市，总人口中农民所占比例小（大体在5%以下）；中国60%人口在乡村，地少人多，年收入微乎其微。但是应当看到，腐败和垄断造成的机会不均等，是造成贫富差距不断扩大最重要的原因。

一定程度的贫富差距，对于一个社会的进步不仅是合理的，也是必要的。适度的贫富差距，能激发人们创造财富、追求生活质量的内在力量。一个绝对均衡、没有差异的社会，是不利于社会繁荣进步的。但是贫富差距越过一定限度，就会使人们对财富创造失去兴趣，而对财富占有费尽心力，从而引发大量社会问题。

中国百万美元以上富翁绝对数，居世界第四位。在一项调查中，98.3%的人感到"贫富差距更大了"，84.6%的人表示"不能接受当前贫富差距的现实"。

社会存在差别越大，社会意识差别越大。随着阶层分化加剧，贫富阶层由其经济、社会、政治生存差异导生的价值观念和社会认知上的分歧，也势必扩大。在社会结构上，贫富差距决定社会分层，进而决定社会结构类型。人类近现代史反复表明，"金字塔型"的社会结构，最不利于一个社会的持续协调发展。

改革开放之初，邓小平曾告诫："社会主义的目的就是要全国人民共同富裕，不是两极分化。如果我们的政策导致两极分化，我们就失败了。"中国文化传统对社会贫富问题比较敏感，"民不患寡而患不均"是延续几千年的社会心理。在中国这样一个大国建设现代化事业，尤要审慎对待社会贫富问题，遏制两极分化。

当下中国的贫富差距，已相当令人警策。贫富差距不仅是个经济问题，更是一个社会伦理问题。罗尔斯指出："正义是一个社会的核心价值"。一个社会的发展，如果要以大多数人的贫困和相对贫困为前提和条件，要大多数人沦为富裕阶层之下的金字塔底座，那么这种发展孕育着很大的社会风险。社会财富的巨大差距引发的各种显性的和潜在的冲突如得不到消解，势必对社会主流价值构成挑战，对社会稳定形成冲击，进而削弱社会凝聚力，甚至撼动政权的合法性基础。

我们搞改革开放，搞现代化建设，出发点和归属点是为最大多数人谋福祉。社会分配是体现"社会正义"的重要方面。如何调控好贫富差距，遏制两极分化，实现社会公平，是中国下一时期一个重大的战略问题。

四、"泛英雄"现象与伦理偏好

在英雄短缺时代，很容易出现"泛英雄"行为。人们的伦理情结会把许多事情英雄化、价值化，动不动往崇高上靠。所以伦理偏好、渲染偏好、煽情偏好，浸润着公共生活。

当下，一个有趣而又当引为警策的现象是，我们有着突出的、根深蒂固的伦理偏好，喜好把一碗饭，变成关于做饭人或种稻人思想觉悟的讨论。

比如，有人出于兴趣爱好，或去登山，或去漂流，或去骑车周游，但后来，有可能成为价值性事件：登山者可能被说成是为了"锤炼意志"；自行车周游者可能被说成是为了完成某种道义；而漂流者则可能成为"勇敢"甚至是某种民族精神的象征。在这里，都将平平常常的生活事实，转成了某种价值。

每到除夕，央视春晚必然在节目中穿插，哪儿哪儿的人在为祖国工作、为人民站岗，或者在为人们看病。他们"放弃了"休息，"放弃了"与家人团圆。体育比赛拿了块奖牌，一定是为人民、为祖国"争了光"……

这就是一种将生活和工作伦理化的做法。

一个人在获得某些权利的同时，必须履行一定义务。除夕在岗位上工作，站岗或值班，节假日医生为病人治病，这虽"感人"，但都是正常的工作职责。它是一个社会中人应当履行的义务和职责。

2005年7月26日，美国"发现号"航天飞机发射升空，这是2003年2月"哥伦比亚"号失事后美国航天飞机首次升空，也是人类航天史上的一次壮举，凝聚了全球目光。整个过程，惊心动魄，飞行中，油箱掉落一块泡沫隔热材料（同样问题曾摧毁了"哥伦比亚"号），并出现了25处绝热系统损伤。宇航员在太空进行了史无前例的3次步行。返航中技术故障频出，尽管美国宇航局表示"发现号"能成功着落，但当时很多美国人禁止子女观看返航直播，以防看到灾难画面。

虽然9名宇航员以其冷静、勇气和精湛技术的揪人心魄的出色表现，使他们成为世界航天史上的英雄，但成功返航后，并没见到他们到处作报告，巡回作演讲，也没看到热闹的表彰会、庆功会，或"道德模范"什么的。如此一件不平常的事，他们表现得相当平常。

在英雄短缺时代，很容易出现"泛英雄"行为。人们的伦理情结会把许多事情英雄化、价值化，动不动往崇高上靠。在媒体角度，不渲染、不炒作，就没新闻卖点，就不能吸引受众。所以伦理偏好、渲染偏好、煽情偏好，浸润着公共生活。

　　问题在于，伦理偏好是法治精神的天敌。它不仅导致人治盛行，还诱使伪道德大畅其道。伪道德比无道德更可怕，卢梭曾指出："假道德比真道德更能使人取悦于人。"一个社会如果伪道德盛行，就会出现大面积的信任危机，人们对什么都不再相信。此外，伦理偏好还使社会治理效率低下。拿腐败治理来说，开上百个会，不如一个真正管用的"把权力锁进笼子里"的举措。

　　历史经验是，一个社会的治理，只有制度文明才能真正实现边际效益最大化。但我们似乎有着一种"天性"，不相信制度、规则之类的东西。制度我们定得很多，却时常为制定而制定，执行与否、效率怎样，并不关心。而规避刚性约束，时常被视作一种生活"智慧"。"制度是死的，人是活的"，是人们耳熟能详的嘲弄"死板"社会的流行语和口头禅。

　　中华民族经历了太长的伦理社会，在社会治理乃至向更高文明进发中，变革国民文化的性格，抑制伦理偏好，是一种必然选择。要建立让规则、法治去发挥作用的理念，更多地在制度文明创新上激荡心智，谋篇布局。尽快从伦理型社会转向法理型社会，是中国实现现代化社会转型最急迫，也最为本质的任务之一。

五、"有为才有位"的误区

公共行政、公共管理的价值目标，是推进公众福祉而不是自身的"位"。一切为政绩、为考核、为争"位"的运行机制，这是一种行政价值目标上的错位。

前几天有朋友来坐，说起忙的事儿。说加了几天班，终于把今年"工作盘子"整出来了。全年工作十大类，每个类别各有十多项不等。加起来，全年工作多达100多项。"不能简单些么，你单位不大，事这么多，做得了吗？"我问。"不这样不行啊，你要有位，就得有为。"朋友说。

是的，"有为才有位"，流行多年，已是当下一种普遍的"行政哲学"。问题是，这种貌似"进取"的理念，其实根本经不起公共理性的考量。

现代社会特别是法治社会，一个单位、一个部门的"位"，是制度化的而不是折腾出来的。科层制的本质，是职能部门与法理权限根据实际需要来设置。如果"有为才有位"，表明这个单位或部门的"职能"是模糊不清的。而一个职能不清的单位或部门，是可有可无的，严格地说是没有公共绩效的。

进一步的问题是，"有为才有位"这种逻辑，对公共行政、公共管理法治化和"科学发展"取向，构成了一种负面挑战。

其一，"有为才有位"产生一种导向，就是追求如何把事情弄多弄大。声浪越大，工作越有成绩，获得认同越多。这样，人们就会不是出于实际需要，而是根据如何突出本部门"地位"和如何有"轰动效应"来"谋划"工作，无事生事、小事大做，造成工作"虚假繁荣"。实际上，它没带来公共利益的增进，体现的只是部门利益，不必要地耗费了大量公共资源。

其二，公共行政、公共管理的价值目标，是推进公众福祉而不是自身的"位"。在"有为才有位"理念下，各个部门为"有位"而奋斗，"政绩"成为日常行政的核心，有利相争、无利相让，形成对上负责不对下负责，一切为政绩、为考核、为争"位"的运行机制，这是一种行政价值目标上的错位。

其三，公共行政的一个内在逻辑，是公共部门有不同的"区域"梯次布局。除少数处于"一线"的部门外，大部分非"一线"部门"冷"一些，不仅是正常的，而且是必要的。如有些政策调研部门，工作性质决定其应处于较为超脱的位置上，这样有利于保持一种客观态度，以提供符合实际的调研政策建议。如果每个部门都很"热"，都很"一线"，不仅抹杀了部门性质、模糊了行政分野，而且不利于形成科学决策，整体上影响行政效能。

这里，还有一个需要考量的相关问题，即究竟什么是"勤政"？

一些地方的行政理念中有一个误区，即认为多干事、多管事、多扩张，才是"勤政"、才是"奋发"、才是"有为"。于是"公共忙碌"成了当下无处不在的行政特征。至于该不该"忙"和"忙"得有无公共绩效，则无关紧要。科学的公共管理，是制度内化为机制的管理而不是行政动作"多且滥"的管理；是简约的管理而不是繁杂的管理。"忙政"不代表勤政，"繁政"也不是勤政。"忙政"时常与大包大揽、过多承揽社会事务及不当"有为"、乱作为有关。

1978年，我国行政管理费占财政支出4.67%，低于同期世界上大多数国家。改革开放以来，行政成本开始大幅度上升。从1986年到2005年，我国GDP增长14.6倍，而人均负担的年度行政管理费用增长了23倍。近几年，行政管理费用以更快速度增长，远远超过GDP的增长率。

天下没有免费的午餐。任何一种"有为"，都是需要支付巨大行政成本的。"有为"与"有位"，都得考量它是否合乎公共利益，是否经得起"成本—收益"的分析。

在行政伦理上，为了所谓"有位"而"有为"，是行政价值导向的偏失，不符合科学发展的本质要求。任何一个公共部门，都不应为争"有位"而去搞所谓的"有为"。

六、"德国制造"为什么牛

> 德国制造业强，不仅与德国人做事一丝不苟的习性有关，更是一以贯之的政策制度之果。

制造业是一个国家实施创新驱动战略的基础。任何一个现代国家，没有强大的制造业是谈不上国家和民族的强盛的。在世界格局的新变化中，新一轮科技革命和产业变革与我国转变经济发展方式正形成历史性交汇，国际产业分工格局正在重塑。这对中国来说，是个重要机遇。

世界上，"德国制造"是著名品牌，具有极高公信力，产品只要贴上"德国制造"的标签，售价立马上升。市场营销专家西蒙·安霍尔特前些年就在其研究结果中称："德国制造"品牌价值约为 45820 亿美元，约相当于德国国内生产总值的 167%。品牌价值最高的是"美国制造"，据安霍尔特的计算，品牌价值 178930 亿美元。"日本制造"品牌价值 62050 亿美元左右。"德国"品牌虽居世界第三，但德国的制造业基础极为雄厚扎实，到德国去，几乎在每一个生活细节上都能感受到"德国制造"的精神。

德国制造业强，不仅与德国人做事一丝不苟的习性有关，更是一以贯之的政策制度之果。如德国的"学徒制"从 1919 年开始就成为政府、工会和学校共同遵行的制度。虽然德国法律没有强制规定，但工会在 450 个行业中规定"必须有学徒经历"的人，才可被聘为企业正式员工。德国政府每年拨出巨款扶持这一制度。

"先当学徒"是德国就业群体的必由之路。德国大多数 16 岁青少年必须在可以选择的行业中做 3 年学徒。一周有 4 天留在工厂，第 5 天返回职业学校接受理论课程训练。大学毕业生也是这样。德国人这 3 年学徒期间训练的是相当扎实的。相较起来，中国大学生"实习"大多只为取得一个经历，蜻蜓点水，浮光掠影。德国的学徒制度和政策，使就业者从一开始就进入严格的职业和技术训练，为"德国制造"品牌奠定了基础。更重要的是，这种普及化的学徒制度不仅减少了青少年社会犯罪与社会失业，更培养了一代代新员工的专业技能，特别是一丝不苟的职业精神，也为人们职业生涯夯实了基础。

中国要从制造大国走向制造强国，无疑要从夯实最基础的制度政策做起。我国制造业产值目前占到全球比重 20% 以上。但"大而不强"是产能过剩带给中国制造业的一个痼疾。2015 年 6 月 15 日，李克强总理在考察中国核电工程有限公司与工业和信息化部时说，中国制造在国际产业分工中总体还处于中低端水平，实施"中国制造 2025"，推动制造业由大变强，要在技术含量高的重大装备等先进制造领域勇于争先。

资料表明，目前中国制造业增加值率为 26.23%，与美日德相比分别低 22.99、22.12 及 11.69 个百分点。相较于发达制造业国家，中国制造业在基础材料、基础零部件、基础工艺和产业技术等方面存在很大差距。由于缺乏核心技术，我国制造企业可分配利润较低，导致中上游企业拼命压榨下游企业利润空间，也抑制了下游供应企业的长足发展。

18 世纪中叶工业文明诞生以来的世界史一再表明，一个国家的发展和强盛过程中，制造业是提升国家实力和国际竞争力的必由之路。我国实施"中国制造 2025"，实现中国制造业新突破，一要认真学习德国经验，注重培养制造业技术工人，比如优化技工学校培养机制，比如建立和恢复学徒制度、鼓励更多就业群体进入学徒岗位等。二要培养一定数量和规模的世界知名制造企业，扩大国家制造业基地。三要聚焦世界尖端技术和核心技术，重点领域重点攻关，在核心设备、核心技术上进行研发突破。四要立足强化创新能力，建立制造业产学研一体化的孵化基地，重视提升中国制造业的可持续发展潜力。

七、"应对"思维要改一改

媒介素养，不是表现在所谓"应对"之术上，不是去擅长伪装、掩藏之术，而是要懂得如何更有效率地认知媒介、运用媒介，懂得如何堂堂正正地发布信息。

几年前，一位行政学院的朋友申请到了一个课题，曰"如何应对媒体"。立项不易，故做得认真。从大纲形成到分章写作，几次邀我参与讨论。朋友热情，邀我帮忙出主意、提建议，但我对于这样的题目心有疑惑。这些年来，此类题目多而又多，简直可以说"铺天盖地"。许多地方给党政干部开设的培训课中，就有"如何应对媒体的技巧"之类的课程，有很多围绕"应对之术"的所谓"模拟训练"。

这样的命题真能成立么？

在"应对"思维下，公众和媒体被假设成了"防范"对象，它们是要"惹事"的、找麻烦的，所以你得精于"应对"。一些地方一遇"出事"，第一反应，不是公布信息公开，公诸事实真相，而是想方设法如何"捂盖子"、如何防范媒体"捅娄子","应对"得十分严密。实在捂不住了，就勉强地、"犹抱琵琶半遮面"地公布一些情况。虽然"应对"技巧玩得挺圆熟，但搞得小道消息满天飞，甚至引发更大、更激烈的群体性事件。

这里涉及一个基本判断：媒体是用来"应对"的吗？

媒体是现代公器，也是资政之器，它不是一个异己的存在。为什么会出现媒体？因为媒体具有信息传递、传播和沟通的基本功能。现代传媒网络构建了新的社会形态，媒体逻辑的扩散，实质性地改变了生产、经验、权力和文化过程。一个害怕媒体，不善于运用媒体，心心念念如何"应对"媒体，把媒体当作潜在威胁，甚至问出"你们准备为党说话，还是为群众说话？"这种问题的人，是缺乏领导者基本素养的。这起码说明他对传媒政治时代公共行政的性质、公共管理的特点，存在着认知上的盲点。

从另一方面看，现代社会的特质是什么？"现代性"的本质属性之一，就是信息公开、透明和健全。而公共部门的信息，在属性上是公共的、大众的，它不为某些部门所专属，不应为部门利益所垄断。包括信息公开在内的政务公开，是现代公共行政题中应有之义，不是对公众的一种"恩赐"。事实上，在今天传播渠道日益丰富，"人人都是通讯社、个个都有麦克风"的时代，你不发布信息，别人就通过其他途径获得信息。云南省委新闻发言人伍皓在谈到这一点时深有感触地说："我们是政府，不是地下党，应该堂堂正正地公开信息。"垄断公共信息，漠视信息的公共性和社会性的做法是十分有害的。

重要的问题还在于，在"道"与"术"的关系上，孰为本？孰为末？大道隐没，"术"横行天下，决非科学而有效的治政之道。现在轻"道"重"术"，什么事情都倾向于喜欢玩智术、玩技巧，这是与"现代性"相悖的习性。今天，媒介素养是领导者的基本素养之一，但这种媒介素养，不是表现在所谓"应对"之术上，不是去擅长伪装、掩藏之术，而是要懂得如何更有效率地认知媒介、运用媒介，懂得如何堂堂正正地发布信息。

对于公众和媒体，我们应有更多的真诚、真实和真情。"大道之行也，天下为公"，在这上面，其理相同。"应对思维"要不得，与其崇尚、研习所谓"应对"之术，不如好好体悟传媒政治时代的治政之道，好好学习如何老老实实地发布信息。

总之我们应有这样的认知，作为公共之器，媒体是用来资政，用来共享公共信息，用来提高行政效率、提高公众知晓率的，不是用来"应对"的。

八、从"因贫而贪"到"因贪而贪"

把扭曲的人生观、价值观、从政观矫正过来，让官场风清气正，这也是实现国家治理体系与治理能力现代化一个非常重要的目标。

前些年我有个同事，他家人得了一种很少听说的怪病，每天得吃一种极昂贵的进口药，才能维持生命。每日花费巨大，压得他喘不过气，这成为他后来贪腐数百万的一个"动因"。贪腐可恶，但当庭审中说到这一节时，人们不免掠过一丝唏嘘。

想起这事儿，是因为如今贪腐早已超越了"因贫而贪"的形态，越来越多是"因贪而贪"。从揭露出的大量腐败案看，以贪为得、不贪为失、不贪白不贪、能贪尽量贪，是当下一种新的典型的贪腐心理和贪腐逻辑。

据《人民日报》披露，在谷俊山河南的老家被抄时，调查人员起获了数百箱的军用专供茅台，还有寓意"一帆风顺"的大金船，寓意"金玉满盆"的金脸盆等。查抄从下午1点开始，连续两个晚上。

这样的腐败，令人瞠目结舌，这完全是一种病态。钱财已没有什么实际意义，只是个数字概念罢了。黑格尔在分析西方中世纪教会的腐败时认为：这种腐败，不仅是一种源于制度原因而必然的、根深蒂固的腐败，而且是一种不断地向一切空间弥漫的死症，它注定到处孳生出权力欲、放纵淫欲、种种野蛮和卑鄙的腐败情形、伪善和欺骗。

当贪腐成为一种陈陈相因的文化，成为普遍认同的心理甚至成为一种信仰时，就会加剧"不贪白不贪"的心理，利令智昏，使人贪腐成性、成瘾，如癌症般恶化。谷俊山在被查的风雨飘摇之际，向徐才厚行贿，徐才厚明知保不住谷俊山，却仍收取他4000多万元巨额贿金，陷于更多更大的贪腐已不能自拔，这完全是以贪为得、不贪为失的贪婪心理写照。

陈毅当年有诗："手莫伸，伸手必被捉。党与人民在监督，万目睽睽难逃脱。"可今天，贪官们的胆子之大、贪欲之大、手段之大，超乎一般常理。贪腐已成为贪官们充满乐趣的权力游戏。

当下中国，正经历深刻的社会转型，这使得官场生态和从政心理发生巨大变化，人们尽可能利用手中可支配的各种资源如权力、知识、关系等，来变换金钱，捞取更多好处。在监督缺位状态下，公职人员把公权力作为腐败之资、实现腐败收益最大化，深刻反映出新的贪腐心理和动向。

我国每年由腐败导致的直接经济损失很大，腐败的间接成本，如造成效率减低、公权力信誉毁损等，更是难以估量。事实上，腐败导致的物质性耗损还不是最要命的，最要命的是它孕育一种从政逻辑和为官哲学，严重毒化行政文化。同时，贪腐文化延及社会，更造成人心离乱和社会心理的恶俗化。

当腐败成为一种风气，就需要在推进法治、强化规制建构的同时，从更深的层面进行治理，把扭曲的灵魂，扭曲的人生观、价值观、从政观矫正过来，让官场风清气正，这也是实现国家治理体系与治理能力现代化一个非常重要的目标。

九、"葛柏案"有启示

"贿道一开，展转滋甚"，践行和恪守"零容忍"，反腐治贪才能回天运斗、天朗气清。

2017年"透明国际"公布的全球清廉指数中，香港排名第13位，较2016年上升两位，居亚洲前列。多年来香港一直保持着"廉洁之都"的声誉，"廉洁"成为香港人最引以为豪的核心价值。

但过去的香港，是全球闻名的腐败重灾区。当时有一种说法："难以找到一个不腐败的警员。"一名叫韩德的警司从警19年，贪腐500多万港元。被捕时他说："我只是运气不好，碰到点子上了。贪污在香港警察中是一种生活方式，就像晚上睡觉、白天起床刷牙一样……"当时病人住院，如不给护理人员塞钱，连开水和便盆都得不到。要做手术，不在于有没有床位，而在于是否打点好方方面面。甚至消防队救火也必须塞钱，拿到了"开喉费"消防人员才会打开"水喉"（消防水枪），否则按兵不动，眼看一切烧为灰烬而无动于衷。

这一切，在 20 世纪 70 年代成功查办"葛柏案"后才有了根本性转机。葛柏是总警司、英国人，入警 22 年，社会关系盘根错节，曾因立功获英女皇嘉奖，身份特殊。1971 年葛柏在加拿大银行一笔 1.2 万加元的赃款被发现，香港"反贪污室"成立了专案小组进行调查。葛柏采取种种反侦查手段，双方展开了惊心动魄的斗智斗勇。

查证发现葛柏收贿范围遍及香港、九龙、新界各区及离岛，有 3000 多个行业向他行贿，职业后期受贿几近疯狂，平均每月受贿 3 万多港元（当时香港中心区一套百平米的公寓售价 2 万港元）。葛柏存有赃款总额 437.7248 万港元（不包括银条和其他财物），足可登上当时香港的首富排名榜。

1973 年 6 月 8 日，葛柏登上飞往新加坡的飞机，在新转机后成功逃回英国。葛柏逃离激起了香港市民愤怒，"反贪污、捉葛柏"的动静闹得很大。港督麦理浩不得不组成一个调查委员会彻查此事。鉴于反贪污时受制太多，经立法机构批准，1974 年 2 月 15 日成立独立的反贪机构香港廉政公署。廉署面临的第一个考验，就是"葛柏案"。但当时没有人敢提供证据。

当时正在狱中服刑的前警司韩德，向廉政公署提供了葛柏收贿 2.5 万港元的证据。在经长达 8 个月的聆讯后，1975 年 1 月 7 日葛柏被押回香港受审，被判入狱 4 年。尽管香港市民对这一结果并不满意，但它在香港司法史上是一次空前胜利，总警司的银铛入狱，为后来的反贪打开了局面。"葛柏案"至少有这样几点启示：

第一，再严重的腐败也可以得到治理。香港从全球闻名的腐败重灾区变成"廉洁之都"表明，朗朗乾坤一定有击穿腐败迷雾的阳光。

第二，敢于碰硬、铁律治腐，是凝聚民心的关键。廉署成立之初，几乎没人相信这个机构能真正治贪，认为最多捉几个小鬼，根本打不了"老虎"。但拿下葛柏，民气大增。市民自觉参与反贪。一名坐出租车的乘客，与司机聊起刚刚向人行贿的事，司机立马调转车头，把这人拉进廉政公署。

第三，"零容忍"是必须恪守的反腐底线。李克强总理在全国"两会"记者会上说，必须实行"零容忍"来反腐败。香港"零容忍"体现在整个司法实践中，"无论100元、10元、1元都要查处"。有一次王家卫导演的电影《2046》在港拍摄时，一名记者为进入现场，塞给门卫300元，被判入狱3个月。2009年，一名来港定居的内地女性在被分配到一公屋后，写信给房屋署一名助理致谢，信里夹了一张100元港币，让"买水果吃"，被判入狱3个月。

"廉者，政之本也"，容忍小贪，便是纵容大贪。"贿道一开，展转滋甚"，践行和恪守"零容忍"，反腐治贪才能回天运斗、天朗气清。

十、"受大者不得取小"

"受大者不得取小",不仅为廉政反腐之道,更是体现社会正义的国家治理之策。先贤之言,启思深矣!

公仪休,春秋时鲁国人,因品学兼优后来做了鲁国宰相。人们耳熟能详的是他"嗜鱼而不收鱼"的故事。当时有人给他送鱼,他拒收,于是有了一段饶有趣味的对话。那人说:"知道你好这一口,才给你送鱼来,干嘛不受?"公仪休说:"正因为我好吃鱼才不能收。我现在做宰相还能吃上鱼,如果收了你的鱼而被罢免,今后我还能吃上鱼么?"

据《贞观政要》记载,贞观二年(公元 628 年),唐太宗在与大臣们聊天时,拿公仪休说事,以"公仪休性嗜鱼,而不受人鱼,其鱼长存"的道理,规劝大臣们不要"规小得而大失者"。今天来看,收两条小鱼那是小菜一碟,但公仪休恪守"零容忍",说明那时的吏治还是相当严的。

公仪休不仅自身廉洁,在治国理政、澄清吏治上也多有方略。司马迁《史记》记载，公仪休做宰相时有一条很严格的规定，"食禄者不得与下民争利，受大者不得取小"，即鲁国一切做官的人，不得经营产业，与民争利。他认为，担任官职者已从国家获得俸禄，在大的方面已经获利。百姓力农、务工、做生意，是赢取些小利谋生。为官者介入产业谋取不当利益，有失社会公平。

有一天公仪休吃饭，觉得桌上的蔬菜特别好吃，一问原来是他家自种的冬葵菜。于是他跑到园子里把冬葵菜全拔了；他太太手巧，自织的布绵质量好，他就让妻子回娘家，把织布机烧了。为什么？公仪休说，为官者都搞自产自销，让那些农工织女们把生产的东西卖给谁呢？

选择为官，就不能再想着赚钱捞外快，这种理念非常接近现代公共理性。公职人员手中握着或大或小的权力和人脉资源，一旦操持产业，难免会借势公权力上下其手，攫取不当利益，除了涉及伦理正义外，还会造成国家经济的困顿和民生的艰难。

后来西汉思想家董仲舒，在给汉武帝的策论中阐发过"受大者不得取小"的治政之道。董仲舒说，上天是有分寸的，长牙齿的猛兽就不再长角，长翅膀的鸟类只有两只脚，这就是"受大者不得取小"的体现。古代为官者，不再以力取食（搞农工商业），如已受大，又再取小——凭借强势权力与民众争利于市，民众怎么争得过这些官僚？这就是为什么民众时常发出愁怨苦叹的原由所在。

　　所以董仲舒建议汉武帝，凡拿俸禄者，都应依俸禄生活，不得经营产业。这样社会利益才能均衡分布，百姓才有生计。君主应效法此理而定为制度，士大夫则应遵循此理规范自我行为。

　　2013年3月李克强总理在十二届全国人大一次会议闭幕后的记者会上指出："为官发财，应当两道。既然担任了公职，为公众服务，就要断掉发财的念想。"公职人员操持产业与民争利，便会富者愈富，贫者愈贫，造成社会两极分化，最终导致社会失衡，引发严重的政治后果。这一点，古今同理。我国腐败进入高发期，查处的各类贪腐案件，说到底都是一个"受大者又取小"，居官发不义之财的问题。

　　我国的干部管理制度中，除了规定公职人员不许经商外，还规定领导干部在离任、退休后一段时间里，不得从事商业经营活动，尤其不得涉足过去权力范围的领域，就是为了防止拿着以往权力的影响力"发挥余热"，扰乱市场运行并滋长腐败。

　　"受大者不得取小"，不仅为廉政反腐之道，更是体现社会正义的国家治理之策。先贤之言，启思深矣！

十一、文明发展的两种特性

"自然-自觉"这种文明发展解释模式，体现在政治发展领域，主要表现为制度的"演进-推进"、制度的"生长性-创制性"的相互关系。

人类文明的进步与发展有两种特性，即"自然-自觉"。人类文明发展首先是个"自然的"过程。就是说，它不是某种神祇、某个集团、某些领袖意志或"智慧"设置的产物。人类的"自发秩序"，人类长期积习而成的习俗、习惯、惯例等，把许多公共生活中需要解决的问题规范好、调整好了。人类秩序和制度的产生，基本上是"进化"的产物而非纯意志的作品。真正的"大智"常常"若愚"，真正有点儿智慧的东西，时常是波澜不惊的，人类自身的进步，也是这样。

其次，人类文明又是一个"自觉的"过程。当人类文明积淀到一定程度的时候，人类社会对自身理性自觉的需求反而增强了。很多东西，已不能完全靠"自然"演绎而要靠"主动"把握。越来越多的事实证明，人类

342

自我克制、自我约制，特别是对自身人性不完善的洞察和认识，是人类生存和发展的必要条件之一。

今天，我们已进入一个新的文明地带，即进入了一个文明"自觉时代"。尽管在任何时候，人的意志过分高扬都十分有害，但是在文明过程中，"自觉意识"和"自决能力"（汤因比语）对于一个民族、对于一个国家、对于全球的进步，都是相当重要的。它甚至决定着文明发展今后的样式和质量。日新月异的现实境况，迫使人们必须作出预先的考量并作出相应的安排。所谓"凡事预则立"，此是谓矣。

古希腊思想家亚里士多德和英国19世纪思想家约翰·密尔等人是"温和的"制度设计论者。亚里士多德认为，城邦制度是"全体城邦居民由以分配政治权利的体系"，是"创制"的结果，而且会永远地"创制"下去，因为人类社会本身存在着这种需要。密尔等人则认为，制度包括政治制度都是人的"劳作"（work），制度的根源和它的全部存在"均有赖于人的意志"。制度发展的每一阶段，"都是人的意志力作用的结果"。密尔非常强调的是，问题不在于制度能否被"设计"，而在于如何去"设计"。

而经济学家詹姆斯·布坎南（James Mcgill Buchanan）和新制度经济学派诺思（Douglass C.North）等人则是"坚定的"制度设计论者。布坎南曾把那种认为制度绝对不可设计的观点，比作是"黑格尔哲学"式的"神秘幽灵"。但是他们的学术贡献，与其说是对制度设计作出了某种肯定性论述，不如说他们对于混沌的制度现象作出了某种区分。如布坎南认为，应该把"文化进化"形成的"规则"同"制度"严格区别开来。前者是指我们不能理解和不能（在结构上）明确加以构造的，它们是始终作为对我们的行动能力约束的各种规则；后者则是指我们可以选择的，对我们在文化进化形成的规则内的行为实行约束的各种制度。"文化进化"形成的规则人类无法施加意志加以构造，而在文化已经形成的范围内的具体制度，并没有形成既定性，人们是可以大有可为的。这就是"文化进化"与"制度创制"的不同。

诺思对"制度"有较多的说法，但基本上也是这样一种区分法。他对"制度"的理解是："制度"可能是由人们创造出来的，也有可能是随着时间演进的。前者是"创立的制度"，后者则是"演进的制度"。在诺思那里，我们说的制度的"生长性"与"创制性"，是可以统一的。

有意思的是，人们对于制度的这种区分的命名和解释上的差异。如当代德国制度经济学家卡斯珀（Wolfgang Kasper）和施特赖特（Manfred E. Streit）认为：在我们日常生活中占有重要地位的规则，多数是在社会中通过一种渐进式反馈和调整的演化过程而发展起来的；其他类型的制度则"因设计而产生"。这样的规则，最终要靠强制性法律手段来执行。他们称这样的制度为"外在制度"（external institutions）。也就是说，"内在制度"是从人类经验中演化出来的，它体现着过去曾最有益于人类的各种解决办法;"外在制度"则是由一批社会代理人设计和确立的。

　　不管怎样的区分,有一点是共同的,那就是人类一部分制度是可以设计的,而另一分制度主要靠演化而成。在文化进化而成的领域内,我们最好还是保持耐心和审慎,尊重文化进化的内在规则;但是在那些"具体"的制度领域,我们必须有对秩序作出安排的创制能力。前者是"演进",后者是"推进";前者注重制度的生长性,后者注重制度的创制性。

　　如果说,制度是人类社会生活的文化软件的话,那么,制度设计就是一种文化软件的开发工作。人类生活中,凡是产生了很大影响和作用的制度,很大一部分是人们自觉设计的。美国宪法和联邦制度就是制度设计的典型例子。美国宪法之父们的作为使人们看到,制度创制、规制安排不仅是必要的,而且可能的,可以做得比较好。当然,它不能随心所欲,不能脱离经验、传统和国情的基础。

　　社会的日益发展与繁杂,特别是在公共生活领域,如何真正实现正义、实现权力的合法性,使人们越来越多地对"制度自觉"持有信念。只有科学地进行规制安排,才能调控政治生活的规范化,优化政治空间,提升文明程度。"自然-自觉"这一结构互动,体现在政治发展领域,主要表现为制度的"演进-推进"或制度的"生长性-创制性"的相互关系,我们可以把它们处理好。

　　说到底,人类文明的进步,本质上是制度变迁中的

进步。人类所谓"文化自觉",其实不过是制度的自觉,
或者说是规则创制的自觉。人类公共事务的日益繁衍
特别是人性的弱点这一基本事实,使规制的设计、创
制、安排,成为一种必须,成为一种公共理性和集体选
择。由此"自然-自觉"这种文明发展解释模式,在对人
类文明进化发展的认识和把握上,可以让人们避免种种
极端,充分顾及和尊重人类生活和文明进步的种种不同
特性。

第八章　社群·社会

城邦是由不同的分子构成的。有如生物由灵魂和身体组成，或如灵魂由理性和情欲组成，或如家庭由夫妇组成……

——亚里士多德《政治学》

一、群众是真正的英雄

任何包办公众利益、"包打天下"的"全能型"做法，都是一厢情愿的，是低效率甚至无效率的。

"群众是真正的英雄，而我们自己则往往是幼稚可笑的，不了解这一点，就不能得到起码的知识。"这是1941年毛泽东在《〈农村调查〉的序言和跋》中说的话。

今天，人类公共生活正在发生深刻的历史性变迁。但在公共管理领域，在领导科学领域，"群众是真正的英雄，而我们自己则往往是幼稚可笑的"仍应是我们的座右铭，它对行政行为有着非常重要的指导价值，是我们应当长期体悟和恪守的管理箴言。

其一，从历史唯物主义观点看，真正的大智慧和真正深厚的伟力，总是深蕴于民间和民众中。人类传统的公共行政模式产生于19世纪中叶，自那时起，公共决策的历程表明，公共部门内部拥有的知识和智慧，总是短缺的，这是一条不变的定律。不要期望公共部门可以"完满地"解决公共决策上所有问题，尤其要规避自我循环和自以为是的倾向，在公共事务上，更多地依靠和运用人民群众的大智慧。

其二，从政府职能内在逻辑看，不要企图包办公众的事。"人民群众有无限的创造力。他们可以组织起来，向一切可以发挥自己力量的地方和部门进军，替自己创造日益增多的福利事业。"时下"包办"倾向日益加剧，但任何包办公众利益、"包打天下"的"全能型"做法，都是一厢情愿的，是低效率甚至无效率的。政府-社会、政府-民众、政府-市场的关系模式正在发生前所未有的深刻变化，人类经由无限政府和冗官繁政后，政府职能从过去的"统治"和"管理"转变为今天的"服务"和"治理"。正如毛泽东指出的："这里是两条原则：一条是群众的实际上的需要，而不是我们脑子里头幻想出来的需要；一条是群众的自愿，由群众自己下决心，而不是由我们代替群众下决心。"

其三，从人民群众自身特点看，群众最可敬，群众最可爱，群众最可怜，群众最可畏。李瑞环在《学哲学、用哲学》一书中说，"群众最可敬"，是说他们是历史的主人，历史上一切大的进步无一不是人民群众的功劳；说"群众最可爱"，是说他们干事很多，要求却不高，能吃上猪肉就高兴得不得了；说"群众最可怜"，是指群众最艰苦，我们决策出现失误，后果谁来承担？最终还是群众吃苦头；说"群众最可畏"，是说真把人民群众得罪了，不管什么人都得垮台。"怨不在大，可畏惟人；载舟覆舟，所宜深慎"，要对人民群众要非常尊重，只有这样，才能真正推动和加快科学发展。

其四，从公共决策的技术特性看，"善师者王"。曾子有名言说："用师者王，用友者霸，用徒者亡。"决策者如以师为尊，兼听广纳，便可"王天下"，真正治理好一个社会。荀子也说"故有师法者，人之大宝也；无师法者，人之大殃也"，韩愈则说"古之圣人，其出人也远矣，犹且从师而问焉"，他们说的都是执政者和决策者的"善师"之道。20世纪下半叶以来，领袖外脑、民间智库风行天下，政府购买服务，实现公共产出最大化，已是全球共识，也成为新的"政府原理"。

越是重要和复杂的公共决策，越需要外在知识参谋系统的支撑。今天公共事务日趋繁杂，更不是仅凭决策系统自身就能应付裕如的。一个"智慧"的、高效的政府，不是样样都能，而是懂得如何"善师"和"用师"，懂得如何"借力"和运用专门的知识系统——而人民群众，是我们最好的师长。

二、《六韬》中的民生议题

如果能更多地树立和体现"利而勿害、成而勿败、生而勿杀、与而勿夺、乐而勿苦、喜而勿怒"的治政理念，"仰先哲之玄训，虽弥高而弗违"，我们的社会一定能更好地实现和谐安定。

近年许多地方推出了年度十大"民生实事"。《南方农村报》记者在采访中，发现一些地方在公布"十大实事"时，用词含糊，"导致群众无法问责"，一些官员将它解释为留下"回旋余地"。这样的结果，使"十大实事"常常达不到目标，甚至半途而废。

实事得"实办"，但更重要的是，解决民生问题并不仅仅是"十大"能囊括的。"十大"只是起个示范和引领作用。处在转型期的中国民生，需下大气力、大面积地去解决。

民生，是中国社会几千年来的关键词。《左传·宣公十二年》就有了"民生"的记载："民生在勤，勤则不匮。"先秦时代，诸子百家都将民生问题视为治政要津。

如《六韬》是一部兵书，对中国兵学有极大影响。刘备生前，曾要求刘禅读《六韬》，诸葛亮曾将《六韬》与《申》、《韩》、《管子》等书手抄一遍。北宋神宗元丰年间，《六韬》列入《武经七书》中，成为武试必读书。这样一部兵书，也谈到了民生问题。

《六韬·文韬·国务》记载，文王向太公望请教治国理政之道。太公望提出了"爱民"的政治哲学，指出"爱民"就是"利而勿害，成而勿败，生而勿杀，与而勿夺，乐而勿苦，喜而勿怒。"

这几个方面，几乎囊括了民生的全部议题。太公望认为，使人民获得利益而不是损害他们，使人民有所成就而不是让他们失败，使人民能够生存而不是杀害他们，施予人民而不是任意夺取，使人民幸福而不是使他们受苦，使人民高兴而不是让他们愤怒。

太公望的"爱民之道"，是古代思想家的"社会和谐论"。今天，民生成为党和政府工作的重中之重。"两会"召开，新一年民生问题的解决迈出新的步伐。当中国社会财富开始有了大幅度增加，贫富差距问题逐渐成为一个社会问题。今天，我们面临如何控制收入分配，特别是改善社会财富分配中边缘化群体的生存境遇问题。而就业，是使人们"成而勿败"的基础，就业解决得好，才能提升人们的"幸福指数"。收入分配和就业问题能否解决得更好一些？

楼市调控，是近年经济生活的一个主旋律，可房价的离谱并没有实质性改变。在作为人们居所的楼市和房价问题上，应当有古人说的"与而勿夺"的理念，让更多的人真正改善居住条件、实现"居者有其屋"。在抑制房价的同时，在大面积推进保障性住房建设上还得有新举措。

物价是民生的老话题了。高通胀、高税收、高物价能否得到有效控制，让物价不对百姓生活有过大影响，是理当解决的大事。物价快速上涨，CPI 不断突破控制目标，使公众对通货膨胀充满了忧虑。保持物价基本稳定，这是最实在的"民生工程"。

各地如火如荼的动拆迁，已成为引发群体性事件、激化社会矛盾的一个结点。在这些问题上能否有更多的"乐而勿苦、喜而勿怒"的民本情怀？能否按照新出台的"拆迁条例"实现拆迁的规范化、法治化？再比如改善中小企业融资难等问题，能否有实实在在的政策突破？

总之，在民生问题上，如果能更多地树立和体现"利而勿害、成而勿败、生而勿杀、与而勿夺、乐而勿苦、喜而勿怒"的治政理念，"仰先哲之玄训，虽弥高而弗违"，我们的社会一定能更好地实现和谐安定。

三、"九惠之教"的启示

"九惠之教"给人以教益的，不仅是政策内容上的丰盈翔实，更是其思想方法上的周正和体现出的"规制理性"以及人性温暖。

民生是中国古代社会的核心概念。先秦诸子百家重民生、知疾苦的述著非常丰富，有大量轻徭薄赋、养护民生的主张良策。成书于战国至西汉时期，被顾颉刚先生称为"稷下丛书"的《管子》记载了管仲的言行事迹，其中谈到管仲任相四十年，推行"九惠之教"的国策。"九惠之教"是个相当完整的民生管理和社会保障方案。其内容之具体、措施之完整、规制之得当，堪称中国古代民生关怀之大成，这对于今天的民生建设有诸多启迪。

管仲是春秋时齐国政治家，后世称"华夏第一相"。得益于他推行的一系列改革，齐国成为当时春秋五霸之首。"九惠之教"是他在民生上的建树和创造：第一是敬老，第二是慈幼，第三是恤孤，第四是养残，第五是合独，第六是问病，第七是通穷，第八是赈困，第九是接绝。

具体说来，"敬老"政策规定70岁以上的老人，免除一子的征役且一年中有3个月由公家提供"馈肉"。80岁以上老人免除二子的征役并每月提供馈肉。90岁以上老人全家免役，每天提供一定酒肉，死后由公家提供棺椁。还规定子女必须善调饮食，关心老人的所需所求。

"慈幼"政策是家有幼弱子女却无力供养而成为拖累的，三个幼孩可免国家"妇征"，四个幼孩的全免"妇征"，五个幼孩保障更为优厚，发给两人份的粮食，直到生活自理为止。

"恤孤"政策动员社会力量抚养孤儿。将孤幼托付给同乡、熟人或故旧承担抚养，代养一名孤儿的免除一子的征役，代养两名的免除两子的征役，代养三名全家免征役。"掌幼"官员须随时了解情况，对饥寒交迫的孤儿施以救助。

"养疾"政策规定对聋、盲、喑、哑、瘸腿、半身不遂等各种残障人士，由公家负责"收容"，建立"疾馆"提供居所和衣食，直到身死为此。

"问病"政策规定对长期患病者，"掌病"官吏以君主的名义慰问。90岁以上的老人每日一问，80岁以上的两天一问，70岁以上的三天一问。一般病人则五天探慰一次。而对重病者则需上报，由君主亲自慰问。规定"掌病"官吏须巡行国内，以探慰病人为职。

"通穷"政策规定，对那些居无定所、食不果腹的贫寒之家，其所在乡里如实上报的给予赏赐；不知晓或知而不报的，则予以惩罚。

从这些内容可以看出，这是个一揽子民生治理的大政方针，涉及各种社会弱势群体，包含了民生、民政领域的大部分内容。

从社会治理的角度看，它具有五个显著特点：

第一，立足于社会最底层的弱势群体，聚焦人们最现实、最直接、最需解决的切身问题；第二，"损有余而补不足"而不是相反，体现了社会公平和正义；第三，重于制度安排，根据不同弱势群体实际需求和民生的突出问题，在制度层面作出规范；第四，可操作性强，九个方面都设有专人负责，凡事在时间、内容、政策界线上有具体规定并设有"问责"内容；第五，政策方案整体、系统且平衡，不是顾此失彼、按下葫芦浮起瓢，称得上是民生治理的"顶层设计"。

孙中山先生在谈到民生时指出："民生就是人民的生活，社会的生存，国民的生计，群众的生命。"的确，民生涉及人们生活的方方面面，民生治理，整体性的政策创制和制度构建为其要津。

"九惠之教"给人以教益的，不仅是政策内容上的丰盈翔实，更是其思想方法上的周正和体现出的"规制理性"以及人性温暖。正如中国古代许多政治智慧和治政之道一样，值得体悟和学习。

四、产品质量要唱"义勇军进行曲"

> 我们的产品质量到了"最危险"的时候，我们需要强烈的品质意识，我们需要强烈的危机感，我们甚至需要唱一唱质量问题上的"义勇军进行曲"！

每年中秋，人们会寄些月饼给海外的亲朋好友。但越来越多的国家，却禁止中国月饼入境。

月饼、粽子、汤圆等传统食品，不仅是一种食品，也是中国文化的一种物象、一种符号。我们平时好谈国家形象什么的，其实这才是具体的国家形象。月饼因质量方面的问题而为越来越多的国家所封杀，很值得警策。这些年来，我们出口的产品连连受到质疑，一些国家的消费者甚至发起"抵制"中国产品活动，由此而成为一些国家推行贸易保护主义的借口，这当中，不乏偏见和政治原因，但毫无疑问，我们对自己产品中的质量问题应给予直面和正视，绝不应盲目乐观。

中国许多传统食品面临着"声名狼藉"的危险。如"油炸臭豆腐"，深圳十多家臭豆腐生产企业为增加豆腐的臭味，竟放在粪便中"腌制"。无良商企还把炸好的"臭豆腐"用布包好埋在粪堆里，再加入有毒的亚铁盐以"染色"，恶劣之极。

再看桥梁事故。2012年8月24日，通车不到一年的哈尔滨阳明滩大桥整体垮塌。8月8日，江西广昌县盱江河东桥倒塌；7月2日，浙江杭州一高架桥坍塌；5月13日，湖南平江县一大桥倒塌……据不完全统计，自2007年起的5年里，全国有37座桥梁倒塌，造成182人死亡、177人受伤。平均每年有7.4座"夺命桥"，不满两个月就有一起桥梁事故发生。桥梁倒塌率一年比一年"增长"：2009年3起，2010年4起，2011年6起，2012年已8起。至于桥塌的原因，除杭州钱江三桥塌陷承认"存在质量缺陷"外，其余都集中在诸如"车辆超载"、"洪水暴雨"、"年久失修"、"日常管护不到位"等解释上，一律回避桥梁本身的质量问题。

这使我们联想到，杭州钱塘江大桥自1937年9月26日建成通车至今，已服役75年。当时设计使用寿命50年，今已超龄25年，质量还相当棒。每天驶过车辆万辆以上、列车超过150列。1937年、1944年和1945年，钱塘江大桥被轰炸多次，可依然伫立潮头，巍然不倒。专家称，这是一座炸药放不对位置炸都"炸不掉的桥"。当时160万美元的投资，又是在战火纷飞的年代，建造难度是空前的。当时国力、设备都不行，但仍能造出如此精品，设计者茅以升的精湛设计和当时严谨的施工起了决定性作用。半个多世纪以来，钱塘江大桥在风风雨雨中不断刷新着安全纪录，赢得举世赞誉。

从三鹿奶粉、瘦肉精、染色馒头到桥梁倒塌，林林总总的质量问题层出不穷。即便是一些历来享有品牌声誉的产品，质量问题也频出。越来越多的事情表明，我们的产品质量到了"最危险"的时候，我们需要强烈的品质意识，我们需要强烈的危机感，我们甚至需要唱一唱质量问题上的"义勇军进行曲"！

产品质量，从小的方面说，与公民生活息息相关——好的生活质量，是与好的产品质量为一体的。一个社会产品质量低劣，"美好生活"与"和谐社会"就会大打折扣。从大的方面说，产品质量是民族精神和民族尊严的体现——在国际舞台上，产品质量就是一个民族的尊严，是国家声誉和形象的载体，是一个国家竞争力的重要指标。一个有着伟大创造力、竞争力的民族，不能让假冒伪劣充斥市场，不能让人们生活饱受劣质产品的困扰。

中国人经历了太多太多的质量"病痛"，是以严谨的科学态度好好治理产品质量的时候了。美国质量管理大师约瑟夫·朱兰说，"20世纪是生产率的世纪，21世纪是质量的世纪"，对于任何产品特别是对与之相关的民族自尊心和国家尊严来说，质量和品质才是硬道理。

五、"社会就是模仿"

一个社会一旦欺诈成风，道德沦丧普遍化，那么更多的
人会因害怕自己因诚信"吃亏"而加入更大范围的"群体性
道德沦丧"的行列。

从双汇的"瘦肉精"、广东"墨汁假粉条"到后来
的味千拉面"勾兑汤"等，各种食品安全事件层出不
穷。媒体几乎每天都有"问题食品"的报道。极端些
说，似乎每一种食品都存在问题，似乎各食品行当都有
坑人术，"品牌"公司无不作假，大卖场掺假作假，诚信
扫地。

近年来食品安全问题不仅没有得到有效抑制，反而
愈演愈烈，为什么？究其根由，违法的低成本，是当下
中国食品安全事件层出不穷最重要的原因。在很多国
家，食品坑害了消费者，食品商就得倾家荡产，食品商
就一定完蛋。除了承担法律责任，除了法办和倒闭，不
可能让他再有昧着良心发不义之财的任何机会。

如美国法律规定：只要制假售假，无论金额大小，

均属有罪，处以 25 万美元以上 100 万美元以下罚款，并处 5 年以上监禁。如有前科，则罚款可达 500 万美元。美国对危害国民身体健康的企业实施严厉的惩罚性损害赔偿制度（亦称"惩戒性赔偿"或"报复性赔偿"）。美国食品监管部门 FDA 不定期抽检食品，一旦发现问题，则实行"连坐制"——其地即被判为"不可信任地区"，致使那里的企业产品根本卖不出去。这套严厉规制使人们决不敢罔顾食品质量铤而走险。

德国有"食品警察"制度，作为一种快速处置机制，民众只要拨打 24 小时免费投诉电话，立马有食品警察上门采样、在第一时间送检、作出处理，并告知举报者。在日本，对违反食品安全的处罚也极为严厉。违法者最高可判处 3 年有期徒刑和罚款 300 万日元，对企业领导可处 1 亿日元的罚款等。

在中国，由于违法成本低，由于食品监管的法治化程度低，不法厂商在食品上坑蒙拐骗以牟取暴利，这甚至成了他们的"生存之道"。《羊城晚报》报道：大量陈米、黄米、碎米特别是变质发霉米是河粉的加工专用料，这是"公开的秘密"。业内爆料，米业界黄米、黑米及结块发霉米有三种处理方式：一是发到饲料厂和酿酒企业；二是将这些米抛光后在粮油市场销售；三是漂白后制成河粉，成为人们早餐夜宵的食品。中国人餐桌上，越来越多地呈现着"诈伪无耻"的恶果。

孙中山先生曾把"信义"看作"中国固有的精神"，但今天我们社会的诚信度之低，为世人侧目。中国因

"诚信缺失"付出的代价触目惊心。据 2014 年 7 月中国新闻网报道，发改委披露，中国企业每年因诚信缺失造成的经济损失，高达 6000 亿元人民币。这只是"可计量"的失信代价，其隐性代价、延伸代价更为巨大。更严重的是，诚信缺失导致大面积的"信任危机"，使人们对什么都不再相信，形成所谓"凡事不信"的生活信条。

有一句话，叫"社会就是模仿"。社会模仿是个体以社会行为为模本，作出相似行为的一种社会心理现象。法国社会学家 G. 塔尔德 1903 年在研究中揭示了社会模仿的一般法则：一个社会一旦欺诈成风，道德沦丧普遍化，更多的人就会由于害怕自己因诚信"吃亏"而加入更大范围的"群体性道德沦丧"的行列。

今天各地都在推进"诚信社会"建设，这种建设，本质上要靠科学而强有力的规制约束并内化为社会行为来实现。任何一个社会的公共品质，都是由普遍的社会成员经由感染、模仿、不断扩散、习从、普化后形成的，这种社会行为又与一个社会的"违法成本导向"，有着内在关联。我们要通过大幅度提升违法成本、提升食品监管的法治化程度，来遏制食品安全事件在数量上不断滋生增长的势头，先净化我们的餐桌，再净化我们的社会风气。

六、管理社会组织是一门艺术

"弱组织社会"或"欠组织社会"是最不稳定的，由于它缺乏多元而分散的群体组织，缺乏公众情绪和公共压力的排解渠道，因此在结构上它恰恰是最不稳定的。

习近平在党的十九大报告中指出，推动社会治理重心向基层下移，发挥社会组织作用，实现政府治理和社会调节、居民自治良性互动。

任何社会都是有组织的社会。这不仅表现为社会在任何时候都是高度组织化的，更表现为社会本身由一个个社会组织所构成。战国时商鞅变法，在经济上变革的同时，提升社会组织化程度，推行邻里"保甲式"管理，社会行政结构非常严密，以后历朝历代都曾按这个线路走。而在另一方面，尤其在现代社会，各类社会组织构成了社会的基础。人们的经济、政治和文化需要，大部分是通过社会组织来满足的，人们必须以群体的方式来提高满足需要的社会能力。

毫无疑问，社会组织是社会的细胞质。各类新型社会组织的出现是中国社会进步的一个表征，也是现代化发展的必然逻辑。一个"弱组织社会"，不是真正意义上的社会。历史的经验是，"弱组织社会"或"欠组织社会"是最不稳定的，尽管它表面上似乎很稳定，甚至表现为"超稳定"。由于它缺乏多元而分散的群体组织，缺乏公众情绪和公共压力排解渠道，因此在结构上恰恰是最不稳定的。

各类社会组织的发展，有利于构成一种内在的稳定结构和平衡机制。由此培育发展社会组织，不仅是社会发展机制的需要，也是社会治理技术上的一种选择，是实现社会和谐稳定的内在要求。问题是，随着大量非公有制经济组织、社会组织的出现，就产生了一个如何进行社会组织管理的问题。应当看到：

第一，加强对各类非公有制经济组织和社会组织的管理，提升管理水准，是一种客观的必然，是实现社会组织有序发展、健康发展的需要。没有好的管理，便没有好的效率。

第二，对各类非公有制经济组织和社会组织的"管理"，是服务、扶持与监管并重的管理，即"培育发展和管理监督并重"，尤其在今天社会发育程度还很低的这样一个历史阶段，更是如此。不能把管理简单理解为是单纯自上而下的监管，而应当是体现时代精神的"互动型"、"双向式"科学管理。

第三，对各类非公有制经济组织和社会组织的"管理"，重在明确其社会责任、发挥好它们参与社会管理的功能。公共事务不单纯是政府的事，也是包括各类社会组织在内的全社会的事，政府不能包打天下。今天，社会组织已成为公共服务的一支重要力量，如许多公益性民办非企业单位在提供残疾人服务，在助老服务、技能培训、慈善救助、社区服务等方面，解决了许多政府无法解决的问题，满足了人们多元化、个性化需求。

第四，对各类非公有制经济组织和社会组织的"管理"，不仅是一个"知识运筹"系统，即需要大量社会组织知识和社会管理知识的支撑，更是一门政治艺术，它涉及许多方面。应以审慎、严谨和科学态度来深入探究该问题，不断完善管理方案。"长官意志式"的管理、"想当然式"的管理，不仅不利于优化新形势下社会组织的良性环境，还可能引发新的社会问题。

七、"我爸是李刚"说明了什么

从"炫富"到"炫父",从幼儿园里比"谁的爸爸官大",到"我爸是李刚","二代"成为新的社会现象。

2010 年 10 月 16 日晚在河北大学新校区,一辆黑色轿车因酒后醉驾,将两名女生撞倒,其中一名被后轮碾过,另一名被撞出十几米外,造成一死一伤。肇事者李启铭若无其事,继续开车去接女友。被保安和学生堵住后,李启铭说:"看把我车刮的……有本事你们告去,你们知道我是谁?我爸是李刚。"

一句"我爸是李刚"说得"气壮如牛"。这件事很快引发公共舆论,讨伐声一片。事后河北大学的"禁言"和"围观者"的集体沉默,更引发新一轮对权力意志的集体声讨。

从公共管理的视角看,"我爸是李刚"所引发的公共舆论,不仅是观察社会心理的一个标本,更是推进政治文明建设的一个警策性案例。

第一,如何防止公权力被滥用。当社会不断发展,一部分事务超出个人范围成为公共事务，客观上产生了管理命题的时候，就产生了公共权力——这种权力的本质，是为公共利益服务。但与此同时，公共权力也有了被滥用的可能。"我爸是李刚"这句话，非常具有社会心理学分析价值，它透出的是一种权力意志和有权力者的张狂和霸气。如果不是平时权力的滥用，一个"副局长"的儿子，不可能"牛"到如此荒唐的地步。公权力不仅成为个人疯狂攫取资源的手段，还"泽被"下一代。这对一个社会来说非常危险，它是社会公正、社会正义的杀手，已成为亟须治理的问题。

第二，如何维系社会的良知。李启铭恶劣行径的本质是什么？是社会良知的丧失。撞人后不是救人而是视人命如草芥，被拦下后口放狂言，是人性和良知的泯灭，连起码的道德感和法律敬畏感都丧失殆尽。这不是个孤立事件，近年很多事件都反映出这个问题。社会良知是人类社会得以维系的内在精神价值。如果一个社会良知泯灭，"我是流氓我怕谁"就会堂而皇之地成为流行语，无赖就会横行天下，各种坑蒙拐骗、欺诈凌弱的事就会层出不穷。

第三，如何重视"后二代"的教育。包括"富二代"和"官二代"在内的"后二代"教育，已凸显为沉重的社会问题。从"炫富"到"炫父"，从幼儿园里比"谁的爸爸官大"，到"我爸是李刚"，"二代"成为新的社会现象。老一辈革命家对教育后代是极为重视的。当年毛岸英在朝鲜战场牺牲后，毛泽东说"谁叫他是毛泽东的儿子呢!"毛岸英有一次回韶山,毛泽东叮嘱他:"见了乡亲们,辈分大的男人韶山称阿公,长辈喊伯父叔叔婶婶阿姨,同辈的以兄弟相称或喊同志,不要没大没小的。要入乡随俗,不要有任何特殊,老百姓最不喜欢摆资格的人。"毛泽东还给岸英一个皮包,并说,"这里一些票子是我多年积蓄,看到真正困难的乡亲,你见机行事吧"。

"子不教,父之过","有其父,必有其子",一个恶霸型的儿子,一般不会产生于德行祺善的家门。如果没有足够的重视,更多的"我爸是张刚"、"我爸是王刚"的衙内现象,将会出现在我们社会中。

除了这三方面,还应当重视的是,公共舆论是一个社会的晴雨表,有较高"社情民意"指数。好的公共管理是通过公共舆论,及时吸纳和遵从民意。网络上几十万人参与和讨论,充分反映出社情民意,值得重视和警策。

八、"高手"在民间

> 真正深厚的伟力总是深蕴于民间、民众之中,要学会更多地重视"民间"、尊重"民间",从"民间"汲取创新智慧和"奇思妙想"。

2015 年全国"两会"结束后的记者会上,李克强总理在谈及创新、创业时强调"高手在民间",他说:"我到过许多咖啡屋、众创空间,看到那里年轻人有许多奇思妙想,他们研发的产品可以说能够带动市场的需求。真是高手在民间啊,破茧就可以出蚕。"

所谓"草泽之中有经纶",历史上真正的大智慧都来自民间。大学里流传的话语是:经济学教授上课时学生都听得昏昏欲睡,但学生去菜市场与老农聊天时,很快明白了最基本的市场供需原理。

2008 年汶川地震中,离震中映秀镇不到 200 公里的甘肃文县碧口镇的房屋几乎全部倒塌,只有碧口镇窦家坝村一栋两层楼的民房屹立不动。新华社报道说:"这栋建于 1998 年的两层楼房从外面看毫发无损,仅掉落几个瓦片。像这样几乎完好无损的民房在碧口镇没有第二家。"

这栋被称为抗震"最牛民房"的楼房，之所以在地震中屹立不倒，关键在于它独特的砖木混合结构，各房间以木质材料隔开，其内部缓冲力使它能经受8级地震的考验。让人称奇的是，它的设计者不是建筑设计专家或建筑材料专家，而是一名最普通的农民。

李克强强调"高手在民间"，一语道破一个世相，民间是社会智力、社会能源的渊源所在。所谓"民间"，是一个气象万千的社会生活演艺场，汇集了各色人等、各种才俊，"高手"如云是必然的。今天强调公共部门要"接地气"，就是要充分认识民间所蕴藏的智慧和力量，民间是推动文明发展的伟大力量。

我国正在推进国家治理体系和治理能力现代化。从公共决策的角度看，政府内部决策所依赖的知识和智慧总是短缺的，不要期望政府内部可以完满地解决公共决策上的任何问题。政府部门要摆脱自以为是，特别是喜欢过多干预市场和社会的偏好。在政府与市场、政府与社会的关系上，市场、社会是主体。市场对资源配置起着决定性作用；社会自主则是社会治理的最有效的基本方式。

在一系列诸如如何促进经济高速稳定发展，如何重建现代社会的道德体系，如何确保社会和谐安宁，如何解决好能源危机，改善人类与自然的关系等带有全局性的社会政策问题上，有待进一步建立和强化"民间理念"。

第一，真正深厚的伟力总是深蕴于民间、民众之中。美国等发达国家为什么发展快？一个公认的原因，是民间的智力和智慧得到了充分挖掘。充分认识民间具有无限的创造力和智慧，要学会更多地重视"民间"、尊重"民间"，从"民间"汲取创新力量、智慧和"奇思妙想"。

第二，公共事务是大众事业，只有社会和民间的参与，政事才能料理好。荀子说："故有师法者，人之大宝也；无师法者，人之大殃也。"越是重要的、复杂的公共决策，越需要外在民间智慧的支撑。而真正能为公共决策提供翔实支撑的，是外脑而非"内脑"。由于民间智力一般不处于利益博弈之中，故能相对超脱公正地看待问题，公共部门应更多向社会购买智力服务。

第三，社会治理需要大智慧，大智慧是"得天之道"的东西。在社会治理中，表现为如何处理好政府与市场、与社会、与民众的关系。任何包揽公众利益的企图，都可能是一厢情愿而低效率甚至无效率的。正如毛泽东曾指出的，公共决策"要从群众的需要出发，而不是从任何良好的个人愿望出发……由群众自己下决心，而不是由我们代替群众下决心。"

九、"强政府"与公共忙碌

> 现在形成的一种定势是，一旦有个什么事，不管与百姓有无直接关系，总是要全民化，都得弄出个"人人有责"。

在"强政府"作业模式下，社会总是忙碌不已。政府总是把自己职责范围内的事，演化为社会整体的事，使政府忙碌转化为社会忙碌。姑且把这种全社会被组织、动员起来一同忙碌的现象，称之为"公共忙碌"。

公民的忙碌程度与政府作业模式有很大关系。现在很多公共事务，公民参与度并不高，特别是在许多关系老百姓切身利益的事上，老百姓并没有多少机会说话。但很多本是政府职责的分内事，却让公民"参与"不已。

民可，使由之，不可，才使知之。很多事情百姓并不需要知道和"参与"。政府有政府层面的事，社会有社会层面的事，个体有个体层面的事。政府的忙碌，不一定要转化为社会的公共忙碌。但是现在形成的一种定势是，一旦有个什么事，不管与百姓有无直接关系，总是要全民化，都得弄出个"人人有责"。于是，社会各个层面、各个角落，都以一种极度社会动员的方式，被卷入进去。

比如开一个国际性会议，本是政府部门的事（社会之所以要政府，一个目的就是应付和承办这些"公务"），但是政府部门总喜欢把它放大为"全社会"的事。先是通过传媒广泛宣传，做到"人人皆知"，再是将七八十岁的老太太也组织起来"学英语"，幼儿园的孩子们被组织起来排练"迎宾"舞蹈（尽管外宾决不可能来光顾），商店的员工排练礼仪……此外可能还要搞交通管制，搞道路封闭，还可能高校的法定考试延期，社会的法定节假日调整，公交线路改道、缩线或停驶，出租车禁止通行……社会上所有与之有关无关的，都为了"一个共同的革命目标"而真正忙碌起来了。

这种动辄全民动员、"人人有责"的做法，成本极高，绩效很低，浪费极大。本来一两个部门该忙碌的事，要成千上万人一起来忙碌，浪费能不大么？

政府之"强"，要看"强"在什么地方，"强"在什么事情上。如果强在公平地制定一个公共空间的游戏规则、营造良好公平的环境上，那么，这种"强"越强越好。如果强在行政权力的无孔不入的扩张和对整个社会不必要的支配上，那么这种"强"是没必要的。而它真正提供的公共管理，必然是弱的。进一步的问题在于，公共忙碌时常被认为是"行政力量"强健的明证，其实从另一面看，这正是行政力量"弱化"的一个表证。

　　纠正这种理念和做法，是提升公共管理水平、推进国家治理体系与治理能力现代化亟待解决的一个重要问题。

十、社会治理应合乎"生态的律令"

> 一切社会治理都应合乎"生态的律令",即所有产业都应成为生态产业才可推行,还要严格政绩考核、责任追究、生态补偿机制等重大制度。

2015 年 5 月 5 日,新华社受权全文播发中共中央、国务院《关于加快推进生态文明建设的意见》,对推进生态文明建设作出整体布局。中国经济总量已跃升至全球第 2 位,人均 GDP 超过 5000 美元,但生态恶化导致的问题层出不穷。毫不夸张地说,严峻的生态问题已严重影响到人们的日常生活和健康,并成为下一步实现小康社会和可持续发展的严重制约。

十九大报告提出了加快生态文明体制改革,建设"美丽中国"的目标。人类生存发展的一个基本事实是,没有生态系统的良好状态,就会陷入不可逆转的生存危机。所谓生态文明,其实有两个维度:一是客观维度,表现为人的客观世界与自然的关系;二是主观维度,表现为人的认知世界对工业文明的深刻反思。

生态文明绝非是物质文明、精神文明、政治文明等时序上的简单延伸，它既与这些文明形态相交集，又与这些文明形态有着很大不同的表现方式——它是以自然界为坐标、以人与自然关系为原点而形成和展现的文明形态。

中华民族是工业文明的迟到者，却可以成为生态文明的践行者和推进者。推进生态文明建设，有三个重要的着眼点：

首先，应把生态文明建设内化为一种社会哲学，即处理人与自然、人与社会、人与人的世界观、方法论。把生态伦理和生态文明理念作为新的社会发展哲学和生活态度，取代那种不惜以一切环境和资源为代价、急功近利、竭泽而渔的"发展"模式及其相应的社会哲学。

中华古代文明的生态伦理精神与生态文明基本要求相一致，可以作为今天生态文明建设的历史文化基础。1988年，75名诺贝尔奖得主汇集巴黎，曾作出结论说："如果人类要在21世纪生存下去，必须回到两千五百年前去吸取孔子的智慧……"我们应从中国古代生态伦理中，汲取这方面的智慧。

其次，应把生态文明建设确立为一种治理原则，即推进治理体系与治理能力现代化的生态原则。在生态治理原则下，一切社会治理都应合乎"生态的律令"，即所有产业都应成为生态产业才可推行。"生态产业"不同于传统产业，它将资源循环利用、环境保护及生态再生作为产业发展基点，将生产、效益纳入整个生态系统来考虑，实现资源的高效利用和有害废弃物对于环境的零排放。

在生态治理原则下，应严格执行政绩考核、责任追究、生态补偿机制等重大制度。对领导干部要实行自然资源资产和环境责任离任审计。通过奖惩导向遏制各种"高大上"的社会性浪费，减少耗费巨大的大场面、大排场、大手笔，遏制生态环境急剧恶化，确保生态文明建设不流于空泛。

最后，要把生态文明建设演化成全民参与的集体行动，即包括生产方式、生活态度、消费方式在内的全方位革新行动，养成全方位的生态自觉和生态理性。生产上节能减排，生活上节约资源，消费上简约风尚，应成为每个公民的自觉行为。尤其在生活态度和消费行为方面，应大力遵循生态伦理，如购买和使用节能、新能源汽车、节水型器具等低碳产品，拒绝使用一次性用品，简约生活，遏制炫耀性消费，开展反食品浪费等。

未来全球范围的更激烈、更深层的竞争，比的是什么？比的不是谁最能控制和掠取自然，不是生产力的单纯增长，也不是人的活动的扩展幅度，更不是军力和征服力的提升。真正比的是谁与自然系统更和谐，谁的生存方式和社会行为更文明、更绿色、更环保，从而也更能可持续发展，这才是强大、繁荣、发展、文明的真谛。

十一、中国社会治理与转型路向

从"管控型"的社会治理模式，向"善治型"、"参与型"的社会治理模式转型，这是我国实现社会治理能力现代化的一条主线。

社会治理现代化是推进我国治理体系与治理能力现代化的重要组成部分。社会治理现代化是一个国家社会体制规制和营运能力的集中体现。中国30年经济建设取得了快速发展，成为超越日本仅次于美国的世界第二大经济体，但社会治理相对滞后，行政化程度高，社会发育不良，实际上已成为遏制中国现代化的一个屏障。

社会治理现代化是国家治理现代化的重要构成

《中共中央关于全面深化改革若干重大问题的决定》提出了"创新社会治理体制"的重大命题，要求

"创新社会治理，必须着眼于维护最广大人民根本利益，最大限度增加和谐因素，增强社会发展活力，提高社会治理水平"。所谓社会体制，是社会领域一系列制度安排的样式，即在特定的国家或地区内，社会的存在、运行和发展得以进行的机制和制度方式，这是国家治理体系现代化的重要构成。推进中国社会治理现代化，须从理念、方式、手段、渠道多方面寻求解决办法。

在我国，社会治理体制创新理念的形成是个历史性突破。社会治理和创新问题在 20 世纪 90 年代开始进入公众视野。2006 年十六届六中全会通过《关于构建社会主义和谐社会建设若干重大问题的决定》，使"社会建设"成为中国现代化核心概念之一。从总体看，中国社会建设的主线是小康社会、法治社会、和谐社会的演进路径。小康社会的价值核心在于夯实经济基础、提高国民收入，实现国民"体面的"生活目标；法治社会的价值核心，在于通过法律规制的科学安排促使社会良性运行；和谐社会的价值核心，在于以人为本，促进社会协调和可持续发展。"经济—政治—文化—生态—社会"五大治理格局的形成，特别是从"管制"到"管理"，再从"管理"到"治理"理念的形成，反映出社会建设的历史性进步。但是如何按照国家治理能力现代化的要求，切实推进社会治理的现代化，是必须解决好的一项全局性问题。

我国社会治理转型要解决的结构性问题

相较于其他方面，我国社会治理整体上尚属"弱项"，存在的转型任务尤为突出。从我国现代化的战略布局看，"十三五"期间社会治理转型的重点是要从"管控型"的社会治理模式向"善治型"、"参与型"的社会治理模式转型。这是我国实现社会治理能力现代化建设的一条主线。

多年以来，我国各地通过"管控型"模式建立起比较规整、统一的社会秩序，地方政府具有强健的社会组织能力和民众动员能力，对于推动社会建设起到了积极作用，但这种运用模式的弊病日益突出。政府成为一切社会事务的直接主体，行政行为成为解决一切社会问题必需手段。没有行政力量的介入，任何社会事务都不可能得到有效解决。十八大提出"正确处理政府和社会关系"，强调"适合由社会组织提供的公共服务和解决的事项，交由社会组织承担"，就是要实现对这种社会管控方式的变革。十九大提出"加强和创新社会治理"，"形成有效的社会治理、良好的社会秩序"。这当中，要切实解决的体制与结构性问题主要有三方面：

一是"全能型"的行政管控。习惯于用行政手段管控社会，社会本身缺乏相对独立的发展空间。各级政府通过人事权的统一调配和社会事务的统一部署组织，构建起高度行政化的社会运行结构，抑制了社会发育的活力。这种行政管控模式具有一定的效率，但从长远看，它不仅以高昂的行政成本为代价，更抑制了社会成长的节律和空间，营建起一种行政逻辑普遍化的刚性社会结构。

二是"单位制"的社会结构。总体上我国社会结构仍是分割式的"单位制"，社会成员限制于相对封闭的"单位"中，缺乏对社会事务的直接体验和参与。"单位身份"降低了社会流动的效率和社会参与，民众缺乏自我认同、自我管理、自我发展的动力机制，导致社会缺乏变革和创新的内生变量，与现代公共生活的本质要求构成落差。

三是"街居式"的基层营运。我国各大城市通过行政化的"街道-居委"结构，驱动基层社会的运行。"街居式"体制作为"单位制"的联动补充和城市基层社会管理的普遍化营运方式，使人的"居民角色"得到固化而使"公民角色"相对孱弱。行政化的"街居参与"替代了应有的公民参与，与现代化社会治理要求产生了结构性的错位。

四是"原子化"的群体形态。一方面"单位制"把人们嵌入于一个集体结构中，另一方面"置身事外"式的生存生态和社会低参与率的个体价值取向，又驱动人们群趋于"分离式"、"原子化"。虽然现代城市生活是高度组织化的，但"原子化"、"离散式"的社群取向和社会心理已相当普遍化，与人的单位"职业身份"构成

两极。这是一种非常有趣的社会学"自我映象"(self-
image)现象。城市越大,个体越小,离散驱动性越强。
人淹没于"森林楼群"之中,行色匆匆。"原子化"社群
结构的内在组织性弱,与公民性和现代公共生活构成落
差,这是必须解决好的治理难点。

推进社会治理模式现代化的路径选择

经过改革开放以来四十年的基础性建设,我国社会
治理已进入一个历史性变革阶段。要立足发展全局对
我国社会治理的现状作出客观诊断,并注重对社会治理
作出通盘考虑,从更为本原的结构层次上推进创新,求
证大面积解决社会治理能力短板问题之道,形成一套反
映世界先进理念的社会治理体系和架构。"十三五"期
间我国推进社会治理现代化应遵循"循序渐进"的思想
方法,注重从多维的路径上加快推进社会治理的转型和
创新:

一是从短板到长线。社会治理应先聚焦整治各种突
出的"短板"问题,在此基础上再推进到长线,着重从
理念、组织、结构诸方面提升社会治理的内质。社会治
理能力现代化要解决的是深层次的问题,如科学精神、
人文理念、法治规制、营运方式、社会结构、组织体系
等内容。

二是从表层到功能。社会治理要注重突破表层进入

到功能结构的界面，如注重从构建性表层（专业性行业组织、功能性社会组织发展等）的创新，推进到社会发育的功能性建设。社会整体是以"平衡的状态"存在着的，任何部分的变化都会趋于实现新的平衡。社会系统中各个部分治理需"由表及里"，实现整体的功能优化提升。

三是从器物到规制。无论社会建设还是社会治理，都应从"器物型"的建设推进到"规制型"的建设，正如习近平总书记指出的，"加强和创新社会治理，关键在体制创新"。国家治理体系的特性在于：它是由不同子系统构成的整体治理系统；它具有"型构性"特点；它主要表现为国家治政模式、治政结构与治政程序，而规制和体制是其核心。在进一步完善基础设施建设的同时，要注重在制度和法律层面形成突破，营建社会治理的新型框架，为实现中国现代化的协调共进，创造条件。

四是从社区到社会。从改革开放初期开展社区建设至今，我国社区建设曾出现过"江汉模式"、"青岛模式"、"沈阳模式"、"上海模式"等创新模式，为今天推进社会治理打下了良好基础。但社会治理与社区建设有着本质区别，社区建设不能代替也代替不了社会治理。我国社会建设面临的任务，是要从区域性的社区建设推进到以"自治"和"共同体"为核心价值的社会整体治理。

五是从管理到治理。2014年两会期间，习近平总书记在参加上海代表团审议时指出："治理和管理一字之差，体现的是系统治理、依法治理、源头治理、综合施策。社会治理是一门科学。"作为一种文明主潮的现代社会治理，是一种公共治理、多元治理和民主治理。社会治理的本质，是多维的参与型治理结构的建立而非刚性的行政管理的强化。从"行政化管理"向"社会化治理"转型，从"传统型管理"向"现代型治理"转型，从"单一性它治"向"多维性自治"转型，是从管理向治理变革的主要内容，也是提升社会治理能力的核心要旨。

我国"十三五"确立的一个重要目标，是到2020年"形成系统完备、科学规范、运行有效的制度体系，使各方面制度更加成熟更加定型"。这当中，包括形成系统完备、科学规范、运行有效的社会治理制度体系。美英等国的"政社分离社会治理"模式，日本、新加坡等国的"政府引导型社会治理"模式，我国香港地区"半行政半自治型社会治理"模式，以及"全球城市"（Global City）诸多成功的社会治理方式，都应当进入我们的视野，成为我们的借鉴、摒弃和超越的参考。只有加快推进社会治理的探索和转型，并形成社会治理探索创新"百舸争流"的局面，这一战略目标才能得以实现。

十二、多一点人类生存关怀

所谓"文明转型"，本质上是如何从工业文明的社会哲学向生态文明的社会哲学转型，所谓"社会转型"，本质上是如何从以人为中心的社会形态向人与自然和谐共存的低碳环保社会转型。

2017年6月1日特朗普宣布美国退出《巴黎气候协定》，世界舆论一片哗然。特朗普作出这一决策，缘由是所谓的"印度和中国这样污染严重的国家在该协定中不需要在2030年前付诸任何行动，《巴黎协定》不公平……"

这只是算了"经济账"，没算全球气候治理和美国在世界上的领导力这个"大账"。耶鲁大学和乔治梅森大学对注册选民的联合调查显示，69%的选民支持美国参与气候协定。另有数据显示，至少有47%的"川粉"不支持特朗普的这一决定。美国各界很多声音认为，"这是美国的重大损失"。

包括全球气候治理在内的全球生态治理，是人类共同福祉所在。人类不能只考虑当下，还得考虑子孙后代的生存。毫不夸张地说，人类生态问题实际上是一个哈姆雷特式的"生，还是死"、"生存，还是毁灭"的问题。

今天，所谓"文明转型"，本质上是如何从工业文明的社会哲学向生态文明的社会哲学转型，所谓"社会转型"，本质上是如何从以人为中心的社会形态向人与自然和谐共存的低碳环保社会转型。这才是文明转型和社会转型的灵魂。

近年来我国社会经济快速发展，资源约束趋紧，环境污染严重，生态退化严峻。许多生态问题已影响到人们的日常生活和精神状态。人们期待更多蓝天白云和青山绿水。由于我国产业结构与发达国家不同，如能源结构主要以煤炭、化石燃料为主，同时随着生活水平提高，汽车保有量大增，我国单位面积的人类活动强度比发达国家高得多。但近年来我国重污染天气频次已明显降低。如2016年京津冀、长三角、珠三角，PM2.5平均浓度分别为71微克/立方米、46微克/立方米、32微克/立方米，与2013年比分别下降33.0%、31.3%、31.9%。另有一组数据显示：我国74个重点监测城市2016年PM2.5平均浓度为50微克/立方米，比2013年下降30.6%。

但我国大气污染治理任务仍相当严峻。发达国家解决大气污染问题是先解决燃煤问题，再解决机动车问题。我们不能走分段治理的漫长路子，因此减排问题和环境污染治理压力更大。我国要提升在国际社会上的环境治理信誉度特别是树立起负责任的大国形象，构造与环境资源承载力相适应的良性发展形态，是当务之急。生态治理作为国家治理体系的重要组成部分，当下尤其要强化三方面的举措：

一是强化各级政府的监管责任。我国《环保法》规定：地方各级人民政府对本行政区的环境质量负责。要落实"党政同责"和"一岗双责"，实施更有强度的中央环保督察，促使各级地方政府在抓发展的同时，真正重视抓生态治理。好的生态环境是一个地方最大的本钱，正如习近平总书记指出的，"绿水青山就是金山银山"。良好生态环境是政府最好的公共产品，也是最大的政绩。

二是强化企业的减排责任。减少企业排放，是生态环保的硬道理。据统计，2016年我国环保部门下达行政处罚决定12.4万余份，罚款66.3亿元（比2015年分别增长28%和56%）。环保部挂牌督办27起重点环境违法案件，查处取缔了"十小"企业2465家。这一方面表明我国生态制度约束在强化，同时也说明企业排放问题的严重。没有严格的减排措施，没有遵纪守法的企业行为，"天蓝水清"庶无可能。要全面建立企业减排信用记录，并完善惩罚措施。

三是强化环境监管执法的强度。生态治理、环境执法必须刚性化。北京、陕西等9省市已组建环境警察队伍，这是强化监管的制度化创新。要进一步探索在警力总量中进行调配、向环境警察流动的做法，扩大环境警察队伍力量。同时，在生态环境监管执法上，一是要进行环境执法的标准化建设，提升环境执法的专业水准；二是要强化执法机构在现场处罚和行政强制的手段；三是要严厉打击各种破坏环境的犯罪行为，严惩不贷。只有全面强化监管和执法强度，才能实现我国生态环境的优化。

第九章　创新·创意

用不了多久，你就会发现阳光下没有新鲜的东西，政治活动的每一种形式都有先例可循。

——迈克尔·罗斯金等《政治科学》

一、我们有多少"思想"要解放

为什么我们老是要"解放思想"？老是要作一次次的"观念"突围？

中国改革开放四十年来，每前进一步，都会与各种"观念"发生遭遇战，打激烈的观念仗。中国大地上每一项改革，每一种创新，每一次突破，首先都是"观念"上的重大突围，直至今天，"解放思想"还是个严峻的公共命题。

今天回过头来看，很多事情之所以都得来一场"解放思想"、"转变观念"、"换脑筋"之类的革命，改革、创新之所以成本高昂，就在于种种反向的精神力量的束缚和阻碍。很多事情，你得有个"说法"，否则不但做不成，还会麻烦缠身。

很多禁锢、束缚社会发展的东西，时常以正确的、定律性的姿态横亘在人们面前，以各种方式干扰时局。苏轼有一首描写"花影"的诗："重重叠叠上瑶台，几度呼童扫不开。才被太阳收拾去，却叫明月送将来。"

用这首诗来描绘种种旧观念,相当贴切。经过四十年改革开放历练,往常很多"重重叠叠上瑶台,几度呼童扫不开"的旧观念已是明日黄花,但它们还会飘飘忽忽,时不时地出来干扰人们的思维和前进方向。

十九大报告在谈到"坚持全面深化改革"时强调,要"坚决破除一切不合时宜的思想观念和体制机制弊端,突破利益固化的藩篱,吸收人类文明有益成果"。值得思考的是,为什么我们老是要"解放思想"?老是要作一次次的"观念"突围?进一步的问题还在于:那些长期束缚人们头脑,给发展、变革、创新带来重重阻力的东西,究竟是怎么来的?

很多观念形态,比如"计划经济"观念,并不是天生就有的,而是我们花了气力建立起来的。它们从无到有、从微到强、从道理到真理,渐尔蔚然成风,成为"行动定律"。一种有趣的现象是:我们常常花上几年、十几年、几十年,建立一套套观念系统,然后再花更多的时间和气力去破除它们。

马克思在《哲学的贫困》中说:"人们按照自己的物质生产的发展建立相应的社会关系,正是这些人又按照自己的社会关系创造了相应的原理、观念和范畴。所以,这些观念、范畴也同它们所表现的关系一样,不是永恒的,它们是历史的暂时的产物。"马克思还强调,"生产力的增长、社会关系的破坏、观念的产生都是不断变动的"。

恩格斯在《路德维希·费尔巴哈和德国古典哲学的

终结》中也指出,(人们应该)"意识到他们所获得的一切知识必然具有的局限性,意识到他们在获得知识时所处的环境对这些知识的制约性"。恩格斯还说:"今天被认为是合乎真理的认识都有它隐蔽着的、以后会显露出来的错误的方面,同样,今天已经被认为是错误的认识也有它合乎真理的方面。"

我们公共生活的基本教训之一是,花大力气建立一套观念系统,然后再花更大的力气去打破它。问题在于,无论是在物理学上还是社会学上,"观念建筑"都不似"形体建筑"那样可以"定向爆破",轰的一声,说倒就倒。它们建立难,拆除、重建更难。更何况这些东西还有着高高在上的权威,深藏于人们脑海深处。

社会发展更多的是一个"试错"过程。作为"社会存在"的人类社会,不能过于伦理化了。精神领域的游戏有其特殊性,观念系统的拆除、变更或重建,都得付出极高的交易成本。对于面对着无穷的可探索领域、客观上必须不断"与时迁徙,与世偃仰"的人类社会来说,特别是对于全球化背景下处于现代化历史进程中的中国社会来说,应更好地践行科学发展观,实现"知"与"行"的统一,敏于行而讷于言,唯真、唯实而不唯"道"。这才是健全公共生活的大智慧。

二、创新型国家建设要处理好三个关系

我国推进创新型国家建设不是为追求不切实际的目标，不是为了国际竞争排名的"好看"，而是为了提升人民的生活和生命质量。

在 2016 年全国科技创新大会、两院院士大会、中国科协第九次全国代表大会上，我国进一步确定了"创新型国家"建设三步走战略。我国要在 2020 年建成创新型国家，并接着实现 2030 年进入创新型国家前列、2050 年成为世界科技强国的更高战略目标，任务非常艰巨。从世界发达国家科技创新发展的经历和我国已经开始的创新型国家建设的实践看，要高质量地实现创新型国家建设这一宏伟目标，要切实处理好三方面的战略性关系。

一是处理好与"社会需求"的关系。人类每一项重大创新都源于对社会生活实际需求的回应。实现"供需对应"是科技创新源源不绝的生命活力所在。创新型国家建设不是个抽象的价值概念，第一目标是改善人民生活，给本国人民带来更多实际福祉，正如习近平总书记指出的，"中国要强，中国人民生活要好，必须有强大科技"，"科学研究既要追求知识和真理，也要服务于经济社会发展和广大人民群众"。

简单说，我国推进创新型国家建设不是为了追求不切实际的目标，不是为了国际竞争排名的"好看"，而是为了提升人民的生活和生命质量。由此我国科技发展，面临着事实上的价值目标的审慎选择。正如思想家达尔指出的："良好的目的彼此常常存在冲突，而资源又有限，因此无论个人还是政府的政策决定，几乎总是需要权衡，需要对不同目的进行平衡。"通过增加科技创新对生活的供给，服务经济社会发展，让人民有更多的获得感，是我国科技创新和创新型国家建设的根本动力所在。

进一步厘清我国现阶段社会和大众的需求究竟是什么。把社会需求、人民福祉和"获得感"作为科技创新和创新型国家建设的战略依据。中国是发展中国家，本质上还处于社会主义初期阶段。要抑制过分"高大上"的耗资项目，以务实的科学态度来筹划和推进国家创新型建设。当然这不是简单地跟着"社会需求"亦步亦趋。一方面要立足于社会需求，立足于改善人民实际生活，尊重科技进步和变迁的"原动力"，避免追求抽象的价值诉求；另一方面又要在国际科技竞争格局中找准清晰定位，赢得更为长远的国际竞争能力。

二是处理好与"社会伦理"的关系。从世界范围内科技革命发展态势看，科技发展与社会伦理之间的冲突日益突出。科技发展所带来的并不都是人类生活的福音，而是一个喜忧参半、福祸相倚的过程。人类在原子能、核动力、炸药、化工技术、海洋技术、造纸技术、生物技术、纺织技术等方面每一步的突破，都在带来"福利"的同时对生存条件构成了威胁。"潘多拉魔盒"阴影始终存在。如何处理好与社会伦理的关系，是我国创新型国家建设需面对和处理好的又一个重大战略性问题。

科技社会伦理是科技创新过程中人与社会、人与自然、人与人关系的底线和伦理准则。人类科技发展的一个基本事实是，科技发展有着不断突破伦理底线的冲动。人类经历一再表明，科技发展和创新必须受制于社会伦理，否则带来的后果和风险是不可预测的，是灾难性的。正如恩格斯指出的："我们不要过分陶醉于我们人类对自然的胜利。对于每一次这样的胜利，自然界都对我们进行着报复。"

实际上，我国创新型国家建设具有某种"后发优势"，即可以充分吸纳许多发达国家的经验教训，规避各种"不当"行为，把科技创新和创新型国家建设放在坚实的社会伦理约束的基础上。坚决规避先"突破伦理底线，再回过头来整治、纠偏、矫正"的惯性，无论科学创新、技术创新还是产业创新，都应把可能风险和负面因素抑制到最低。在这个意义上，中国的创新型国家建设应成为"升级版"，即充分吸纳了发达国家经验教训的"新型的"创新型国家建设。

三是处理好与"社会科学"的关系。社会科学在我国科技发展和创新型国家建设中应担当何种角色、承担怎样的任务，一直是个比较模糊的问题。社会科学与自然科学"两张皮"在我国一直比较突出。这主要表现为：一是把自然科学和科技发展与社会科学割裂开来，在规划科技创新时缺乏"社科视野"，也缺乏对社会科学作相应的一体化筹划，没能实现相得益彰、相互促进；二是一些地方狭隘的"工科思维"和线性理念突出，单质化考虑经济和科技发展，缺乏社会的综合参与。这种做法不仅与当代世界科技发展理念相悖，也使经济和科技发展捉襟见肘，严重制约我国现代化可持续发展。

社会科学产生于人类科技进步和城市文明进程中。社会科学是近代自然科学和技术革命发展的产物。正如李政道先生指出的：科技与人文是一枚硬币的两面，它们是一体的、不可分割的。综观现当代世界科技发展历史，社会科学在一个国家的经济和科技发展中至少有着四方面功能：第一，为科技创新发展优化社会人文环境，激荡公共理性，引导社会心理；第二，动员和组织社会公众参与科技创新实践，普及科学理念；第三，建构相应的公共政策和规制体系，优化实现科技创新的社会条件；第四，汇纳世界科技思想和智慧，发展中国特色科技哲学，为科技创新和创新型国家建设提供应有的伦理警策。

我国老一辈科学家如李四光、华罗庚、苏步青、茅以升、钱学森、王大珩、严济慈、梁思成、周培源等都是

"人文大擘"，具有极高的社会科学和人文素养，这成为他们取得出色科技成就的一种重要支撑。

目前世界上二十多个创新型国家除了创新投入高，研发投入即 R&D（研究与开发）支出占 GDP 比例一般高于 2%、科技进步贡献率在 70% 以上、自主创新能力强、创新产出高，对外技术依存度低于 30%、发明专利在全世界总数中占比大，此外，还有一个非常重要的特点，就是社会科学与科技发展融合度高，社会科学对于科技发展和经济发展参与性强；其创新主体不仅是大学、研究机构和企业单位，还有更多的创新型的社会组织和群体的参与。

中国建设创新型国家，是人类文明地平线上的新景观。我们要风物长宜放眼量，在上述三方面有切实的、整体性的举措导入，以全面实现创新国家建设的各项目标。

三、政策创新应遵循的基本原则

一个不争的事实是，今天各地很多贴着"创新"标签的公共治理政策行为；只有形式的"创新"而无实质上的突破，不可能真正达到创新的目标。

政策创新是政策领域的题中应有之义。公共政策的创新能力，反映了一个政治系统的治政能力。公共政策创新不仅影响着人们的生活，更形塑着整个社会面貌。高质量的政策创新能推进有限资源配置的效率优化，激发社会活力和创新精神，实现社会福祉最大化。

社会生活一日千里，政策领域面临着日新月异的推进社会进步的创新驱动与压力。我国改革开放几十年来的社会进步与发展，很多是政策创新推动的结果。2020年我国各项现代化目标的实现，也要以进一步的政策创新来推进。但是实现高质量的政策创新，必须遵循一些最重要的基本原则：

一是应需原则。政策创新的目的是有效解决各种社会问题。任何一项政策创新，都应立足于坚实的实际需求基础之上，应对新情况、解决新问题，是现实需求基础上的"应需"之作。本质上，任何一项真正有效的政策都是创新之果。没有现实的需求，便没有创新。因此政策创新首先应实现"政策供给-政策需求"之间的对称。

政策需求亦即政策动力，它是政策创制、创新的逻辑起点。没有政策需求的创制创新，乃为无本之木、无源之水。但需注意的是，应对各种"政策动议"作严格、客观的分析，因为并不是所有的"政策需求"都是真实的。有些政策动因开始很强劲，但很快会减弱、变化或消解。不稳定的、暂时的、有局限的政策动因，不能作为政策创制和创新的依据。

政策创新"应需原则"体现了历史唯物主义的实践原则。正如马克思指出的，"社会生活在本质上是实践的"，"人应该在实践中证明自己思维的真理性，即自己思维的现实性和力量"。政策创新只有在实践中证明"现实性和力量"，才是正义的。缺乏现实依据的创新，供-需不对称的创新，形式主义花架子的创新，都劳民伤财，应坚决禁止。

二是超越原则。政策创新是一种"质"的突破，是对原有政策行为的完善和超越。没有实质性的革故鼎新，就谈不上"创新"，也没必要"创新"。在政策设计和创制中，不仅要检视政策动力机制是否客观存在，存在是否合理，更要检视政策创新是否具有"推陈出新"的品质和本质。一个不争的事实是，今天各地很多贴着"创新"标签的公共治理政策行为，只有形式的"创新"而无公共治理实质上的突破。这样的"创新"，不可能真正达到创新之目标。政策创新犹如"删繁就简三秋树，领异标新二月花"，具有"与时俱进换新天"的强健超越力量。

三是容错原则。真正的政策创新不仅难度大、挑战强，更存在失败"担责"的风险。当下在我国推进国家治理体系与治理能力现代化进程中，政策领域出现"创新疲软"现象，很大程度上是因人们怕创新失败和犯错误而畏首畏尾。鼓励更多的人敢吃螃蟹，敢冒风险，敢为天下先，就要建立"容错机制"——凡立足于推进改革发展的探索创新且未造成特别重大损失的，其失败应免于追责。

政策创新"容错原则"包括两方面：容许探索创新"结果"的失败；容许政策创新在投放社会后有一定时间的"延迟反应"和完善调整的空间。这是对"创新艰难性"的理解和尊重。深圳、上海等地通过立法先后推出鼓励创新的"免责条例"，取得良好效果。但对于"容错机制"应有更为周全的认识：其一，创新疲软不能光靠"容错"来解决。造成创新疲软有着诸多社会因素，是个需多管齐下来解决的问题，只是"容错"还不够；其二，"创新容错"与"创新纠错"应构成联动，它们是一枚硬币的两面。很多创新疲软，恰恰是由行政不作为、乱作为并且追究不力造成的。缺乏严格的"纠错机制"，就没有真正的"容错机制"。

　　四是试错原则。真正有价值的创新是很难的。因此推进政策创新不仅需要"容错"，更要善于"试错"，有"摸着石头过河"的审慎和"千淘万漉虽辛苦，吹尽狂沙始得金"的科学精神。从人类政策实践看，"社会自发秩序"所体现的规则是渐进与进化。社会创新是累积渐进的，积小胜为大胜。因此政策创新既是一个渐进进程，也是一种包括创新需求的确认、创新路径的合理、创新方法的得当、合乎公共理性等许多环节在内的渐进技术。

　　思想家萨托利曾批评过"求新癖"："求新癖是指不惜任何代价地求新……'求新癖患者'的特征是，狂热地想超过和取代一切人和物。""试错原则"强调创新行为要合乎特定事物的性质、逻辑和公共理性，正如孟德斯鸠在谈到法律制定时指出的，"要特别注意法律应如何构想，以免法律和事物的性质相违背"。要规避为寻求"尽善尽美"的理想目标而导致大规模盲动主义的倾向。"治大国若烹小鲜"，有节制的"试错创新"而不是"不惜任何代价地求新"，才合乎人类创新的文化特性。

　　五是实效原则。政策创新务求实效，必须有切实的可预期的实际效益。要避免一方面是"创新"话语的铺天盖地，一方面则是真正创新的短缺。功能是社会政策创新的出发点和落脚点。"良好的目的彼此常常存在冲突，而资源又有限，因此无论个人还是政府的政策决定，几乎总是需要权衡，需要对不同目的进行平衡"（达尔）；"社会的发展就是通过人口与物质方式之间、出生与死亡之间、供与求之间、生产与分配之间、社会结构与社会功能之间、迁移与定居之间、激进与保守之间、个人主义与社会主义之间以及进步与稳定之间不断保持平衡而实现的。"(斯宾塞)政策创新就是在这种复杂情境和诸多变量中，来求得更多的效能。

"实效原则"还要求当我们能以市场途径和方式来解决问题时，或者能以社会自主方式来解决相关问题时，就不应试图以行政行为来包办。即使在市场失灵的条件下，政策也不是可以包打天下的。有些社会问题可能通过政策创新来解决，有些则不能。

六是成本原则。无论政策的创制、创新还是政策的有效施行，都耗费大量公共资源，贯彻成本原则非常重要。政策创新成本原则最简单的表述是：在成本确定的前提下，力求收益最大化；或在收益确定的前提下，力求把成本降到最低限度。

"成本-收益分析"同效用理论、资源配置理论、工程经济学、福利经济学、运筹学、经济分析理论等相关，但在政策创新领域也有着广泛运用空间。政策收益是与政策成本相较而言的，即以相对合理的成本投入获取尽可能大的政策收益。如前所述，政策创新是为了解决相应问题，要遏制那种不计成本、不惜代价、不计后果的"大手笔"和政绩冲动。有些重大决策一旦制定并实施，再要回头，代价极为高昂，决不可挥斥方遒、随意任性。要依行"奥卡姆剃刀"，裁剪不必要的杂枝旁叶和"创新溢出"。对于那些不适时宜的政策则应以政策废止、政策分解、政策合并、政策缩减、政策替代等予以终结，以减少政策运行消耗，促进创新循环。

政策创新的成本不仅是个经济概念，还包括诸如社会成本、信誉成本等重要内容。"中看不中用"的政策创新和投入巨大不重产出的政策创新，不仅无谓消耗大量公共资源，更严重影响公信力，甚至削弱公权力的合法性基础。要建立完善政策创新"投入-产出"评估机制，禁止政策出台方自己评估自己的"自说自话"方式，确保各种政策创新特别是重大政策的创新和实施，都经过严格的科学论证和客观真实的效能评价。

四、上海自贸区：大改革的新起点

> 正如李克强总理说的："中国走到了这一步，就该选择一个新的开放试点。上海完全有条件、有基础实验这件事，要用开放促进改革。"

随着上海自由贸易区挂牌和自贸区管委会正式受理业务，上海新一轮改革开放拉开大幕。作为上海转型发展和体制创新的试验区，自贸区凝聚了广泛期待，聚焦了全球目光。

上海自贸区是 28.78 平方公里、具有良好基础设施的热土，已吸收 12000 多家企业投资，世界 500 强企业投资项目有 230 多个。2012 年进出口贸易额就达 1130 亿美元。世界金融危机后，国际经济政治环境巨变，上海如何在新形势下尽快提升国际竞争力，带动整个长三角地区发展，是个大课题。

与许多地方一样，上海面临着许多"不得不改"的情势，若没有实质性重大突破，必然后退。创新是个风光无限的过程，但更多是个风尘仆仆或风雨交加、突破重围的过程。建立自贸区是寻求突围、实现突围的重要抓手，正如李克强总理说的："中国走到了这一步，就该选择一个新的开放试点。上海完全有条件、有基础试验这件事，要用开放促进改革。"

上海自贸区不只是个经济性概念，更是个综合性行政管理体制创新和探索的命题。作为一项重大战略决策，它是顺应全球经贸发展新态势，遵循国际规则，加大对外开放的大举措；把自贸区理解为经济范畴，是狭隘的。

在国家战略上，设立自贸区，是推进上海加快发展决策序列的第三个环节。

1990 年 4 月，中央宣布开发开放浦东，旋即推出十项优惠政策措施和九项具体规定，掀开了浦东开发开放的历史；2005 年 6 月，国务院批准在浦东新区进行全国首家"综合配套改革"试点，探索"全国能借鉴、上海能推广、浦东能突破"的改革新路；2013 年 7 月 3 日，国务院常务会议通过《中国（上海）自由贸易试验区总体方案》，确立设立自贸区，这是推进上海加快发展的重大决策的第三波，也是浦东开发开放和综合配套改革的延伸。

在试验任务上，对自贸区的探索有三条主线：一是以经济发展方式转变为主线的金融监管、税收管理体制变革；二是以适应公共需求变化和基本公共服务均等化为主线的社会体制变革；三是以政府转型为主线的行政管理体制变革。核心是在制度和体制上，如何按国际化、法治化要求，探索建立与高标准投资贸易规则体系相适应的行政管理体系，拿出可复制、可推广的经验。它不仅是对外开放经济的试验，更是政府职能转型的试验。

作为全球最大的外资吸引国，我国一直实行"正面清单"管理模式，外资进来后"能干什么"，由政府说了算并须经历繁杂的行政审批流程。自贸区已推出的"负面清单"管理模式，意味着80%以上外商投资项目由核准制改为备案制。这种新型管理模式的本质，是"法无禁止皆可为"，体现了法治精神和现代文明主潮，不仅提升了管理效率，更为遏制寻租和腐败提供了条件。

2013年自贸区相关法律法规已颁布19件，更多法律法规正陆续出台。作为一项重大制度性试验，设立上海自贸区是全面提升开放和管理水平的"试验田"，而非微观的"优惠政策"。《易·系辞上》说，"日新之谓盛德"，推进制度性、体制性变革，大胆试、大胆闯，推陈出新，继往开来，是自贸区最为深厚的改革"盛德"，也是其最为本质的创新和改革命题。

五、"自贸区2.0版"的示范效应

> 自贸区扩区是包括自由贸易、金融开放、政府职能转变等在内的综合改革模式的创新,扩区从根本上打破了自贸区在海关特殊监管区域内才能运行的传统模式。

2015年4月20日国务院《进一步深化中国(上海)自由贸易试验区改革方案》发布,表明中国自贸区进入"2.0时代"。上海自贸区扩区后,包括陆家嘴金融区、金桥开发区和张江高科技园区,面积120.72平方公里,是原有的4倍。扩区后的上海自贸区将与上海建设国际经济中心、科创中心并举,成为保持上海先发优势,推进新一轮改革发展的新动力。

从全面深化改革的总体战略布局看,上海自贸区的扩区内涵非常丰富,其示范效应至少表现在三个方面:

首先是从物理扩区到功能扩区。自贸区成立后一年内新增企业1.26万家,新增外资企业1784家,超过以往20年的总和,对外投资总额达23亿美元。但上海自贸区原有功能相对单一,主要业态是贸易和物流。此次扩区不仅是物理的,更是功能上的拓展。扩区后金融要素最集中的陆家嘴地区进行服务业的拓展开放,建设服务业引资高地;金桥开发区进一步发展生产性服务业和先进制造业;张江高科技园区则以推进金融创新、集聚更多高层次人才,为科创中心提供支撑为目标。这可大大强化自贸区的试验功能和"压力测试",在更广阔范围内检验各种创新,以形成更多可复制、可推广的经验。

其次是从地域扩区到模式扩区。在货物贸易为全球贸易主流的时代,世界各国为促进贸易便利化,大多对自贸区实施特殊监管,上海自贸区亦如此。新设立的粤津闽三地自贸区也都实行海关特殊监管加非海关特区模式,显示了深化改革的决心。更重要的是,自贸区扩区是包括自由贸易、金融开放、政府职能转变等在内的综合改革模式的创新,扩区从根本上打破了自贸区在海关特殊监管区域内才能运行的传统模式。

此次国务院批准发布的25项改革措施,使自贸区模式超越现有物理空间,辐射到浦东乃至全上海、长三角和全国。随着未来我国自贸区的多点设置,服务贸易将迅猛拓展。与货物贸易相比,服务贸易更具有不受物理区域限制的特点。由此自贸区扩区更是世界通行经贸模式和政府体制创新模式的推广,而创新模式的"外溢",更具有实质意义。

第三是从管理扩区到理念扩区。根据国家总体部署,上海自贸区扩区后将按照"开放程度最高的自贸试验区"这一目标"对标"国际通行贸易规则。在已有的基础上，上海自贸区将拓展产业预警、权益保护、信息公开、科技创新、人才服务体系等新内容，探索在整个行政区以开放促改革的体制机制，以新理念、新思维来推动政府体制改革和政府职能的转变；在准入国民待遇、负面清单的投资管理模式、贸易便利化、资本项目可兑换和金融服务业开放等金融制度创新以及事中、事后监管等方面，将作更多的深度探索。同时，诊断中国和其他经济大国在经济发展、贸易往来的未来大趋势。这一切，观念和思维的深刻变革才是实现管理创新乃至整个社会相应变革的核心。因此，扩区不仅是管理上的，其核心是观念和思维的革故鼎新，将现代经贸理念和思维推广到各个经济领域。

党的十八届三中全会作出全面深化改革若干重大问题的决定，上海自贸区的扩区和广东、天津、福建自贸区的设立正是在这一背景下展开的。十九大报告提出，赋予自由贸易实验区更大改革自主权，探索建设自由贸易港，再一次显示了中央全面推进改革的决心与魄力。其意义在于为全面深化改革，实现经济新常态乃至在2020年全面建成小康社会，产生历史性的示范效应。

六、创新是个政策和体制命题

体制与政策是创新的决定性变量。"形成促进创新的体制架构"不仅要激发民间的创新冲动,构筑政策法治环境,还在于如何让创新成本与创新收益之间实现正向的比率。

没有创新,就没有现代化。从整个现代文明的架构看,市场经济、民主政治、法治社会、正义伦理等,都是创新之果。从根本上说,文明的每一个进步,都是由创新推动的"拾级而上"。

十八届五中全会把创新列为五大发展理念之首,强调"必须把创新摆在国家发展全局的核心位置,必须把发展基点放在创新上,形成促进创新的体制架构"。

如何"形成促进创新的体制架构",是"十三五"一个很大的命题。

改革开放后我国实行"市场换技术"政策,大幅度促进了产业规模发展,但换不来核心技术。根据国家知识产权局的数据,国内拥有自主知识产权核心技术的企业,仅为万分之三,99%的企业没有专利,60%的企业没有自己的商标。我国汽车工业发展迅猛，但没有一个完全自主的世界级品牌。在产业技术领域，我国专利发明只有日本的 1/30，美国的 1/30，韩国的 1/4。

据测算，我国大中型国企科技水平比世界先进水平平均落后 5 至 10 年，机械制造业落后 15 至 20 年，石化行业落后 20 年。改革开放后遍及全国的"国家高新技术开发区"，57% 以上技术来自国外，"高新技术"不高不新，缺乏自主创新研发的原动力，成为这些园区没能对社会经济形成拉动和结构性调整的重要原因。

从创新发展的内生逻辑来看，一个国家的创新，无论经济、科技、文化、制度，真正的动力都发轫于民间。但如果创新的社会成本和风险过高，就没人愿意尝试创新。促进创新的体制架构不仅要激发民间的创新冲动，构筑让人们放手创新发明的政策法治环境，还在于如何让创新成本与创新收益之间实现正向的成本收益率。

其次，一个国家的创新归根结蒂表现在原创能力上。我国建设创新型国家面临的一个转型任务，就是要从偏重引进、仿制甚至"山寨"，转向真正自主研发和原始创新、集成创新和颠覆性创新。在全球公认的二十多个创新型国家中，如美、日、芬兰、韩国等，技术原创能力成为国家核心驱动力，科技进步贡献率在 70% 以上，对外技术依存度在 30% 以下。2020 年我国要迈进创新型国家行列，必须跳出技术依附的陷阱，创制和设计鼓励自主创新研发的政策和制度。

第三，大学和科研院所应成为引领创新的基地、高地和"发祥地"。发达国家的高等院校、研发机构都处于社会创新的最前沿。十八届五中全会提出"推进有特色高水平大学和科研院所建设"的目标，要求"推动政府职能从研发管理向创新服务转变"即基于这一考量。高校行政化是扼杀创新最大的杀手，所有大学首先应成为"创新型大学"，站到创新第一线，担当起引领创新发展的任务。

说到底，创新是一个政策和体制命题，体制与政策是创新的决定性变量。印度产生了几十个像信息系统技术有限公司这样的世界一流企业。有学者曾指出：印度有透明的管理规范，实行法治，所以有创新的内生动力，不同于中国许多国企和得到政府资助的企业。

今天的中国，一方面是创新话语铺天盖地；另一方面是真正有价值的创新还很不够。要实现十八届五中全会提出的"让创新贯穿党和国家一切工作，让创新在全社会蔚然成风"，必须大幅度降低创新的社会成本和体制机制障碍，政府行为要从组织投资为主导转向以营建"促进创新的体制架构"为主导，使创新成为推动我国加快发展的灵魂。

七、"书香社会"是文化创新的前提

> 文化创新的一个任务，是要把中心城市建设成文化创新
> 型城市，让更多的中心城市成为发散文化创新的重镇。

1871年，英国文化学家泰勒在《原始文化》一书中提出了狭义文化的早期经典学说，即文化是包括知识、信仰、艺术、道德、法律、习俗和任何人作为一名社会成员而获得的能力和习惯在内的复杂整体。而英国人类学家马林诺夫斯基，发展了泰勒关于文化的定义，指出文化是指那一群传统的器物、货品、技术、思想、习惯及价值。文化的博物涵容，作用于一切社会生活，调适着社会万象。在今天中国社会经济发展中，人与城市，是文化创新发展的两个关节点和着力点。

其一，要培养"书香社会"。"文化强国"的前提，是有"书香社会"的存在，"书香社会"的前提是有热爱读书的社会大众。读书延长人的生命长度并涵养生命气质。读书多了，灵魂会透出书香。几年前，中国社会科学院邀请以色列著名作家阿摩斯·奥兹作演讲。他在

回答"犹太人有大量成功的商人、科学家、文学家、诺贝尔文学奖得主,这是为什么"的问题时说:原因是在漫长岁月里,犹太人除了书一无所有。有句犹太谚语说:如果你想在一个冬天避雨,就造个茅屋;如果你想在许多冬天避雨,就造所石屋;如果你想让子孙铭记,就造座城市;如果你想流芳千古,就写一本书。阿摩斯·奥兹说:"犹太人是书的民族,书对他们太重要了。以色列的图书平均销售量和发行量,比世界上任何一个国家都大。"

人为什么要读书?因为书是一代代人心智和经验的累积,是一代代生命在大自然日月风雨中的心灵回响,正如赫尔岑有句话说的:"一切震撼智慧的学说、一切打动心灵的热情,都在书里结晶成形。"书是人们有限生命和旅程的扩展。书的伟大,在于造就人格的伟大,造就一个民族的伟大。不读书,就关闭了历史和未来两扇门。一个民族读书多了,灵魂就有了芬芳,就有了书卷气。

西汉刘向说:"书犹药也,善读之可以医愚。"文化的根本功能是提升人的精神境界,为社会生活提供意义坐标和价值系统,使人不仅在物质生活上,更在知识、道德、审美各个方面得到全面发展。近年来,各地从"农家书屋"、"文化立省"到"书香城市",种种文化自觉和自强让人倍感振奋。但在另一方面,普遍化的轻读书、不读书,则是一个令人忧虑的社会倾向。统计数据显示,美国有近12万个各类图书馆,其中在社区乡镇的公共图书馆有 9445 个（主要由财政税收支持），以美国 3 亿人口计，平均 2500 人拥有一个图书馆。美国每年至少有 11 亿人次光顾公共图书馆。中国在图书馆上所花经费仅占 GDP 的 0.01% 左右，是美国的 1/10。由于美国 GDP 是中国的 3 倍左右，人口则是中国 1/4，如按人均计算，美国的图书馆开支是中国的 120 倍。在中国社会的消费结构中，图书只占社会商品零售总额的 7‰。四十多年来，一直是这个比例。前几年，中国出版科学研究所"国民阅读与购买倾向抽样调查"称，中国国民有读书习惯的，只占中国总人口的 5%。读书方能致远，读书方能建成"文化强国"。营建书香社会是当下文化创新面临的重要任务。

其二，城市要有"文化身份"。以大都市为中心的当代城市化进程，深刻改变了传统社会生产模式、文化生产与消费模式、人的生活态度与价值观念。大都市是国家实现产业创新和经济增长的核心空间，建设创新型文化城市是建设创新型国家的核心依托。文化创新的一个任务，是要把中心城市建设成文化创新型城市，让更多的中心城市成为发散文化创新的重镇。这当中，如何凸显城市的文化身份，是新一轮城市建设中亟待解决的突出问题。

一个没有"文化身份"的城市本质上是没有个性和生命力的。全国大大小小的城市雷同化、齐一化、同构化，以及城市形貌和内质缺少文化质感的根本缘由，在于缺失一个关键性文化理念，即城市发展演绎的是"天道"而非"人道"。作为文化文明积淀之物和人生存的物理空间的城市，本质上是"自然秩序"作用之果而非砖瓦"打造"的结果。深刻地体认城市文化的内在禀赋，尊重其文化个性，是每一个城市推进文化创新发展应当认真解决好的问题。

此外，在实施"文化强国"的战略中，特别是在提升本国文化的国际竞争力过程中，如何更好地弘扬民族精神，也是一个大课题。国民文化有着巨大制约力量。通过文化性的强制，国民行为模式会得到加强。国民文化作为一种文化性的"社会环境"，迫使生活在其中的人们，接受某种精神的和生活的方式。正如英国语言学家、功能学派代表约翰·鲁珀特·弗思说的：任何一种环境在一定程度上总要迫使生活在其中的人们接受一种物质生活方式。

在民族精神与国民文化的关系上，民族精神是国民文化中比较突出的也是稳定的部分，它甚至决定了一国的气象格局。在一个民族、一个国家中，公民品格是有历史渊源的，在群体生活过程中形成并在多数群体成员身上得到体现的人格特点，作为一种共性特质隐藏在人的人格深处。社会文化决定公民社会心理，社会心理是公民社会和公民文化的心智空间。在漫长的历史行进中，中华民族逐步形成民族精神的主旋律。这种民族精神主旋律是与文化传统共生的，具有鲜明的民族特色，它是我们推进文化创新的内在原动力。新时代的伦理发展需要民族历史精神的滋养。今天社会道德建设一方面应对时代精神的融合，另一方面应注重对传统文化的扬弃，以更深切的"文化自觉"从中华民族精神的历史资源中汲取滋养。

文化是一种历史的深沉的力量。当一个社会形成主导性的社会文化时，就有了强劲的形塑力和穿透力，这正如葛兰西说的："文化是一种组织，是对人内在性的训练。"更重要的事实在于，世界现代化的历程表明：一个国家的现代化，是以包括政治文化（国民文化）转型在内的社会重大转型为基础的。没有这一前提和基础，一个国家的现代化不可能真正实现。

总之，创新是文化的永恒命题和本质特征。一部人类发展史，本质上是一部文化进步史。文化的创新和繁荣，才是中华民族实现伟大复兴的制胜之道。我们要大力营造鼓励文化创新的社会环境，努力使创新和变革成为文化建设的主旋律、文化发展的最强音。通过推进深化体制和制度性改革，进一步解放和发展文化生产力，为人民提供广阔的文化舞台，让一切文化创造源泉充分涌流，以促进中华民族开创新的伟大时代，加快实现民族的伟大复兴。

八、慎提"文化重建"

文化不是一代人的产物，而是一个民族、一个或数个生命群落经历代风霜雪雨后的一点痕迹。无论在哪个民族中，文化都是一座既定的高山。

文化是最深沉的力量

文化是人类文明进步最本质、最深沉的力量。文化是国家和民族的灵魂，体现了民族和国家的品格。文化的力量深深熔铸于民族的生命力、创造力和凝聚力之中。五千年悠久灿烂的中华文化，为人类文明作出了巨大贡献，是中华民族生生不息、国脉传承的精神纽带，也是中华民族战胜各种严峻挑战和各种劫难过程中百折不挠的力量源泉。而人类社会最本质的发展是文化的发展，最本质的创新是文化的创新。

"文化是民族的血脉，是人民的精神家园。全面建成小康社会，实现中华民族伟大复兴，必须推动社会主义文化大发展大繁荣，兴起社会主义文化建设新高潮。"

中华民族已进入全面复兴的伟大时代，文化创新问题一再被提上议事日程。十七大报告曾专设章节论述文化创新，强调"在时代的高起点上推动文化内容形式、体制机制、传播手段创新，解放和发展文化生产力，是繁荣文化的必由之路"。十七届六中全会吹响文化兴国的进军号角，提出解放文化生产力，推进文化创新创造，构建与经济硬实力相协调、相促进的文化软实力。十八大报告更加突出了文化在中华民族伟大复兴中的历史重任。十九大报告强调"要坚持中国特色社会主义文化发展道路，激发全民族文化创新创造活力，建设社会主义文化强国"。人类的发展史表明，文化引领时代风气之先，是最需要创新的领域。正因为如此，文化建设和文化创新在中国特色社会主义事业总体布局的"五位一体"结构体系中，占有重要地位；而通过文化创新为中华民族注入新的活力，是总揽国内外大局、加快科学发展观、全面推进中国现代化历史进程的价值主题。

"苟日新，日日新，又日新"

"苟日新，日日新，又日新"，是商汤王刻在澡盆上的铭语。意思是，人把一身污垢洗净了，就能洗心革面，天天保持干净向上的精神状态，人的品性修炼、精神洗礼和思想精进才能洞开新境。《庄子·知北游》说"澡雪而精神"，《礼记·儒行》说"澡身而浴德"，文化的澡浴，便是革故鼎新，没有革故鼎新就没有文化的繁荣和发展。十八大提出要"提高国家文化软实力，发挥文化引领风尚、教育人民、服务社会、推动发展的作用"，就是要发挥文化在社会创新上的引领功能和作用。毫无疑问，没有文化自身的变革创新，社会的变革创新便没有内在的历史渊源和原动力。

但同时还应看到，文化的变革和发展有其自身刚性的内在逻辑。鲁迅先生说："文化是骨髓里的东西。"文化是物质的，更是心灵的。文化不是一代人的产物，而是一个民族、一个或数个生命群落经历代风霜雪雨后的一点痕迹。无论在哪个民族中，文化都是一座既定的高山。文化因子是延承的，文化因子的改变正如人要改变自身基因一样几乎不可能。正如丹尼尔·贝尔指出的："文化有自己刚性的逻辑，不会臣服于人的意志和操纵。"文化的变革，需要很长的历史时间才能完成。文化作为历代人无意识的产物，作为无数代生命的延续和维系，文化的激荡和变革是"自然"的事。

一方面，我们要有更多、更紧迫的文化自觉；另一方面，我们要克服"文化理性主义"的浮躁和浮夸。一些地方在文化领域的"重建"、"打造"等偏好，说到底是对文化缺乏敬畏感、不尊重文化内在规律的"理性的虚妄"，它是文化创新和文化发展的大忌。我们在进行文化创新时，应当充分顾及和尊重文化的内在特性和其自身逻辑，克服急躁冒进的情绪而不随心所欲。

人、自然、社会、文化

钱穆先生曾辨证"文明"与"文化"的关系说:"文明"、"文化"两辞,皆自西方译而来。此二语应有别,而国人每多混用。大体文明文化,皆指人类群体生活而言。文明偏在外,属物质方面。文化偏在内,属精神方面。故文明可以向外传播与接受,文化则必须由其群体内部精神累积而产生。他还指出:"文化可以产出文明来,文明却不一定能产出文化来。"

文化的薪火相传对于一个国家、一个民族的群体行为和社会制度路径选择,具有深刻影响,而文明进步对于人类社会发展具有决定性意义。一个社会系统的演化,是文化与文明两种力量交互作用的结果。文化基于历史传承,文明基于科学进步,两者虽相互影响,却依循各自规律。当文化传承与文明进步的张力保持一致时,两者会形成相互协调和促进的和谐状态;当文明进步与文化传承发生冲突并达到一定临界点时,文明基于自身的进步规律会与文化产生"排异"。而文化上的缺陷,时常伴随文明的发展传播而渐行显露,并成为文明进步的樊篱。这时,制度创新便成为调适文化、文明关系的内生性要求,并可能产生两种结果:一是引起文化的强制性变迁,以适应文明进步的价值和制度范式;二是文化对文明形成掣肘作用,使社会行为保持在与文化传承相适应的价值结构与制度范式中。

本质上，文化显映的是一种心灵的力量；而文明积淀的更是物质的力量。文化传承、文明进步与制度创新应当形成良性的发展合力。中国的改革开放，是在传统文化价值观和计划经济体制与工业文明所必需的个体创新性不相适应的情态下发生的集文化变迁和文明进步于一体的经济社会体制的伟大创新。正是文化传承与文明进步之间的相互关系，决定了我国改革开放、实行社会主义市场经济体制乃至确立"科学发展"的必然性。显然，这场制度创新，显现了文化创新与文明进步的互动与合力。

文化不是现实经济活动的直接产物，它们之间存在着各种各样的复杂的变量。山脉、河流、海洋等自然条件的影响，不同民族的居住地、环境、先前的社会观念、现实生活境况和发展趋势以及制度文明的需求与制度创制等，都给文化发展和创新提供了特殊命题。我们要从人、自然、社会这三者的关系上，来体认和追寻文化创新的价值和它与文明进步的交互作用，更加自觉地研究文化变革和发展的规律，以彰显中华民族特有的文化创新精神风貌，促进形成当代中国文化发展的新模式。

"慎提"是为了注意遏制理性过度膨胀，防止把文化当作"手中的泥塑"，因为"在人类社会这个大棋盘上每个棋子都有它自己的行动原则"（亚当·斯密《道德情操论》）。

九、要紧的是推进体制机制的创新

今天我们的公共生活中，需要的不只是对腐败的群情激愤，而是拿出更加科学审慎的制度安排和顶层设计——特别是按照中央部署，坚定地推进政治体制改革。

改革和发展已成为中华民族振兴的主旋律，只有进一步深化改革，才能有效解决当下的诸多社会问题。而从新近披露的一些腐败案件来看，人们更看到了深化体制、机制改革的严峻性和急迫性。

如 2012 年广州市纪委通报：被称为"房叔"的番禺区城管分局原政委蔡彬"未如实申报家庭财产"，拥有 22 处房产，包括别墅、厂房、商铺、商品房住宅和车位等，累计 7203.33 平方米，超 4000 万元。深圳宝安区原区长李文龙贪腐 16 亿，在广东有 3 家工厂，在香港有 6 处房产，情妇 19 人，家属全部移民美国；而之前被披露的辽宁凤城原市委书记王国强卷款两亿逃往美国，其家人亦早移民美国，为典型的"裸官"……

2011 年 6 月，央行发布《我国腐败分子向境外转移资产的途径及监测方法研究》专题报告，截至 2008 年 6 月，中国大陆已有 16000 至 18000 名贪官外逃海外，共卷走 8000 亿，人均卷款 5000 万元，"平均每个中国人被外逃贪官掠走 610 元"。

腐败是人类公共生活的必然现象，也是个世界性难题，但腐败可以被有效遏制。人类规制的产生，正是为了补救人性的缺陷。今天我们公共生活中，需要的不只是对腐败的群情激愤，而是拿出更加科学审慎的制度安排和顶层设计——特别是按照中央部署，坚决地推进政治体制改革。澳门廉政专员冯文庄在 2012 年 10 月发布的《澳门廉政快报》中指出：引致滥权及腐败的主因之一是权力过分集中，欠缺有效的制约方法；认为"澳门廉政建设面对的关键问题"在于制度创新，强化制度的制约力量。

目前我国公职人员在财产申报上，尚无正式的法律规定。目前依据的主要是 1995 年颁布的《关于党政机关县（处）级以上领导干部收入申报的规定》、2010 年颁布的《关于党员领导干部报告个人有关事项的规定》和 2011 年颁布的《关于领导干部报告个人有关事项的规定》等文件。近年官员财产申报在一些地方试点，不少地方试点力度颇大，如浙江磐安县对新提拔干部财产申报的公示等。但据《中国青年报》报道，一些曾是破冰探索的地方或试点力度较大而成为"改革样本"的地方——如新疆阿勒泰、四川高县、湖南浏阳、浙江慈溪、宁夏银川等，如今因各种因素"人走政息"、"偃旗息鼓"。

正如思想家波普说的,"人们需要的与其说是好的人,还不如说是好的制度"。在任何时候任何地方,反腐败的基点不在于"觉悟"或"道德"的自律,而在于有刚性钳制的他律。财产申报是世界公认的反腐败利器,是最有绩效的反贪机制。事实上,今天中国公职人员财产申报已到了非着手立法不可的时刻,只有以此为突破口,通过体制创新,才能构建起反腐败的强大制度体系。

因此,要紧的是推进体制机制的创新。从改革初期的"摸着石头过河"到今天"改革顶层设计",从经济领域到社会政治领域,改革越向前推进,触及矛盾越深,涉及利益越复杂,遇到的阻力就越大。但正如《人民日报》评论文章指出的:"纵观世界一些大党大国的衰落,一个根本原因就是只有修修补补的机巧,没有大刀阔斧的魄力,最终因改革停滞而走入死胡同。"

今天,改革开放中出现的矛盾只能用深化改革的办法去化解,发展中出现的问题只能靠科学发展去解决。只有进一步解放思想,更加坚定地推进各个领域的改革和发展,才能切实解决深层次的体制机制问题,迎来中国现代化和民族复兴更加灿烂的明天。

十、创新是件严肃的事儿

如果侈谈"创新"成为一种时尚，凡事热衷贴"创新"标签而无切切实实的实际突破，只会成为真正创新的巨大阻碍。

前不久笔者去宁夏，宁夏自治区委办在与我们座谈时，说到"创新"。一名自治区领导引用新加坡人民行动党的说法："今天很多事情并不需要刻意去'创新'，人家有好的东西，我们拿来学习就行了。"

这个说法太有道理了。创新固然重要，但善于学习更重要。结合实际善学别人之长，本身也是一种创新。今天全球化资讯时代，社会发展中的很多东西，并不需要我们从原点去探索创新，我们只要多点虚怀若谷、多点关注、多点胸襟，少点闭塞、少点自负，就能学到许多好东西。

无疑，"创新"是今天我们社会的核心话语之一。创新是社会进步之源，但凡事冠"创新"，言必谈"创新"，创新成为无处不在、无事不说的时髦，成了一种标签——"创新是个筐，万事往里装"，却会极大地有害于真正的创新。

今天，现代社会的文明架构——如市场经济、民主政治、正义伦理这些"现代文明"要件，无不是在创新之树上结出的丰硕之果。但创新毕竟是一件十分严肃的事情。"创新"太滥太泛，并不能真正激励创新，反而会将创新戏剧化。今天我们的周围，一方面是创新流行语的铺天盖地，另一方面却是创新突破的无比艰难，它们之间形成了一个巨大的落差。因此，在新公共管理视野中，当下中国创新理念和创新结构的真正建立，尤其要关注以下诸方面：

其一，完善"敢为天下先"的制度环境。特别要有切实保护创新、保护"敢冒"、"敢闯"的制度安排。如果缺乏有效的制度供给，人们创新的"风险成本"太高，真正的创新就难以维系和发展，邓小平在1992年的南方谈话中，提出的"大胆地试"、"大胆地闯"的目标要求，就难以实现，难以蔚然成风，对创新的保护不仅是伦理性的，更应当是制度性的。它应当是一种社会结构性的保护，应列入制度层面的顶层设计来考虑。

其二，推进国家创新战略的整体性布局。创新不只是个价值判断，它更是一套切实的行动方案，须有切切实实的举措导入。今天，从理论创新、体制创新到科技创新，从社会主义市场经济体制的完善到政治体制的改革，都存在大量革故鼎新的命题。我们正经历着深刻的社会转型，转型的本质就是创新，没有创新就没有转型。创新既是社会转型的动力机制，也是转型得以最终完成的支撑所在。要从中华民族复兴的整体目标着眼，对理论创新、体制创新、科技创新等各领域的创新作出宏观、中观和微观层面的框架性战略布局，并不断进行阶段性的深度推进。

其三，防止创新的"泛化"和"标签化"。创新是好事，今天我们太需要真正的创新了。但不是每样事情都能创新，也不是每样事情都需要创新。动辄"创新"，有时只是耗费公共资源的"瞎折腾"。创新的依据源自客观的情势——而更重要的，创新不仅需要勇气，更需要智慧和脚踏实地的求实精神和科学态度。如果侈谈"创新"成为一种时尚，凡事热衷贴"创新"标签而无切切实实的实际突破，只会成为真正创新的巨大阻碍。

而这当中，思想方法的"创新"更为重要的是博采众家之长，为我所用，比"两耳不闻窗外事，一心只为求'创新'"的行为更实在，也更有绩效。《论语》中说，"三人行，必有我师焉。择其善者而从之，其不善者而改之"。这耳熟能详的话，就是一种善学他人之长特别是"鉴政"之道的思想方法。在今天无处不在的"创新"境况中，尤其需要发扬光大这种清醒、务实的"鉴政"思想方法。

第十章　领导·阐导

大数据是人们获得新的认识、创造新的价值的源泉；大数据还是改变市场、组织机构，以及政府与公民关系的方法。

——维克托·迈尔-舍恩伯格等《大数据时代》

一、大领导，小领导

一流的领导者，使人感觉不到他的存在；二流的领导者，能让人服从；三流的领导者，只能让人仰视。

在日常行政过程中，领导干部会显现不同的格局气象。但大体可分为两种：一种是"大领导"，一种是"小领导"。这里说的"大"和"小"，并不以职位高低论，有的人职位高，却是"小领导"，有的人职位低，则是"大领导"。

大领导是"调控型"领导，小领导是"工匠型"领导。大领导应付裕如，"眼中形势胸中策，缓步徐行静不哗"；小领导急不可耐、总是忙。大领导忙大事、忙职分事，忙得其所；小领导凡事忙，分内分外都忙。大领导干大事犹如做小事，平心静气，惠风和畅，什么事到他那儿都云淡风轻；小领导有点事儿就折腾，弄得惊天动地。

大领导放手，喜用"有能耐"之人；小领导抓事，偏好"无威胁"之徒。大领导自己不忙，忙的是他的下属，

430

而他们越忙越有积极性。小领导则好大喜功，凡事好当"第一小提琴手"，对布置下去的事儿总放不下心，总会跨过管理层级，直接干预、"亲自"指挥。

故大领导之"大"，是胸襟格局大，是掌控能力大，是气度开阔，思路清晰，大智若愚，善于授权。

领导场上，有这样一种说法：一流的领导者，使人感觉不到他的存在；二流的领导者，能让人服从；三流的领导者，只能让人仰视。这印证了《老子》中一段意味深长的话："太上，不知有之；其次，亲而誉之；其次，畏之；其次，侮之。"

"使人感觉不到他的存在"的领导者，即《老子》中称为"不知有之"和"亲而誉之"的领导者，就是一种大领导。这在《荀子·天论》中，被称为"大巧在所不为，大智在所不虑"。

小领导浮华，大领导沉静。小领导总是不断发出各种声响，所谓"报纸上有字、电视里有影、广播中有声"。上午开会，下午调研，晚上加班。周一说教育是根本，周二说农业是基础，周三说科技是关键。到了乡下，让你种果树；到了集镇，让你盖大棚；到了厂矿，让你搞技改。整天忙忙碌碌，真可谓"万事劳其形"。

美国通用电气公司前首席执行官韦尔奇认为，领导者"忙碌"必须有意义。韦尔奇说："有人告诉我，他一周工作90小时以上，我对他说：请你写下20件每周让你忙碌90小时的工作。仔细审视后，你会发现，其中至少有10项工作是没有意义或是可以请人代劳的。"韦尔奇说：有的领导者赞美勤奋而漠视效率，追求数量而不问收益。勤奋对于成功是必要的，但它只有在"做正确的事"与"必须亲自操作"时，才有正面意义。

在《史记》中，说了几个"吾不如也"的刘邦，是大领导；有"匹夫之勇"、"妇人之仁"的项羽，是小领导。历史小说《三国演义》中，善于用人的刘备是大领导；喜欢事必躬亲、放不开手的诸葛亮是小领导。

大领导玩大略，小领导玩小智。小领导忙碌，但行政绩效低；大领导从容，但行政绩效高。他们团队风格面貌也会不一样，小领导的团队，一般难以容纳高端人才，大多会由循规蹈矩、唯唯诺诺、能力平平者组成。

当然，不同风格，有时各有所宜。举重若轻、大题小做的大领导，在战略上具有优势；更有推动时局、大变面貌、推进情势的天然力量。举轻若重、小事大忙的小领导，则在和平时期或在战术性工作过程中，更有其"适宜性"。毕竟，对于变数不大的公共管埋"平庸"过程来说，小事大忙、细雨密云，有时也是难以避免的，也有一种存在的"合理性"。

二、非大胸怀者不能为

惊世骇俗之作，必倚赖惊世骇俗之人；改变历史的大举措，必有惊世骇俗的大手笔。一般人只有小打小闹、练练摊的份儿。

1990 年，世界政治发生一件令人瞩目的大事，就是南非著名黑人领袖曼德拉被释放和南非改革历程的开启。像这样一种改变社会的大动作、大变革，非德克勒克这样的大胸襟者不能为。人是历史的匆匆过客，但有的人因一两个动作，给历史留下了印迹。拿中国来说，启始于 1978 年的大变革，非邓小平等那样的领袖不能为。毫无疑问，这段历史，已载入中华民族实现伟大复兴的史册。

古今中外，惊世骇俗之作，必倚赖惊世骇俗之人；改变历史的大举措，必有惊世骇俗的大手笔。一般人只有小打小闹、练练摊的份儿。有点创新有点突破的，非得胸有百万兵、能摧枯拉朽的人，这才是真正的大手笔。人类历史上各个时期，概莫能外。

《庄子·逍遥游》中，蜩（一种蝉）、莺鸠（一种鸠）对着风云九天的大鹏嘲笑说："我决起而飞，枪榆枋，时则不至而控于地而已矣，奚以之九万里而南为？"意思是，你折腾什么，我小打小闹、小跳小飞不也挺好的吗？

蜩和莺鸠，哪里懂得大鹏"扶摇而上九万里"的雄健。人类许多推动社会进程的大手笔，必"以之九万里而南为"这样的高瞻远瞩才有可能。为什么很多前人的大决策、大动作，后人只有仰视、坐其荫益的份？很多事情，有人为，有人不为——与孟子说的"非不能也，是不为也"正相反，"非不为也，是不能也"，差异不在价值观念上，而在于胸襟格局的不同。一个人，一个群体，乃至一个国家，如无"荡胸生层云，决眦入归鸟"的大胸襟，胸中没有大风云，怎能玩出大手笔？

所以历史进程中很多影响深远的大动作、大作品，其实更是胸襟的产物而非观念的产物。就物质形态而言，像中国长城、古埃及金字塔那样的恢宏，已不复往昔。不是今天没有这个技术和条件，而是已没了当时特定历史境况中那样一种苍茫心志，那样一种孕育在"天苍苍、野茫茫"苍凉时空中雄心勃勃的历史气度。

近年有人喜欢描摹毛泽东书法，有人还专以出品"毛体"作品为业，但描摹形似、玩玩可以，想得其神，则不可能。为什么？因为没有毛泽东那样的胸襟格局。那种苍劲、灵动、奔放不羁，是一种大的气脉，是不可复制模仿的。

当年毛泽东《沁园春·雪》一词，在重庆国共谈判期间被传抄一时，轰动山城。词中透出的必胜气势磅礴四溢。当时国民党方面组织了一些所谓"善词者"闭门造车，想对该词"压一压"，结果弄巧成拙。当时，以毛泽东为核心的中国共产党人意气风发、挥斥方遒，《沁园春·雪》中透出来的那种豪气和不凡气度，岂是一般"善词者"可及？

小蜩、鸒鸠与大鹏终究是有差别的。凡推动社会大发展的大动作，非大胸怀者不能为。故此，每个社会重大转折时期，必以一些大举措为标志。2013年"两会"上习近平总书记在参加代表团审议时指出："我国改革已进入攻坚期和深水区，要敢于啃硬骨头，敢于涉险滩……以开放的最大优势谋求更大发展空间。"他还指出，"要突破发展瓶颈、解决深层次矛盾和问题，根本出路就在于创新……以全球视野谋划和推动创新"。

真正的改革者应当志存高远，是大鹏而不是小蜩和鸒鸠。因为只有那些意义深远的大战略、大手笔，一个地区、一个国家的改革发展才会出现新局面，新的文明进步和福祉才有可能——中华民族实现伟大复兴的历史使命，也才能真正实现。

三、小聪明不如大智慧

大智慧与小聪明不一样。大智慧行于可行,止于当止,审时度势,尤以不玩那些小聪明为最。

有人请教一位高僧,说:"什么才是大智慧?"高僧回答:"饿了便吃,困了便睡。"那人听了,以为大笑话,高僧说的太没深意了。其实,高僧说饿了吃、困了睡,就是主张一切顺其自然,懂得遵循天道和人道,懂得遵循大自然的规律和人类社会的规律,这就是真正的大智慧。

治国理政需要大智慧。大智慧是深沉的、战略的、平和的、"得天之道"的东西,"得天之道,其事若自然。失天之道,虽立不安"。而小聪明则是那种小打小敲,看似光亮,实则平庸的东西。小聪明有时虽能逞一时之勇,但长久来看,它很可能是低绩效或是误大事的。

大智慧与小聪明不一样。大智慧行于可行,止于当止,审时度势,尤以不玩那些小聪明为最。"时止而止,时行而行;动静不失其时,其道光明"(《周易·象传》），小聪明则常常"为"所欲为，无不可"为"。小聪明以小知为大知，前不见古人，后不见来者，眼高手低，折腾却自认为是"大手笔"。

1961 年 10 月 23 日，邓小平在接见共青团中央工作会议与会代表时说过一段话："过去冀鲁豫的工作比太行热闹得多，太行的工作不够热闹，但是精雕细刻。当然，那个时候太行的工作再加点热闹就好了，但是归根到底它是细致的工作，精雕细刻的工作，很深入的工作。"邓小平还指出："我们的事业总是要求精雕细刻，没有一样事情不是一点一滴的成绩积累起来的。"

邓小平强调，好的工作不能光图轰轰烈烈和"热闹"，重要的是要有"细致"和"精雕细刻"的精神。大凡好的、高明的治国理政，领导者不但具有高超的决策能力和举重若轻的气度，更有举轻若重、精雕细刻的审慎和沉静。今天中国正处于一个日新月异的变革时期，在现代化进程中，我们不仅需要力量、意志和魅力，更需要"治大国若烹小鲜"，需要细致和精雕细刻，需要"一点一滴积累起来"的耐心，需要"饿了便吃，困了便睡"、尊重客观规律的科学精神。

20 世纪 80 年代，保罗·肯尼迪在《大国的兴衰》一书中指出："中国既是大国中最穷的，同时可能也是战略地位中最差的。"保罗·肯尼迪看到了中国复兴的前景，认为中国的"大战略在连续性和向前看方面，比莫斯科、华盛顿或东京的战略都强，更不用说西欧的了"，"如果经济发展能持续下去，那么这个国家将在几十年内发生巨变。"今天中国正在不断印证保罗·肯尼迪的这一见解。

大智慧不容易,"盖智可以谋人,而不可能谋天"。胡锦涛在谈到治国理政时曾指出,"中国人提倡'海纳百川,有容乃大',主张吸纳百家优长,兼集八方精义"。他还说:"对世界上其他政党的一些做法和措施,我们不能照搬,但对它们在治国理政方面的有益做法,我们要研究和借鉴。"善于研究、借鉴、学习别的民族的优长,是一种大胸怀,也是一种大智慧。

大智慧是一种稀缺资源。人类社会时常出现的一个事实是,小聪明常见而大智慧稀缺。问题还在于人们常把小聪明当作大智慧,社会中的"小聪意志"过于膨胀。这正如苏格拉底说过的:"他自以为智慧,其实并不智慧。"

治国理政要多求证大智慧、体悟大智慧,演绎大智慧,不把小聪明当作大智慧。在全球化时代的变革性社会中,凡事不能心浮气躁,而要多循"天道",不管风吹浪打,胜似闲庭信步,就能进退自如,就能在急遽变革中激荡智慧和理性,立于治国理政的不败之地。

四、读书也是领导力

知识学养很欠缺的人，不可能成为称职的和优秀的领导者。没有良好的读书习惯，很难形成良好的领导人格，很难有真正好的领导力。

官员是必须读书的群体。从政的职业特质，要求领导者成为真正意义上的读书人。这不仅因为公共行政、公共决策的基础是经验和知识，不仅因为治国理政需要知识，更因为知识本身是一种美德，我们的人格行为需要书香来涵养。

在中国古代，除了士子群体，官员是读书量最大的群体。至于饱学之士，历朝历代层出不穷。屈原、张九龄、姚崇、韩愈、欧阳修、苏东坡、王安石、张居正、纪昀……都是饱读诗书的官员。他们的许多文章著述，成为中国文化的瑰宝。毛泽东阅读《旧唐书》《新唐书》，对"开元之治"的重要人物姚崇，有"大政治家、唯物论者姚崇"的批注。范仲淹做地方官时，应邀为新落成的岳阳楼写点文字，他没机会到实地看，只凭图纸，留下了千古绝唱《岳阳楼记》，这就是一种文化素养。中国的文官制度，是由一批读书人作为其灵魂的。

但在今天，官员不读书已是普遍现象。大部分官场从业人员工作之中忙事务，工作之外忙应酬。白天劳心劳力，晚上应酬放松。他们没有时间读书，也没有心思读书。偶尔读点极有限的书，也多为宫廷秘事、炒股经纬、官场秘笈、易经测命之类。当年毛泽东批评"不读书、不看报"、"不知有汉，无论魏晋"，今日尤甚。

当下中国，实用主义理性高涨，凡人凡事，皆以"有用无用"为考量。读书离"实用"太远。在西方，强调知识学习是一种"德行"，工业革命后强调"知识就是力量"，今天"知识是美德"并没失去它的光芒。在中国，即使读书最盛的年代，也强调读书的"经世致用"。今天人们更是重术轻道，轻视知识、贬低知识、读书无用作为一种社会倾向，有整体性地重新抬头的趋势。

在中国古代，官员不读书是很难混的，不读书你连奏折都写不好。今天，稍有职务的官员，根本不用读书和动笔，一切由文秘人员或专门班子代劳，即使三五分钟的"讲话"或一个场合的开场白，亦有专人起草。在整个行政过程中，官员完全可以"不读书、不看报"，一切由人操办。但是，勤于读书、善于研究和思考，历来是共产党人领导行为的题中应有之义。任何"工作繁忙"、"缺乏时间"的借口，都是不能成立的，都不能成为不读书不学习的理由。

领导者"书生气"不好，"书卷气"是需要的。《刘向新序·杂事第五》记载，一次鲁哀公问子夏说："必学而后可以安国保民乎？"子夏说："不学而能，安国保民者，未尝闻也。"陈寿的《三国志》中记载，三国时期孙权要大将吕蒙多读书，吕蒙以"军中多务"作搪塞，孙权说："孤岂欲卿治经为博士邪！但当涉猎，见往事耳。卿言多务，孰若孤？孤常读书，自以为大有所益。"

明人陈继儒的《小窗幽记》中说："多读两句书，少说一句话；读得两行书，说得几句话。"凡为领导者，应多一些读书，少一些应酬；多一些沉静，少一些浮躁；多一些书卷气，少一些市侩气；多一些宁静致远，少一些纵横捭阖。

领导者从事的公共事务和公职活动，决定了对于知识和理性的内在信赖性。古今中外大量事例表明，知识学养很欠缺的人，不可能成为称职的和优秀的领导者。没有良好的读书习惯，很难形成良好的领导人格，很难有真正好的领导力。在今天公共事务、公共决策日趋复杂的情况下，更如此。领导者要重视自我"读书人格"的培养。读书不仅仅是一种职业要求，是领导力的内在支撑，还应当成为一种情趣高尚的"生命的快乐"。

五、城市领导力的激荡、创新与变革

> 尽管城市发展有着自己的生命逻辑，但有无科学良好的城市领导力，是城市现代化成功与否的一个决定性因素。

上海第十次党代会提出加快"国际文化大都市"的建设目标，并研究如何创新驱动、转型发展，推进中国特色国际大都市建设的总体目标。在建设中国特色现代化国际大都市的过程中，"世界城市"是个很重要的参照。"世界城市"的理念、方法、要素、指标等对现代化进程中的中国城市群落有很多借鉴价值，应当更多地引入城市建设。

世界城市是在新的国际劳动分工中具有全球性协调和调控功能的文明重镇，它是城市发展的高级阶段。1915 年，英国城市和区域规划学家迪格斯在"Cities in Evolution"一书中提出"世界城市"概念，用来指"世界最重要的商务活动绝大部分都须在其中进行的那些城市"。其公认的判别标准是，存在完整的金融和服务体系，以服务于国际机构、跨国公司、政府和非政府组织等客户；同时形成全球资本流、信息流和通讯流的集散地；并具有高质量的生活品质，能吸引有专长的国际移民和技术人才、政府官员和外交官。

城市文明层级结构犹如一座金字塔，存在着三个结构性层级：第一层级是国际城市，类似我们所说的"国际大都市"，为"人事的"城市；第二层级是世界城市，世界范围称得上"世界城市"的约有三四十个，它是"人道的"城市；第三层级是全球城市，是城市的"塔顶"。1991年美国经济学家萨森提出，全球城市担当着全球资本市场交易中心、货币市场交易中心、经营决策管理中心和全球生产性服务交易中心的"基本职能"，更重要的是，全球城市是真正意义上"人性的"城市。2006年，悉尼在2031年城市远景规划中，将悉尼定位为"全球城市"，并从经济与就业、国际走廊、住房、交通、环境与能源、公共空间以及政府执行力等七个方面作出全面规划。目前全世界只有纽约、伦敦、东京等极少数城市，被公认为具有"全球城市"的品质。

20世纪90年代末，中国先后有182个城市提出"建设国际化都市"，随着对国际城市、世界城市等认知的增加，我们认识到距离真正的国际大都市还很远。进入21世纪以来，随着城市建设的推进和现代化进程的加快，特别是全球化背景下的加速开放，提升城市层级再次成为焦点，世界城市相关的理论、实践与方法被不断引入到新的城市建设当中。

尽管城市发展有着自己的生命逻辑，但有无科学良好的城市领导力，是城市现代化成功与否的一个决定性因素。城市领导力是城市领袖、城市精英、市民阶层对于城市经济社会、历史文化以及未来目标表现出来的主导能力，它决定着一座城市的"文明样式"。中国特色社会主义的城市领导力，主要体现在有无出色的城市定位规划能力、城市经济发展能力、体制创新的能力、都市文化促进能力、城市公共服务改善能力、促进社会治理和激荡社会活力的能力、城市资源积累和整合的能力以及借鉴国际社会城市管理经验的能力这样一些重要的方面。

城市领导力的激荡、创新和变革，是中国 21 世纪城市现代化的关键所在，决定着中国城市的命运和未来前景。我们要在大力推进国际城市建设的基础上，再向更高层级的世界城市和全球城市迈进。这当中，能否在坚持"中国特色"的同时，更好地体悟"世界潮流"和"时代特征"，借鉴参照世界城市的有益经验，高瞻远瞩地进行新一轮城市改革发展的谋篇布局，是对各大城市是否具备强有力城市领导力的一个重要考量。

六、"履政"也是一种专业

"两会"代表参与政事的能力，是行政绩效和公共产出的具体化，也是执政能力和执政形象的具体化，当慎之又慎。

中国的国家治理结构是一种"五政"模式：中国共产党"执政"，人大"律政"，政府"行政"，政协"议政"，各民主党派和人民团体"参政"。在这样一种政治结构中，代表人民参政议政的人大代表、政协委员的"履政"能力，显得尤为重要。他们的参政质量不仅关乎公共决策的质量，关乎国家大政方针，关乎国计民生，更代表着国家形象，在根本上还涉及如何在国际社会中，更好地体现出中国政治制度的比较优势。

近年来人大代表、政协委员参政议政能力问题一直成为公众关注的焦点，每年"两会"都有大量"雷人提案"披露见诸媒体。如：有委员提出，要为"黄色"正本清源，改"扫黄"为"扫色"，因"黄色"为尊贵之色，寓意光明美好，华夏儿女是"炎黄子孙"；有代表建议将"三八妇女节"改为"三八女人节",因为"妇女"之称有歧视之意;还有代表提出要"将'人民币'改称'中华元'"、"树立'和谐女神像'"、"雷锋精神申遗"、"让企业老板享受局级干部待遇"、"用高房价控制人口素质"……

代表人民参政议政的能力和质量,是涉及国家制度效率的大问题。邓小平曾指出:人大制度也是一种代议制。代议制是一种间接民主形式,人类之所以会出现这种治政方式,是因为政治实践表明,每个公民都直接参与政事,事实上是不可能的,直接民主是困难的。正如思想学家密尔说的:"除公共事务的某些极次要的部分外,所有的人亲自参加公共事务是不可能的。"人民要有效率地行使主权,只能以间接民主的形式,通过自己的代表来表达民意和诉求。这就使得代表、委员的"代议"质量,成为这一制度结构中至关重要的环节。为提高"代议"质量,列宁曾考虑,社会主义国家组织应"保证能够把议会制的长处和直接民主制的长处结合起来",以最大限度地确保人民利益,体现人民意志。

毫无疑问,"两会"代表参与政事的能力,是行政绩效和公共产出的具体化,也是执政能力和执政形象的具体化,当慎之又慎。在另一方面,古往今来,治国理政是一门高超的政治技术,正如列宁所言,"政治是一门科学,也是一门艺术"。并不是卸下戏装,进了会场,就"天然"具备了参政议政的能力。事实上,"共商国是"不仅担当重要的公共责任,更涉及众多领域特别是大量政治与行政的专门知识，绝非可以随意"客串"。

本质上，作为公民参政的法定代表，人大代表政协委员应由"荣誉制"走向"职能制"，成为治国理政的专门家。代表人民参政议政涉及大量政治的、伦理的、法理的、程序的专门知识，正如领导者上岗培训已成为世界通则一样，依据人大、政协的性质和代表委员履政的特点和职责，推行以提升实际参政议政能力和资质为目标的法定上岗培训，亦是一种必然趋势。中国民主革命先行者孙中山先生在他的建国方略中，曾提出"训政"思想，即通过培训和训练，来提升人民参与政事的能力，这一思想方法论在今天仍有重大启迪价值。"履政培训"的内容，应进行专门研究和设计，重点是国家宪法法律、政体国体、大政方针、公共政策、中国政制基本特点以及人类政治文明的相关知识系统等。

推行人大代表、政协委员履政法定培训，是更好地代表人民治国理政的内在要求，也是在 21 世纪推进中国特色民主政治的必要举措。

七、"说短话"也是一种品格

　　说短话、写短文，是一种行政能力，也是一种珍视时间、节约资源的品格，更是一种贯彻群众观点、具有良好作风的体现。

　　2013 年全国"两会"后，有人统计发现，政府工作报告共 1 小时 40 分钟，比 2012 年政府工作报告减少了3000 字，是近年政府工作报告中最短的。"两会"的作风改进，不仅体现为政府工作报告更"短"，还体现在报告中 130 多个数字上，称得上是一份"数字化"报告。

　　文风是作风的显性表现。说冗长话，写冗长文章，一直是个痼疾。1992 年邓小平视察南方，在沿途的谈话中，对说长话、写长文章给予了严厉批评。他说："电视一打开，尽是会议。会议多，文章太长，讲话也太长，而且内容重复。"邓小平举例说："周总理四届人大的报告，毛主席指定我负责起草，要求不超过五千字，我完成了任务。五千字，不是也很管用吗？"

　　井冈山革命斗争时期，朱毛红军严明的纪律，是通过十分简短的语言来表达的。当时颁布"三大纪律六项注意",能做什么,不能做什么,每一条都简洁清晰,士兵们好理解、易执行,制度效率很高。这个文字简洁的纪律文本,成为全军统一的行动准则,对加强部队的思想和作风建设,起了重大作用。

好的讲话,不在长,而在精。无论何种场合,好的讲话总是行于当行,止于当止。

美国总统林肯的"民有、民治、民享"的箴言非常有名,作为表达民主主义基本精神的"葛底斯堡演说",受到广泛称誉,但它是不足300字、不到5分钟的演说。这个极短却感人肺腑的历史性演说,于1863年11月19日发生在宾夕法尼业州葛底斯堡小山上。它是南北战争激战之地,而那天,是阵亡将士墓的落成典礼。典礼上发表"主旨"演说的,是哈佛大学校长,也是前任国务卿爱德华·埃弗里特(Edward Everett)。

那是一篇长达2小时、13609字的大演说。三万多名听众聆听了这名雄辩家的滔滔雄词。林肯的讲演,则被安排在埃弗里特演说之后。与埃弗里特的大报告相比,林肯的演说实在太短了,以至于摄影师们还没来得及调好焦距,林肯的演说已经结束。

这篇演说后来成为英语演讲的典范。做了那场大报告的埃弗里特在后来致林肯的信中说:"我的2小时演说,如果能多少接近阁下5分钟演说的要旨,我将感到十分荣幸……"

2003年底,温家宝访问纽约。晚宴上,温家宝说起对林肯这篇演讲的感受："今天布什总统陪同我参观了一下白宫。他知道我非常尊敬林肯总统，所以特意把我带到林肯总统的办公室，而且特意给我看了林肯总统写的那篇葛底斯堡演说的亲笔稿，那是第五稿。那是一篇很精彩的演说，如果没有林肯确定的联邦乃是永久的原则，就不会有美国的今天。这是大家所熟知的。但是他那篇演说很短很短，我觉得我这篇演说长了一些……"

历史和现实反复证明，好的讲话，好的文章在于内容、思想的精当而绝不在于洋洋洒洒的大阵势。相反，"芝麻大的核，西瓜大的壳"，言之无物、空洞八股，是一切"病文滥语"的通病。

一个政党也好，一个团体也好，文风反映了其内在的品格作风。文风折射党风政风，关乎党和政府的形象和事业成败。说到底，说短话、写短文，是一种行政能力，也是一种珍视时间、节约资源的品格，更是一种贯彻群众观点、具有良好作风的体现。说短话、写短文，革除文山会海，是当前改进作风的一个重要方面。要下更大的气力整治好长喜空的"病文滥语"，倡导讲更短的话、写更短的文章、开更短的会，把更多的时间精力用在干实事、解决实际问题上。

八、"异体性"是行政绩效考核的关键

中国政府系统中许多公共部门都面临着如何更快、更好、更积极、更大力地推行异体性的"第三方机制"承担政府行政绩效评价评估的任务,以保证绩效评价的真实性和客观性。

官僚制的产生,是人类公共管理的重大进步。理想状态中,官僚制是一种被设计用来有效执行公共政策的理性体系或组织结构。为达到这个目标,官僚制必须遵循一套特定的规则与程序。它有一条清晰的管理链(权威的等级),权责通过它自上而下地传递。德国社会学家马克斯·韦伯是第一个对官僚制作深入分析并从组织结构、运行方式、行政文化等方面揭示官僚制内质的学者。他的经典研究被公认为对"官僚制"研究提供了一个起点。现代政府系统中的政绩、政绩观和行政绩效,都以"官僚制"运行为基础。

本质性的一点是,现代政府体制中,任何公共部门的绩效评价评估,都具有"异体性"要求和特征——这种"异体性"，指评价、评估作为一种社会行为，其评价主体与评价客体"必须分开"的属性。任何绩效评价和评估，客观上必须有主体、有客体。不能主客体同一，即同一事物不能既是评价行为的主体，又是评价行为的客体。任何真正有意义的绩效评价，都应该由独立的第三方来承担。"自己评价自己"，只是一种自我循环的游戏，是没有任何实际意义的。

"第三方评价机制"是世界性潮流，是世界各国普遍推行的政府理念和方法。"第三方评价机制"的本质，是公共管理现代性的反映，也是民主意识的体现，也拓展了公民政治参与的渠道。但在我国，第三方参与政府行政绩效评价尚属"破冰"阶段。尽管绩效评价意识在政府部门已日益得到强化，但公共部门"自我评价"现象仍相当普遍。如我国对高校的评价和监督主要由教育行政管理部门进行，属于"自己评价自己"，缺乏外部监督和制约机制，很难真实反映高校实际的办学水平，这是多年来我国高校评价面临的最主要的诟病。近年许多高校出现的大学生"被就业"，就是这种自我评价导生的"怪胎"之一。有识之士不断呼吁，尽快建立高校毕业生就业质量评价的第三方统计制度，以消除虚报不实的"就业率"，避免普遍化的大学生"被就业"。

从官僚制结构要素来看，坚持行政绩效评价的"异体性"原则的必要性和优越性是显而易见的：其一，能保证行政绩效评价主体的独立性。第三方承担行政绩效评价，要求由非行政经费提供的机构、组织、人员来承担评价工作，这是保障评价主体独立性、不受约制地开展工作的基本条件。行政绩效评价过程不排除政府部门和人员参与，但必须以不损害评价主体的独立性为前提。

其二，坚持行政绩效评价的"异体性"原则，能保证绩效评价过程的程序性。任何业态的行政绩效评价和评估都是技术要求很高的工作，必须有必要的、规整的程序来保证。没有"程序正义"，保证不了"结果正义"。由第三方专业机构承担行政绩效的评价评估，就能在技术上、时间上和人力资源上保证整个评价过程的程序性要求。而程序性完整本身，有利于各个环节公开和透明，形成所谓的"鱼缸效应"，有利于社会公众和新闻媒介等参与监督。

其三，坚持行政绩效评价的"异体性"原则，能保证绩效评价结果的客观性。由于行政绩效评价由非"体制内"的机构、组织和人员来承担，特别是组织机构和经费来源的相对独立的话，就能保证整个评价过程不受评价客体可能的干扰，保证评价结果的真实性和客观性。

当然，对于参与和承担行政绩效的第三方评价机构来说，责任机制必须相当严格，评价机构必须排除各种可能的利益诱惑、寻租和各种方式的"压力"，杜绝各种与客观公正不相称、与职业道德相违的行为。

在中国现代化进程中，中国政府系统中许多公共部门都面临着如何更快、更好、更积极、更大力地推行异体性的"第三方机制"承担政府行政绩效评价评估的任务，以保证行政绩效评价的真实性和客观性。因为这样才能真正有利于改进和完善公共管理，有效地提升公共部门的行政绩效。

九、完善行政绩效考核评价体系

　　强化行政成本-行政收益分析，实现社会代价与社会收益之间、行政成本与行政产出之间的平衡，实现公共产出和收益的最大化，是完善行政绩效考核评价体系必须确立的目标。

（一）

　　《中共中央关于全面深化改革若干重大问题的决定》提出要"完善发展成果考核评价体系"，要求"纠正单纯以经济增长速度评定政绩的偏向"。实现国家治理体系与治理能力现代化，很大程度上取决于治吏的状况；而治吏的核心，在于实现行政绩效考核评价体系的科学化、制度化和现代化。按照《决定》提出的要求，尽快完善行政绩效的考核评价体系，是实现治理能力现代化的重要内容。

　　绩效是一个行政机构的业绩和效能，它反映的是公共治理的成本耗费和产出的比率。绩效作为任何一个行政系统和政治-行政过程的核心，是反映公共部门行动质量和治理能力的根本性指标，以至于新公共管理有这样一种说法：如果说公共部门只有一个主题，那么它就是"绩效"。绩效考核评价是指运用科学的评估方法，评估公共治理的效率、效益、效能的客观状况，它是检验政府和公共部门治理能力优劣高下的制度及方法。

人类行政考绩制度源远流长，我国在舜时已推行行政考绩制度。《书·舜典》有"三载考绩；三考，黜陟幽明"的记载，孔颖达注："言帝命群官之后，经三载，乃考其功绩；经三考则九载；黜陟幽明，明者升之，暗者退之。"以后历朝历代对官吏考核制度都有所增益建树。现代意义上的绩效考核最早运用于投资项目管理、人力资源管理等领域。1854—1870年英国推行文官制度改革，建立起重能力、重实绩的考核制度，根据考核优劣实施奖励升降，大大提升了行政效率。以后世界各国纷纷借鉴效仿，形成各种行政考核制度，但无论其具体内容多么不同，核心都是推行"功绩制"，即文官的任用与晋级均以实际考绩为依据，"实绩"被置于考核中心。

行政绩效考核是现代文官制度的灵魂，没有考绩，就没有效率，甚至没有合法性基础。作为实现国家治理体系与治理能力现代化的重要组成部分，建立和完善行政绩效考核评价体系，已成为我国社会经济发展中要解决好的重大问题，也是实现治理体系与治理能力现代化的必然要求。

（二）

　　严格来说，以政府为对象的绩效评估始于 20 世纪 50 年代美国的绩效预算制度。20 世纪 40 年代，在胡佛委员会推动下，美国理论界与公共部门对绩效评估与绩效预算的关注有了提升。从里根时代开始，美国开始致力于制定政府绩效管理方面的统一立法，这一时期形成的两份重要报告成为后来行政绩效立法的直接源头：一份是 1989 年美国政府管理与预算办公室（Office of Management and Budget，OMB）起草的管理报告，包含了一个题为"未来政府"的章节，勾划出了后来 GPRA 法案的基本轮廓；另一份是国会起草的绩效管理报告。

　　20 世纪 90 年代，行政绩效管理制度有了重大突破，1993 年美国颁布《政府绩效与结果法》（GPRA），这个文本不仅标志着美国行政绩效管理的新成果，更成为世界范围行政绩效改革浪潮中具有里程碑意义的代表性立法。在 GPRA 法案通过的同时，克林顿政府成立了以副总统戈尔为首的国家绩效评审委员会（NPR），具体负责推动联邦政府绩效改革。1993 年 9 月，美国国家绩效评审委员会推出第一份报告《从繁文缛节到结果导向：创造一个花钱少、工作好的政府》（即著名的"戈尔报告"），这一报告成为联邦政府绩效改革的行动指南，也为世界各国的绩效管理提供了重要借鉴。在英国，1979 年撒切尔政府推行"雷纳评审"，对公共部门的绩效进行调查评估。澳大利亚、新西兰、丹麦、芬兰、挪威、荷兰等国家也都开展各具特色的政府绩效评估。20 世纪末至 21 世纪初，形成了席卷全球的所谓"新公共管理运动"，主要目标是通过推行绩效测量（performance measurement）和绩效评估，推行绩效管理（performance management）的普遍化。但至少到今天为止，政府行政绩效评估仍是一个世界性难题。

如前述，我国有着漫长的行政考绩的历史和传统。原始社会末期每三年考核一次部落首领的业绩，依据三次考核结果对被考者作出升降等调整。汉元帝时，颁发《考课课吏法》，标志着古代吏考制度基本确立。明代推行的"考满"、"考察"、"考成"考绩制，考绩标准可行性强，清代推行"四格八法"，重于惩治腐败。改革开放以来，行政绩效考核评价有了许多新突破、新发展。但事实上，我国至今尚未真正建立起现代化的行政绩效考核评价体系。作为治理体系与治理能力现代化的重要组成部分，今天包括政绩考核在内的行政绩效评价体系的科学化、法治化、现代化，应在充分吸纳发达国家已有经验的基础上进行新的超越、突破和提升；同时应充分汲取我国传统政治文化中的政治智慧和许多行之有效的做法。

世界各国体制运行千差万别，完善绩效考核评价体系除了共性方面，还有反映地域政治的"国别"方面，这是一个非常需要审慎和深入研究的问题。根据我国的国家体制，这种超越、突破和提升主要应聚焦于两方面：一是建立和完善执政绩效的考核评估体系；二是建立和完善行政绩效的考核评估体系——这两方面，应当成为构成中国特色治理能力现代化的绩效考评体系的战略重点和技术突破的重点。

执政绩效考评体系反映的是执政的成本耗费和公共产出情况，其考察比行政绩效的评估更为复杂和宽泛，除了包括行政绩效的相关内容外，它还包括政党体系与社会交往的能力、动员民众和社会的幅度、力度等内容。当代世界各国治政实践表明，一种理性的执政形态，除了具有法治执政、集约执政、廉洁执政、人本执政这些内质外，还必须具有重绩效、重成本的"成本执政"的品质，实现执政低成本与高效益之间的统一。

行政绩效考评体系除了反映世界各国已有的"通行"内容，还应按照《决定》的要求，注重"纠正单纯以经济增长速度评定政绩的偏向"，设立严格而客观的反映资源消耗、环境损害、生态效益、产能过剩、科技创新、安全生产、新增债务的内容和指标，并加大这些方面的考评权重。把生态保护、环境治理、低碳节能作为整个行政绩效评估的核心，促使整个国家治理体系与治理能力朝着低耗费、高产出、节简型、平扁化的方向发展。

（三）

1871 年马克思在论述巴黎公社时，在热烈称赞巴黎公社精神的同时深刻地指出，代表人民的政权，应是低成本的"廉价"政权和"廉洁"政权。历史上一切非人民性的政权都是大量耗费民脂民膏、不体恤民情的。推行绩效考核评估，不仅是一种经济价值上的考量，更是区别是否真正"立党为公、执政为民"的分水岭。在深层次上，它是一个涉及治理正义与否的伦理问题。

德国思想家马克斯·韦伯指出：科层结构发展的根本性的原因，在于它在治理技术上优于其他任何组织。现代科层组织比起前社会组织，在精密、速度、明确、档案知识、连续性、仲裁权、统一性、严格服从、减少冲突、人事成本等方面都具有优越性。但在另一方面，人类任何方式的科层制结构也表现出了它天然的"软肋"，诸如缺乏竞争性、非利润化、敏感性迟滞等，各种"非绩效行为"如官僚主义、文牍主义、形式主义、扯皮推诿、腐败、劳民伤财的政绩冲动和负面偏好等有可能大量产生。由于治理主体掌控着大量公共资源，"滥于文丽而不顾其功"，不计成本、不惜代价、不节民力的"科层惯象"，客观上很容易形成，构成公共治理的绩效黑洞。

而从绩效考评的技术特点看，无论是执政绩效评估还是行政绩效评估，一定程度上都存在"不可计算性"和"收益模糊性"的问题（如体制效益、时间上延迟效益等）。从历史经验看，我国自官吏考绩制度形成开始，历朝历代都把农林开垦、赋役征收、人口增殖、民众生计、社会治安等作为主要考核指标，督促官吏励精图治，以推动社会经济特别是生产力的发展，但由于考绩涉及内容庞大繁杂且不易计量，很多考核流于形式，甚至伴随大量"绩效假相"。今天，由于所处的自然、社会、人文环境更为复杂多变，一定程度上治理绩效更多受制于许多不可预测、不可控、不可计量的因素，因此要对整个执政-行政过程进行"全息"完整的科学考核评估所面临的困难和复杂性，有充分的估计和应对。

今天我们要实现治理体系与治理能力现代化，面临着日益繁重的任务，由于公共治理和公共产出的特殊性，建立和完善绩效考核评价体系应立足于执政与行政的不同特性、形态和技术过程，采用不同的经济、社会、政治等多元配置的科学手段和方法，切忌一刀切、简单化。其应遵循下列主要原则：

一是"重实绩"原则，完善对部门和个人的德、能、勤、绩、廉的科学评价，这是根本性导向；二是"可操作"原则，必须简明合理，便于推行和管理；三是"重计量"原则，核心是推行公共部门"投入-产出"之比，所有指标应尽可能量化、数据化；四是"平衡性"原则，纠正单纯以经济增长速度评定政绩的偏向；五是"差异化"原则，不仅执政、行政两者考绩应实行差异化区别，且两个系统中的不同层级、不同部门，也应当实施差异化的设计和管理。

尽管至今为止，科学严谨的行政绩效考核评价仍是个世界性难题，但立足于中国实际，博采众长，广泛吸纳各种好的经验为我所用，强化行政成本-行政收益分析，重视通过科学严密的监测、控制和管理降低行政耗费，实现社会代价与社会收益之间、行政成本与行政产出之间的平衡，使我国公共治理处于多激励、高效率状态中，实现公共产出和收益的最大化，是完善行政绩效考核评价体系必须确立的目标，这也是解决我国社会经济发展中深层次问题、推进治理能力现代化的必然选择。

十、政绩观的历史性和时代性

今天，我们要倡导的政绩观，是科学发展观指导下的政绩观。它是"成本概念"基础上的政绩观，即建立在对行政成本与公共产出进行分析比较基础之上的政绩观。

在公共管理领域，政绩和政绩观是核心观念。在严格意义上，所谓政绩观，是指对于行政业绩的观念和认识。但今天公共语汇中的所谓政绩观，一般是指政府或公权力对于政绩的一套观念系统。人类的政绩观是与政府概念和文明的兴起大体同步前行的。

人类公共管理有一个漫长的历史。无论政绩还是政绩观，都有其历史性和时代性。相传在中国古代舜帝时期，就形成了"三载三绩，三考黜陟"的考绩制度，对各部落首领三年考核三次政绩，以决定其升降。

中国历代官制中，都有"校考"、"考课"等规定。唐代杜佑的《通典》及宋代马端临的《文献通考》中，都有关于吏治考核、督查的记载。事实上，中国文官制度的确立，是以对公务人员的考核监督为前提的。在不同

463

历史时期，民间也形成了"政绩"观念——即对官员作为不作为的认知和评价。中国古代民间流传的"当官不与民做主，不如回家卖红薯"之类的谚语和关于"口碑"的说法等，即是对于政绩的认知。但整体来说，人类比较系统成熟的政绩观念，是在19世纪中叶产生的。不同时代、不同政治理念下的政绩观是不同的。如今新时代的政绩观，与那种竭泽而渔、劳民伤财、不顾成本、不顾生态效益的政绩观，是有本质性不同的。

就政绩观的时代性来说，它是现代政府的产物，并受"新公共管理运动"等时代精神的激荡。现代考绩制度已在19世纪的英国出现。美国国会在1883年1月通过《彭德尔顿法》，标志着以功绩制为核心的美国现代文官制度的初步形成。美国联邦政府在1887年正式实施考绩制度，1905年颁发了"考绩法"。19世纪末，美国许多城市政府腐化无能的事件被陆续曝光，通过财政预算控制地方政府绩效的呼声开始出现。20世纪40年代，在"胡佛委员会"的推动下，人们对绩效评估与绩效预算的关注大幅度提升，但政府绩效管理的真正兴起，是20世纪70年代的事，20世纪90年代达到高峰。美国1993年颁布的《政府绩效与结果法》（GPRA），被认为是世界各国政府绩效改革浪潮中具有里程碑意义的代表性立法。

这当中形成的所谓"新公共管理学"，以公共部门管理问题的解决为核心，更多从经济学途径来研究公共管理尤其是政府管理问题，被称为"以经济学为基础的新政策管理理论"或"市场导向的公共行政学"。它提供了当代公共管理的新模式，尤其在政府与市场、企业和社会的关系上，突破了传统公共行政的界限。

从政绩观的历史性和时代性中可以看到，在本质属性上，所谓政绩观有两种：一种是"荣誉概念"上的政绩观，即政府部门和政府从业人员对自己的行政行为、行政过程结果的一种荣誉性的观念；这种概念下的政绩观，以行政行为和行政业绩获得社会和人们的认可为满足取向。另一种是"成本概念"上的政绩观，即政府和政府从业人员对自己的行政行为、行政过程进行"成本-产出"对比、核算和结果计量的一种观念；这种观念下的政绩观，以认知行政行为、行政业绩的实际情况、以改善行政行为和提升管理绩效为满足取向。

今天，我们要倡导的政绩观，是新时代的政绩观。它是"成本概念"基础上的政绩观，即建立在对行政成本与公共产出进行分析比较基础之上的政绩观。这样的政绩观才合乎人类社会经济"发展"的本义，才能促进科学发展，从而才能产生福祉泽被，产生利国利民的"政绩"。

第十一章　启示·启佐

　　一切事物都在变化中，你自身也是在不断的变化中，在某种程度上是在不断的毁灭中，整个宇宙也是如此。

——马可·奥勒留《沉思录》

一、人类"轴心时代"的思想光芒

人类从技术上造就了"第二自然",但危险在于人类的全部存在变质为技术完美的机器中的一部分,整个地球变成一个大工厂。在此过程中,人类已经并正在丧失一些根基。

公元前8世纪到公元前2世纪是人类的伟大时期,在此期间,人类精神基础得到完善和奠定,终极关怀觉醒,一大批元典问世。中国文明、印度文明、波斯文明、犹太文明和希腊文明的发展,是这一时期的标志。各地域规模化地出现了一批思想宗师,古希腊有苏格拉底、柏拉图,以色列有犹太教的先知们,印度有释迦牟尼,中国有老子、孔子等诸子百家。他们塑造了不同的文化传统,他们提出的思想原则,至今一直影响着人类的精神和生活。

令人惊奇的是,虽然中国、印度、中东和希腊远隔千山万水,交通和信息都闭塞不通,但不同地区创造的精神和文化却有着非常相通的地方。

　　尽管在这个时代之前，各地域文明都"厚积"已久，但"薄发"的景观仍壮丽可观。德国哲学家雅斯贝斯给这个时代贴了一个标签"轴心时代"。他在《历史的起源与目标》一书中认为："人类的精神基础同时或独立地在中国、印度、波斯、巴基斯坦和古希腊开始奠定，而且直到今天，人类仍然附着在这种基础之上"。

　　在《人的历史》一书中，雅斯贝斯也论及那一时代。指出那一时代"充满了不平常的事件"，在中国诞生了孔子和老子，中国哲学的各种派别的兴起，这是墨子、庄子以及无数其他人的时代。在印度，这是优波尼沙和佛陀的时代。在伊朗，祆教（即琐罗亚斯德教）提出它挑战式的论点。在巴勒斯坦，出现了以利亚、以赛亚、耶利米、第二以赛亚等先知。希腊产生了荷马和哲学家巴门尼德、赫拉克利特、柏拉图，三大悲剧诗人，修昔底德和阿基米德等。

　　今天我们精神的基础，仍是这些人类先哲创造的东西，我们没有超越，也不可能超越。这正如雅斯贝斯指出的："人类一直靠轴心时期所产生的思考和创造的一切而生存，每一次新的飞跃都回顾这一时期，并被它重燃火焰……轴心期潜力的苏醒和对轴心期潜力的回归，或者说复兴，总是提供了精神的动力。"

　　后来很多历史学家都谈到过这一时代的伟大之处。如美国历史学家伯恩斯和拉尔夫在他们的著作中提到：由于一些无法解释的原因——或许仅仅由于巧合——在古代世界的三个相隔很远的地区，在大约同一个时候都开展着高度的哲学活动。当希腊人正在探讨物质世界的性质、印度思想家正在思考灵魂和神的关系时，中国的圣人正试图去发现人类社会的基础和贤明政治的根本原则。

坊间俚语说："一岁看八岁，八岁定终生。"是说一个人到七八岁时，大致可看出其一生之端倪。公元前 8世纪到前 2 世纪这个伟大时代，有点类似于人类"八岁"期，亦可洞悉人类未来的文明发展的粗象轮廓。

在严格意义上，最早提出"轴心文明"这一命题的并不是雅斯贝斯。在更早，如 1856 年拉索尔克斯在他的《历史哲学新探》中就提出：公元前 600 年波斯的琐罗亚斯德、印度的乔达摩·释迦牟尼、中国的孔子、以色列的先知们、罗马的努马王，以及希腊的爱奥尼亚人、多利亚人和埃利亚学派的首批哲学家，全都作为民族宗教的改革者而几乎同时出现，这不可能是偶然的事情……

到了 1870 年维克多·冯·施特劳斯也说到：在中国老子和孔子生活的数百年里，所有开化民族都经历了一场奇异的精神运动。在以色列，耶利米、哈巴谷、但以理和以西结作着他们的预言，而新一代人在耶路撒冷建立了第二座圣殿（公元前 521—前 516 年）。

在中国，闻一多先生较早论及了轴心时代现象。1943 年他在《文学的历史动向》一文中指出："人类在进化的途程中蹒跚了多少万年，忽然这对近世文明影响最大最深的四个古老民族——中国、印度、以色列、希腊都在差不多同时猛抬头，迈开了大步……"

　　雅斯贝斯秉承了先哲们的思想。但他觉得前辈"仅仅是浮光掠影而已……人们从未有论证它们的意图，从未从整体上把握这些获得当时人性的整个精神存在的普遍类似现象"。雅斯贝斯论述这一命题是想"从整体上把握这些获得当时人性的整个精神存在的普遍类似现象"。

　　还有一点在我看来非常重要，那就是雅斯贝斯深刻指出的：与人类的"轴心时代"相比，最明显的是现在精神贫乏、人性沦丧，爱与创造力衰退下降，只有一点可与以前比美，那就是科学和技术的产生。今天甚至科学也得服从技术，代代相传的结果加强了这一趋势。人类从技术上造就了"第二自然"，但危险在于人类的全部存在变质为技术完美的机器中的一部分，整个地球变成一个大工厂。在此过程中，人类已经并正在丧失一些根基。

　　也许这正是"轴心时代"理论的现实映照价值。"轴心时代"成为人类文明和精神的一种经纬，是今天我们更好地反思、洞悉人类社会状况的一个坐标。

　　值得惊叹和进一步思考的，不仅是"轴心时代"人类思想宗师林林总总的伟大智慧本身，更在于一切似乎都原始、落后、不发达的当时岁月空间里，这些伟大智慧的渊源究竟来自哪里？

　　在我看来，人类伟大智慧最主要的是来自对大自然最直接的体悟。苍苍茫茫的大自然，日月盈昃的田畴原野、千层叠嶂的山峦和深厚的大地土壤——正是这些"最本原的物质",使人们获得了生命根基。大自然是人们最直接、最丰富的精神课堂,是古人获得灵感和沉思不竭的源泉……

思想和精神只是辽阔土壤中生发的"自然之果"。当我们越来越远离大自然,远离土地,远离草长莺飞,远离碧水雄山,只是偶尔与大自然打个简单照面,就注定了沦入浅表和没有根基的状态。我们的心是飘浮的。如果说现代人有什么"本质"的话,这个本质就是把人从土地里拔出来,将人整合在都市的钢筋丛林和现代化的横平竖直中逶迤穿行。

人的灵魂是一棵树,须扎根于土壤,有泼洒的阳光雨露,才能"何当凌云霄,直上数千尺",才能郁郁葱葱。缺乏深厚土壤和风雨雷电的激荡,就会如超市里出售的那些温室植物,不会有多少生命力。

只有在苍茫大自然和天地玄黄、宇宙洪荒中生发的东西才会成为"元典"。没有大自然生发的灵感和"元精神",不太可能有真正穿越时空和历史本质的东西。今天我们身旁充满了华彩,却缺乏深沉和雄浑。

本质上,今天我们没有太多的睿智。睿智是很有重量并能瞥见星光的东西。

二、向古代学智慧

古代所形成的各种经验和智慧，开启了人类社会各种公共管理理论最早的思想之脉。

今天很多"管理原理"，其实来自古人的经验和智慧。

比如，管理学"授权"理论渊源方面的最早描述，来自 3500 年前形成的《圣经》旧约中的《出埃及记》。它记载了这样一个情节：摩西的岳父叶忒罗当时注意到，摩西每天花费过多时间去直接处理太多的事情。他建议摩西，从全体以色列人中挑选出有能力的人来，使他们成为"千夫长"、"百夫长"、"五十夫长"、"十夫长"。这就组成了一种管理结构，有难断的事情呈到摩西那里，而各种小事则由他们自行处理。以后，这一原理成为管理"授权"理论和"管理幅度"理论的重要渊源。所谓"管理幅度"，是指组织架构中的一名领导，能直接而有绩效地领导下属的可能人数。

领导者作为生命个体，受知识、经验、时间、精力、条件等各方面的限制，能够有效地直接领导的下级人数是有限的。越过一定的限度，领导效能就会大幅度降低。

再比如，中国先秦思想家老子提出的"治大国若烹小鲜"，成为一种很重要的管理哲学，对公共管理是个重要贡献。"治大国若烹小鲜"，意谓治理国家如同煎小鱼，不能多折腾，否则就会像小鱼被翻腾太频繁而被弄碎。如果换个视角理解，那就是治国理政犹如"煎小鱼"而已，多注意些火候就行了，不必弄得太复杂，以免滋事扰民。中国历史上所谓"文景之治"、"贞观之治"和"康乾盛世"，如果有什么共同点的话，那就是政令简约、无为而治，那是"治大国若烹小鲜"理念的践行和体现。今天我们提出"不折腾"，其实是"治大国若烹小鲜"在新的历史条件下的另一种表达。

今天，我们把契约、公平和社会正义作为社会发展的基石，提出"社会公平正义是社会和谐的基本条件，制度是公平正义的根本保证"的命题。——正如罗尔斯指出的"正义是社会制度的首要价值"，而其实人类很早就认识到社会正义的重要性并形成了许多深刻的理论。犹太古代经典中对社会正义有大量论述，提出"不要玩忽正义，因为它是世界的三大支柱之一"。2500多年前，巴比伦帝国流放时期，犹太精英被征服者迦勒底人驱逐出家园。当这些流放者作为异乡人开始艰难创业时，他们就开始认识到"正义"的含义，并把它作为这个世界存在的三大"支柱"（即"真理、正义、和平"）之一。《申命记·拉巴》说："整个世界依靠三样东西：

依靠真理，依靠正义，并依靠和平……歪曲正义，将动摇世界，因为正义是世界的支柱之一。"（〔美〕弗兰西妮·科兰格斯伯伦《圣哲箴言》，文化艺术出版社1992年版，第304页）

《巴比伦犹太教法典》中还有关于法律正义的原则："每个法官都应秉公行事，一刻也不可马虎，就好比他是上帝创世的助手。"《圣经》也明确写有法律正义的基本原则："法官，法庭，政府首长必须在审判中绝对公正，避免丝毫偏差。"后来马克思指出："法官除了法律就没有别的上司。法官有义务在把法律运用于个别事件时，根据他在认真考察后的理解来解释法律……"

古人对社会正义和其他生存基本法则的体悟和认识，古代所形成的各种经验和智慧，开启了人类社会正义和各种公共管理理论最早的思想之脉。

为什么我们要学习古代智慧？因为古代人最早接触了自然、社会、生存等尖锐命题的实际，最早应对了各种生存挑战。他们进行生命生存之道的探索，最大限度地筛离出朴实、本真的生命真谛，容不得半点花哨和不切实际。不似今天，重包装，尚虚华；三分内容，七分浮华。所以在今天席卷全球的"新公共管理"实践中，学习和汲取古人的智慧是大有裨益的。

三、晏子治东阿有启示

公共管理中一种值得思考的情况，即如何正确认识人的
"毁誉"，并透过这种"毁誉"看到背后的真相？

晏婴是中国载誉史册的一代贤相。《吕氏春秋》和
《晏子春秋》都记载了这样一个故事：晏子有段时间在
东阿县做县令，名声弄得很不好，"三年，毁闻于国"。
景公急忙把晏子召回来。晏子向景公谢罪，并要求再去
治理东阿县，说"三年后，赞誉一定传遍全国"。景公答
应了。三年后，果不其然，晏子"誉闻于国"。

景公把晏子召回来嘉赏，并问晏子这是什么原因。
晏子说：先前我治理东阿县，垄断小路，严格城门的管
理，邪恶的百姓就憎恶我；我提拔节俭勤劳、孝顺父母、
敬爱兄长的人，惩罚苟且懒惰的人，怠惰的百姓就憎恶
我；我判案不维护显贵有势之人，那些人就憎恶我；对
于朝廷近臣的索要，合法的我就给，不合法的就拒绝，
因而近臣憎恶我，由此一时"舆论"沸腾。这回我改了，
不垄断小路，放松城门的管理，于是邪恶的百姓高兴；

不提拔节俭勤劳、孝顺父母敬爱兄长的人，不惩罚苟且懒惰的人，于是怠惰的百姓高兴；判案讨好显贵有势的人，显贵有势的人高兴；对近臣求索全部答应，因而他们高兴。由此赞誉四起。

晏婴拒绝了景公的奖赏。他对景公说：先前我为此受责罚的做法，其实应当奖赏；现在为此受奖赏的做法，其实应当责罚。景公知晏子贤德，"乃任以国政"，三年后齐国兴盛起来。

这个故事，反映了公共管理中一种值得思考的情况，即如何正确认识人的"毁誉"，并透过这种"毁誉"看到背后的真相。以晏子之贤，在东阿尽责治理，政绩出色，"口碑"却很坏，以至于"毁闻于国"，景公要将他免职。后来他管理废弛，"口碑"却好起来，以至于景公要褒赏他。这说明，一个人的"毁誉"，有时并不能反映出事情的真实面貌，甚至可能正好相反。

现在干部的选拔、任用、考核中，重视"口碑"、"民意"、"测评"等，这很好，反映出重视民意、体察民情的一面。但具有讽刺意味的是，很多贪官、昏官的"口碑"、"民意"也相当好、测评"分数"相当高。由此可以看到，应对各种"民意"应当审慎辨析。

有一天，有个单位的领导说起他单位的年终考核。一名在领导层看来特别优秀、管理严谨的中层干部，在"测评"中分数很低，单位领导感到"不可思议"。这事具体情况如何，无法评论，但有一点是肯定的，那就是"打分"、"测评"、"背靠背"之类，有公正、真实的一面，也有人们出于自身利益而"失真"的一面。我们既应重视"民意"，倾听"反映"，又须看到"毁闻于国"、"誉闻于国"不可靠的一面。知人论事，"闻而审则为福矣，闻而不审，不若无闻矣"。

　　"晏子治东阿"这个故事同时也提醒人们，如何正确面对自己的毁誉遭际。一名好的公共管理者，一名好的领导者，在各种艰难的改革实践中，需要有定力、有耐力、有自持力。只要秉持"为天地立心"的信念来为官做事，无论毁誉，都可以做到"不以物喜，不以己悲"。

四、换一种方式化解对抗

柯立芝有句名言："如果一件事能保护弱者的权利，无论谁反对，也得完成它。"

话说有个人好偷，一天他在邻家菜园里偷菜时，被菜园主人撞见。菜园主人转身就走，小偷以为他是要去告发。可菜园主人进了屋，把门关了。小偷害怕，上前敲门。门开了，小偷说："我被你看见了。"那人说："看见什么？""我偷了你的菜，今后我在这里没脸做人了……"

那人笑了："你说什么呢？我们是邻居。你只是想知道那菜为啥长得好，对么？我那菜好看，也好吃。不信你尝尝。"说着，从屋里抱出两棵菜，塞到偷菜者手里。后来，那名偷菜者，成了他们四里八乡交口称赞的人。

还有另一个故事。1923年，美国沃伦·哈定总统病逝，副总统卡尔文·柯立芝宣誓就任美国第30任总统。当时柯立芝住在离白宫不远的威拉德酒店。一天，一名盗贼潜入柯立芝的房间。翻到钱夹子后，小偷又去解衣服上的一块怀表。这时，传来一个平静的声音："请不要把我的怀表拿走。"小偷吓了一跳，脱口问："为什么？""倒不是这表值多少钱，"柯立芝说，"只是这块表对我有非常重要的意义"。小偷借着窗外亮光，依稀看到表上有"送给参议院院长卡尔文·柯立芝先生——麻州高级法院"的文字。小偷愕然，问道："你是柯立芝总统？""我是柯立芝"，"孩子，你为什么要这样做呢？"柯立芝问。

小偷说，学校放假，自己和朋友来华盛顿旅游，钱花光了。付不了旅馆费用，又没钱买返程票。小偷说："如果你不介意，我只拿走这个钱夹子。"柯立芝算了一下，房费加上两张火车票共需约 32 美元。柯立芝说："我想，这 32 美元可以算是借给你的。以后你方便的话，可以还给我。"

小偷答应了。柯立芝对他说："你还是和来时一样，从窗子出去吧，门厅里有特工人员在值勤。"柯立芝对小偷说："我知道你不是个坏人，以后一定要知道自己是谁。"后据柯立芝日记记载，这名年轻人，后来寄还给他了这 32 美元。

不妨假设一下，如果菜园主人把小偷扭送警察局，柯立芝唤来特工或安保，把小偷逮起来，然后立案、调查，或判刑，或"劳教"，或其他什么，他们是被绳之以法了，也罪有应得了，但这很可能造成其身心被摧残，最终造成他们与社会之间的敌视和对抗，引发其他冲突和悲剧。他们能否"改造"成为真正品德良好的绅士，能否"改造"成为自觉归还钱物的有责任感的人，很难说。反倒可能成为社会的仇视者、边缘人。而一个人的背后，还有着一大群人：他们的父母、亲戚、朋友、妻子、恋人、子女……

柯立芝有句名言："如果一件事能保护弱者的权利，无论谁反对，也得完成它。"他对小偷的这种"温情"做法，也许正是出于对弱者的一种体悟和宽容吧。我们对一些人和事，有时太激烈、太刚性——本来不大的事情，时常弄得不可收拾，甚至弄成"群体性对抗"，很令人叹惋，也很令人深思。为什么我们对人对事总要那么刚性，总要那般"嫉恶如仇"呢？"绳之以法"当然好，但有时如果换一种方式，结果可能完全不一样。

坊间俚语说：逮着小偷行窃，你教育小偷，是儒家；把小偷扭送法办，是法家；对小偷忍让，是墨家；佯装不知，是道家；不为所动，便是佛家。在我看来，那位菜园子主人和柯立芝的做法，是真正的大家，很值得我们尤其是搞惯了"斗争哲学"的人学一学。

五、"以己养养鸟"与"以鸟养养鸟"

一些地方在出台"限低"法律规定后，出现了新的失业，已是不争的事实。本来为了抑制贫富差距，结果却加大了贫富差距。

《庄子·至乐》中有个著名寓言，说的是鲁侯养了一只鸟，对鸟又喂酒，又奏"九韶"之乐，又用祭祀之物来喂养它。结果鸟"眩视忧悲"，不吃不喝，三日而死。庄子批评说，鲁侯这是"以己养养鸟也，非以鸟养养鸟也"，意思是，他是以自己想当然的方式来饲养鸟，动机好，效果差。

这寓言揭示了一个道理，当我们自认为拿着"最好的方式"处理事情时，其实未必是最好的，甚至可能是很糟糕的。在公共决策领域，我们即使纯粹出于群众利益的考量，也应注意到"鲁侯养鸟"这种情况的发生。否则很可能脱离人们的真实要求，事与愿违，适得其反。

比如，出于民生和保护弱势群体的考虑，近年来很多地方在出台"限制"最低工资标准的法律规定。人们普遍认为，通过"限低"，"将有助于保障最低收入家庭的基本生活"，这一举措确有其积极的一面。但应当看到，这一有着良好出发点的做法，却有着"以己养养鸟"式的弊端，事实未必如"限低"预设的愿景那样。应有更全面的考量。

其一，行政化的"限低"，在保护劳工实际功效上弊大于利。"限低"越激进，试图照顾劳工数量越大、试图拉动工资涨幅越大，效果可能越差。举例来说，如果我们规定，每月最低工资标准不得低于1320元，那么首当其冲的是那些劳动价值够不上这1320元的群体，将被开掉。道理很简单：法律政策可以规定企业或雇主开出的工资达不到这1320元属违法，但法律政策没法保证市场提供的劳动力价值一定够得上这"最低工资标准"。本来我们是保护那些竞争力弱的群体而提高他们的工资，结果却造成了他们的失业，因为他们没法相应地"提升"劳动技能或质量。他们原本可以"低工资"暂且获得工作机会，但由于"限低"，他们只得被淘汰出局，连原本那份低工资也拿不到。

其二，那些先天性残障、体弱、轻微智力不健全者，一些受教育程度较差的弱势群体，更由于刚性的"限低"而丧失就业机会——这是更须直面的严峻现实。这些群体就业的基础是低薪。一旦我们强行"限低"，就从根本上摒除了他们就业的可能。限制最低工资初衷甚好，但它同时剥夺了相当一部分群体所能提供的低层级廉价服务，这无论对于社会还是对于个人，都是个损失。

"限低"会造成新的失业，很多人不理解。其实道理很简单，如果商品价格定在市场价以外，一定会造成商品积压。如果把工资水平提升到市场价格之上，必然造成失业。一些地方在出台"限低"法律规定后，出现了新的失业，是个不争的事实。本来为了缩小贫富差距，结果却加大了贫富差距。事实上，最低工资限制不过是用一部分新的失业替代了原先的低工资，这方面的社会问题并没得到真正解决。

其三，本质上，一个社会的薪酬水平应由市场来决定。当企业或雇主雇不到合适的劳动力时，就会"水涨船高"，相应提高工资。比如现在装修市场上木工、水泥工、油漆工等工资随年上涨（甚至数月一涨），就反映了劳动力价格的市场趋动。对于大多数劳工的薪水报酬，同样应由市场决定而不应由行政力量越俎代庖。限制最低工资的"标的"是要消灭低工资，但在一个合理的市场环境中，低工资有其存在理由，有时甚至是不可避免的。

市场经济的最大障碍，是过多的行政干预而不是其他。今天，很多公共政策和行政规制，从单方面看是好的，但放在多维视角中综合评估，可能就成问题了。公共决策有个很重要的特性，是它的平衡性。要规避庄子所批评的"鲁侯养鸟"的做法，更多地"以鸟养养鸟"的思想方法来提升公共决策的科学性。

六、学学老子的"三宝"

一个社会如果以人为本、充满关爱，就会得到民众更多的拥护，政权更加稳固。勤俭节约有利于社会财富的积累和扩大再生产，所以老子说"俭就能广"。

关于社会治理，老子在《道德经》六十七章中说："我有三宝，持而保之：一曰慈，二曰俭，三曰不敢为天下先。"老子认为社会治理有三大法宝，应当恪守并珍视它们：第一是柔慈，第二是俭约，第三是私利上不与民争利。

这"三宝"，不仅是老子的"珍宝"，也是全人类的珍宝。一个社会，如果仁慈匮乏，大家再穷奢极欲，凡事人人争锋，那是何种局面？老子说"舍慈且勇，舍俭且广，舍后且先，死矣！"这不是危言耸听。近年来中国随着经济增长，奢靡之风日盛。石油巨头等"天价酒"、"天价吊灯"、"天价名片"和"天价车"时有披露。数据显示：北京奥运会燃放烟花超过以往28届燃放总数的4倍，广州亚运会燃放焰火总数更超北京奥运会和上海世博会。世界奢侈品协会数据：2011年中国奢侈品消费总额达126亿美元（不包括私人飞机、游艇、豪华车），占全球份额的28%；2012年春节中国人境外奢侈品消费达72亿美元。一些二三线城市，豪华楼堂馆所、高档公寓、奢华别墅甚至摩天大楼此起彼伏。国家重点贫困县江西上饶县的清水乡一个村所谓的"村部乔迁庆典"，奢侈之极，小车就摆成200多米的长龙。

至于"舌尖上的浪费"更触目惊心。数据显示：中国每年浪费食物总量折合粮食约500亿公斤，接近全国粮食总产量1/10。一个中等规模以上城市一天要浪费64000公斤饭菜，保守推算，每年最少倒掉约2亿人一年的口粮。有的贫困县一年喝掉白酒半吨多。2012年央视《新闻1+1》播出"奢侈的垃圾"，披露中国农业大学食品科学与营养工程学院一项调查结果：全国一年餐饮浪费的蛋白质和脂肪分别是800万吨和300万吨，可养活2亿人一年。

"舌尖上的浪费"不仅造成社会财富的极大浪费，更是对民族精神的污染。2013年习近平总书记在新华社一份材料上作出批示，指出"餐饮环节上的浪费现象触目惊心"，切中时弊，引起强烈反响。在国际社会，许多国家将"餐桌浪费"视作浪费公共资源而作立法限制。德国被认为是处罚餐饮浪费最重的国家。在德国一旦有浪费行为，任何见证人都可举报，相关机构人员立即赶到作出处罚。德国政府部门不能随意请客吃饭，其报销手续相当繁杂，必须填写请客申请表，详细说明宴请何人、请客目的、费用价格等并经审批。

"历览前贤家与国,成由节俭败由奢",中国历朝历代,毁于奢靡之风的不在少数。当年郭沫若写下《甲申三百年祭》,毛泽东把进京比作"赶考",提出"两个务必",就是立足于破解"历史周期律"。

与民争利,近年也成为一些地方城市化进程中的频发现象,引发和激化社会矛盾,严重影响党群关系、干群关系。地方政府与民争利多发生在房地产、交通、教育等民生领域。有的地方政府强拆强迁,从老百姓手里低补偿价拿地,再以几十倍高价售出。有的地方政府挪用惠农资金,有的地方对教育投入成为"空头支票"。一些交通部门把公路异化为牟利工具;一些垄断行业依靠资源优势攫取超常利益。与民争利成为一些地方政府最有效的增收方式,也成为新的腐败之源。

与民争利,后患无穷。它严重违背"执政为民"和"为人民服务"的宗旨,严重侵犯民众利益和权益,严重危及社会稳定。经济与社会发展的根本目的是什么?是造富于民,是提高人民生活水平,是提升人民的幸福指数,是建设和谐社会而不是其他。

在今天社会治理和转型发展中,特别是在进一步贯彻落实中央改进工作作风、密切联系群众的"八项规定"中,认真学习和体悟一下积淀着丰富历史经验和政治智慧的"老子三宝",是大有裨益的。

七、"安居平五路"与危机处置

稳定不是没有社会矛盾。矛盾、纠纷、冲突和诉求,恰恰是一个社会动态平衡和富有活力的表现,正如历史学家汤因比说的,"安逸对于文明是有害的"。

《三国演义》中,刘备新亡,曹丕乘机联络五路大军伐蜀。建兴元年秋八月,曹真率十万兵进攻阳平关,孟达起上庸兵十万取汉中,东吴孙权精兵十万攻两川峡口,南蛮王孟获十万兵进攻益州,番王轲比能羌兵十万进军西平关,五路大军来势汹汹。

蜀国上下一片惊恐。后主刘禅亲去探望闭门不出的诸葛亮,诸葛亮正于池边凝神观鱼。他告诉焦虑万分的刘禅,四路大兵已有处置办法,只剩东吴一路,正考虑对策。诸葛亮以战略和战术的运筹帷幄,于闲庭池边退却五十万大军,化汹涌危机于安然。

这一幕,让人联想到危机处理。常人处理危机,手忙脚乱,声嘶力竭;高人处理危机,淡定沉着,四两拨千斤。诸葛亮的危机化解演绎的是一种定力,一种心智，一种举重若轻的智慧。"五方战甲未及迎，数万虎狼顷刻散"，这种于反掌之间化解重大危机的智慧气度，值得一学。

今天我们有很多关于危机应对处置的研究，文字近乎"汗牛充栋"，一套套整得很复杂。只是古往今来，真正高妙智慧的危机处置，总是拨云见日、化繁为简，有着一种"安居平五路"式的品格。

20世纪90年代以来，贫富差距、腐败泛滥、失业下岗、征地拆迁、劳工权益、区域间发展不平衡等引发的社会矛盾和群体性事件，不断出现。一些地方一遇矛盾危机，往往惊慌失措、如临大敌，继以极端和刚性方式"维稳"。这种"小安"、"暂安"，以积压大量社会问题甚至"积弊"为代价，隐患丛生，实际上这构成了对稳定大局的最大威胁。

对于一个急剧变革的社会来说，社会矛盾和危机是正常的，在更高层面，危机与人类相伴始终，它是"社会构成"的组成部分。正如社会学家科塞在《社会冲突的功能》中说的，社会冲突起着社会稳定"安全阀"的功能。适度的社会冲突不仅是不可避免的，更是必要的。既然如此，危机处置当有平静沉着的气度和科学细致的处置方法。手忙脚乱，如临大敌，甚至歪招频出，多与片面理解"稳定"、"维稳"有关。

"稳定压倒一切"是中国特定时期作出的特定决策。任何公共决策都有特定时间性——正如列宁所说，"一切以时间地点为转移"。如果将一定时期的决策绝对化、普遍化，为稳定而稳定，为求稳定而规避积累的社会矛盾，阻隔人们正当诉求，"压倒"本该及时化解的民怨民难民盼，不敢放手解决深层次问题，必然引发更多更大的社会问题。这才对稳定构成了真正威胁。

稳定不是没有社会矛盾。矛盾、纠纷、冲突和诉求，恰恰是一个社会动态平衡和富有活力的表现，正如历史学家汤因比所言，"安逸对于文明是有害的"。"有博弈的存在"是一切健康社会的标志，是实现公共利益的必要条件。

"压倒一切"的绝对思维和操作方式，在思想方法上是偏颇的，在公共决策上是失衡的。历史经验表明，片面追求绝对的"维稳"目标，是实现长治久安之大忌。

一个社会，没有绝对糟糕的危机，只有绝对糟糕的危机处理。实现稳定的最好办法是推行法治和秩序，在宪法和法治精神下治理冲突而不是杜绝冲突。而在危机处置上，要有"不畏浮云遮望眼"的襟怀胆识，要有"安居平五路"的高瞻远瞩和沉着自信。

八、"啬夫式"的口舌之风

啬夫虽没做成上林令，但"啬夫式"的口舌之风，却绵延不绝，在今天已是一种"社会时尚"。

张释之是汉文帝时的司法官，先事文帝，后事景帝，以公正不阿闻名。而他的许多见解，在今天仍给人启迪，发人深省。

司马迁的《史记》记载，有一次，张释之随同汉文帝来到上林苑虎圈。汉文帝询问陪同的上林尉，登记在册的禽兽情况，问了十几个问题，上林尉东张西望，都答不上来。这时，管老虎圈的啬夫就出来回答，答得极周全，他还想借此显示自己百问不倒的样子。文帝称赞说："做官吏难道不应该像这样吗？校尉不称职！"于是就让张释之任命那啬夫做上林令。

张释之问文帝："绛侯周勃和东阳侯张相如是怎样的人？"文帝说，他们都是长者。张释之就说，周勃和张相如都是长者，可他们都不善辞令言谈，没有啬夫那样口齿伶俐。张释之劝告文帝，任用官吏不能光看能说会道，而应从大处着眼，看其为人，否则就会"天下随风靡靡，争为口辩而无其实"。文帝听了觉得有道理，就不再任命啬夫做上林令。

啬夫虽没做成上林令，但"啬夫式"的口舌之风，却绵延不绝，在今天已是一种"社会时尚"。学术领域，泡沫泛滥；领导场上，空话连篇。辞语之盛，蔚为大观。2013 年 8 月 10 日至 9 月 13 日，人民论坛问卷调查中心和"民智市场"联合做过一项关于"官场形式主义状况"的调查，在列出的"公众最反感的 10 种形式主义"中，"领导讲话假、大、空"居榜首。

根据得票率排序，"领导讲话假、大、空"得票率66.6%，为第一；第二是"为迎接上级视察弄虚作假"，得票率 65.6%；第三是"好大喜功的形象工程"，得票率63.5%。其他依次是"华而不实的规章制度"（54.4%）、"走马观花的下访调研"（54.3%）、"抓工作只重表面、不重实效"（53.7%）、"上有政策，下有对策"（52.6%）、"总结汇报报喜不报忧"（51.0%）、"内容空洞的文山会海"（49.9%）以及"铺张浪费的节庆晚会"（40.7%）。

这十项"公众最反感的形式主义"，都与口舌之风相关。1978 年，邓小平就指出："追求表面文章，不讲实际效果、实际效率、实际速度、实际质量、实际成本的形式主义必须制止。说大话、说空话、说假话的恶习必须杜绝。"今天我们说得够多，做得很少：会议满天飞，新词满天飞，数字满天飞，报告满天飞，花里胡哨的东西满天飞。"常说的老话多、正确的废话多、漂亮的空话多、严谨的套话多、违心的假话多"，这"五多"，是人们对当下公共话语泡沫化的概括。

调查研究是谋事之基、成事之道，但不知从何时起，下基层调研完全走了样，上面提前"踩点"，下面提前"排练"。开座谈会了解情况时，一些能说会道的来背"标准答案"；查看实际情况，多是"繁花似锦"的示范点……这是形式主义和官僚主义的典型表现。

战国时期，韩非在《五蠹》中认为：一个社会如果"悦其辩而不求其当"，是很危险的。在上面的故事中，张释之告诫文帝，人们在官场上攀比谁有口舌之才，是非常危险的。

当年啬夫虽逞口舌之能，但毕竟没说假话，只是显摆而已，今天说漂亮话蒙骗领导、糊弄百姓的事儿很多。在文帝那里，啬夫没被提拔，但今天"做得好不如说得好"，易得提拔是事实。上有所好，下必甚焉，一些基层干部正是深谙此道，才在口舌之风的形式主义上大下功夫。

"随风靡靡，争为口辩而无其实"，这种公害，亟当力戒。

九、金字塔："快乐"建造者的启示

> 人类无论是物质产品还是精神产品，真正的传世之作的诞生，唯有在劳动者身心和谐的情况下才有可能。

金字塔是人类古文明的瑰宝，它的建造花费了惊人的劳动和技能。著名的胡夫金字塔，由至少重 2.5 吨的近 260 万块巨石建造。其砌工之精确，让今天的石匠也难以企及。

关于这项工程的建造者，根据 2000 年前的"历史之父"希罗多德在《历史》中记载，是无数奴隶在残酷的被压迫下完成。他估算，建胡夫金字塔雇用了 10 万人并劳动了 20 年。

然而，埃及最高文物委员会在 2003 年宣布，通过对吉萨附近 600 处墓葬的发掘考证，金字塔是由当地具有自由身份的农民和手工业者建造的。埃及吉萨省文物局长哈瓦斯说：当时的人们是怀着一种爱戴和虔诚的心情自愿参加建造的，很多家庭甚至全家出动。

其实，在埃及官方宣布这一考证结果之前的 1560

年，一名叫塔·布克的瑞士钟表匠在游历埃及后，就作过一个惊人的推论：金字塔的建造者不是奴隶，而是一批"欢快的自由人"。

这名与考古无涉的钟表匠，依凭什么作出如此推论？埃及国家博物馆馆长多玛斯对此产生了兴趣，后来他发现这名钟表匠是从自身钟表制造的体悟中推知出这个结论的。1536年，塔·布克因反对罗马教廷入狱，在狱中他被安排制作钟表。以前，他能把钟表误差控制在1/100秒以下，在狱中这样一个失去自由的地方，他怎么也造不出日误差低于1/10秒的钟表。布克发现，影响自己的是制作钟表时的"精神环境"。他说："一个钟表匠要在不满的情绪中完成制作钟表的1200道工序，是不可能的；要在对抗和憎恨中精确地磨锉出一块钟表所需要的254个零件，更比登天还难。"

这名钟表匠塔·布克认为："金字塔这样宏大的工程，被建造得那样精细，各个环节衔接得那样天衣无缝，建造者必定是一批怀有虔诚之心的自由人。难以想象，一群有着懈怠行为和对抗思想的人，能让金字塔的巨石之间连一枚刀片都插不进去。"

美国学者伯恩斯和拉尔夫在《世界文明史》中也指出："金字塔的建造是一种信仰行为，是企望国家永恒、巩固的表现。"昔日那些建造者是怀着一种信仰和道义上的责任感，来从事这项伟大工程的。人类无论是物质产品还是精神产品，真正的传世之作的诞生，唯有在劳动者身心和谐的情况下才有可能。而在充斥假冒伪劣的地方，一定存在群体信仰和心理上的迷失。从建造金字塔的"自由人"，到马克思"自由人的联合体"，似乎都在说明这个道理。

我们正在加快转型发展，民族精神、群体心理才是第一位的。2014年1月22日习近平总书记在同各民主党派迎新春座谈会上，念了两副春联送给大家：一副是"骏马追风扬气魄，寒梅傲雪见精神"，另一副是"昂首扬鬃，骏马舞东风，追求梦想；斗寒傲雪，红梅开大地，实现复兴"。习近平总书记强调"越是处于改革攻坚期，越需要汇集众智、增强合力；越是处于发展关键期，越需要凝聚人心、众志成城"。

《淮南子·泰族训》说："治国，太上养化，其次正法。"治国理政最高的境界，不是技术层面，而是精神、心理和文化层面。一个民族的伟大创造精神，来自群体心灵的和谐与安详，来自人与社会环境的互动和认同。而国家的振兴，根本上取决于在多大程度上实现凝聚人心和众志成城。今天推进国家治理体系与治理能力现代化，最重要的是"太上养化"，进行民族精神和群体心理上的调治和养育。

十、"不毁乡校"是大智慧

现代社会尽管资讯通达，但还是要有最基层的民意渠道
特别是"不毁乡校"的治政大略。

子产是春秋时期郑国富有政治眼光的政治家，相郑
二十多年，多有事迹流传。子产为人称道的不仅是他出
色的治国方略，更在于他那种开放包容的治政理念。即
使今天来看，他许多做法也相当具有现代民主的品质。

《左传·襄公三十一年》记载：子产治政期间，人们
时常在乡校闲聚，议论民生，闲话朝政得失。郑国大夫
然明看到这个情况，担心引发不稳定，于是他建议子产
毁掉乡校。子产对然明说，人们不过是早晚干完活来这
里聚一下，聊聊政治的好坏，"其所善者，吾则行之；其
所恶者，吾则改之。是吾师也，若之何毁之？"

子产还对然明说，我只听说尽力做好事情可以减
少人们怨情，没听说依仗权势就能防止怨言。制止人
们说话不难，但那样做，犹如堵塞河流，一旦决口，后
果是无法挽救的，所以不如流畅民意，把它作为治病的

良药。

　　然明听后非常折服。孔子听到子产"不毁乡校"的故事，非常称赞，说，"以是观之，人谓子产不仁，吾不信也。"子产开放治政的胸怀，使郑国社会氛围空前开放，郑国成为当时法家学派的中心。

　　将民意作为治国依凭，"观风俗，知得失，自考正"，是中国古代政治智慧。《春秋公羊传》记载，西周时就建立了"采风"制度即民意收集制度。当时朝廷规定男子60岁、女子50岁如无子女的，由官方提供日常生活费用，让他们深入村落坊间收集民情俚语，时间从当年十月，到第二年正月。通过这种方式，治政者"不出户牖，尽知天下所苦"。

　　子产就是秉承了这样的远见卓识，故其治政成就远在同辈人之上。司马迁在《史记·循史列传》中记载：子产治理一年后，社会浪荡人员不再轻浮嬉戏，老年人不用负重力扛，儿童不用下地干活；两年后市场上买卖公平，没有奇货可居；三年后社会风气大变，夜不闭户，路不拾遗；四年后人们不用把农具放回家……史家称其为"春秋第一人"。公元前522年子产病逝，百姓痛哭。因家无余财无钱下葬，他儿子背了一包包的土才把子产葬于邢山。孔子闻讯，流泪说"子产，古之遗爱也"。

　　当然古代中国，搞"偏执维稳"的大有人在。最经典的，莫过于《国语》中记载的周厉王"弭谤"了。周厉王是西周第十位君主，公元前878至前841年在位。他在位晚期为了谋利，把平民赖以谋生的山林川泽收归王室，以国家名义实施垄断，引起人们不满，京城里有了批评声。邵公告诉厉王说："民不堪命矣。"可厉王不听，反而大怒，弄来一些巫师监视人们言论，杀了许多人。人们路上相遇，只是相互递个眼色而已。

厉王对这个局面很满意，对邵公说："吾能弭谤矣，乃不敢言！"邵公是个头脑清醒的人，他沉痛地说了那句千古名言："防民之口，甚于防川。"邵公苦口婆心规劝厉王，封杀言论比阻挡洪水更危险，河水堵塞河堤决口，死伤者会无数，屏蔽言论也是这样。可是厉王一意孤行，三年后即公元前842年，"弭谤政策"终于引发了真正的不稳定，周厉王被赶下台。

现代社会，言政不仅是国家治理"知得失"的依凭，更是公民有序政治参与的权利。现代社会尽管资讯通达，但还是要有最基层的民意渠道特别是"不毁乡校"的治政大略。把维稳推向极端化，以维稳名义堵塞民意，是对"稳定"的偏执歪曲。一个"弱言论社会"是难以稳定的，尽管它表面上似乎很稳定，甚至表现为超稳定。

十一、同一个裴矩为什么判若两人

裴矩也好，魏征也罢，其行为变化都可用环境和制度来解释，他们成为一代谏臣，与"盛唐气象"有着因果关系。有什么样的制度环境，就有什么样的"人"。

公元 626 年唐太宗李世民即位后，决心整肃官场"吏多受赇"的局面。他使出一招，即暗中派人向官吏行贿，看哪些人受贿。有个官吏被发现"受绢一匹"，唐太宗要诛杀，民部尚书裴矩提出，官吏受贿是有死罪，"但陛下使人遗之而受，乃陷人于法也"。这种"钓鱼执法"不合道德规范。唐太宗接受了裴矩劝谏，并召集五品以上官员开会说："裴矩敢于力争，不看我脸色行事，假如每件事情上大家都能这样，国家岂能治理不好！"

裴矩是隋末唐初著名政治家和谋略家，史称"研度经史记略，取其所长，从中问究良策"，先后为隋文帝、隋炀帝、唐高祖李渊和唐太宗李世民打理过朝政。他原名裴世矩，后为避唐太宗讳改为裴矩。饶有意味的是，裴矩原本不是个"诤臣"，而是个高超的"唯上主义者"。

《旧唐书·裴矩传》记载，隋炀帝"昏侈逾甚，矩无所谏诤，但悦媚取容而已"，甚至由此加速了隋朝的灭亡。下面试举两例：

有一次隋炀帝驾临东都洛阳，裴矩为迎合炀帝好大喜功，以向来朝贡的蛮夷展现"大国威仪"为由，鼓动盛装洛阳。当时把全国艺人都召到洛阳，演出奇技杂戏，丝竹喧嚣，灯火辉煌，又令店铺铺上地毯，树上披挂彩锦，极尽奢靡浪费之能事。外邦人所到之处皆免费提供食宿，整整闹腾一个月，造成国力极大耗费。

隋炀帝曾大赞裴矩："裴矩大识朕意，凡所陈奏，皆朕之成算，未发之倾，则矩以闻，若非奉过用心，孰能若是？"就是说，裴矩很懂他的心思，凡他想说想做的，裴矩总是已先想到先提出来了。

出人意料的是，归唐后裴矩判若两人，不是"唯上"，而是"唯实"。他在李渊和李世民父子两代担任殿中侍御史、民部尚书等职，贡献过许多治国理政的良策，谏"试赂"即为一例。魏征称他"学涉经史，颇有干局，至于恪勤匪懈，夙夜在公，求诸古人，殆未之有……"真可谓佞也裴矩，诤也裴矩。

让后人感兴趣的是，一个人缘何会有落差这般巨大的前后变化？

司马光编纂的《资治通鉴》认为：裴矩谄于隋朝而忠于唐朝，不是品质上有什么变化。人君厌恶听到自己的过错，忠诚会变为奸伪；人君乐于听到正直言论，奸伪会变得忠诚。因此，君王犹如计时的标杆，大臣是影子，随标杆而移动。

2012 年 5 月 16 日习近平总书记在中央党校开学典礼上，说到"裴矩佞于隋而诤于唐"的故事时指出，"这个故事告诉我们，人们只有在那些愿意听真话、能够听真话的人面前，才敢于讲真话，愿意讲真话，乐于讲真话"，告诫领导干部要以"言者无罪，闻者足戒"的原则，鼓励人们说真话。

裴矩的故事似乎再一次演绎了"盘圆则水圆，盂方则水方"和"君明则臣贤，君昏则臣佞"的历史之道。历史上，任何一个没落腐朽的王朝都会把人们的诤骨销蚀殆尽。同一个裴矩，不同的作派，至少告诉我们两点：

一是人性是有一定变化幅度的。人具有一定可塑性，犹如一把折扇，固定基点不变，可展开的扇面在同一个支点上有不同的方位。二是环境、体制塑造人的行为。好的政治建构要多从规制上找原因而不拘囿于人的品质。裴矩也好，魏征也罢，其行为变化都可用环境和制度来解释，他们成为一代诤臣，与"盛唐气象"有着因果关系。体制和制度才是人行为取向的决定性因素，有什么样的制度环境，就有什么样的"人"。

十二、390名唐朝囚犯引出的话题

> 历史经验证明，治政的简约和清廉，不仅是节简行政成本的根本之举，更对人的行为和整个社会风貌产生深刻影响。

《资治通鉴》第194卷记载过一个很有名的故事：贞观六年（公元632年），唐太宗亲自省录囚徒，看到那些将行死刑的死囚犯后，生怜悯之心，就放他们回家，约定第二年秋天来京"就死"。第二年秋天即贞观七年九月，这390名放回家的死囚在没人监管的情况下，全部按期报到，没一个人逃亡。唐太宗感念于此，全部免于死刑。

《资治通鉴》是信史，司马光的记载是可信的。但对这一事件的解释则多有旁歧，要么视之为唐太宗为表现"仁政"、"皇恩浩荡"的作秀；要么将其作为古代君王"干预司法"的案例，君王一声令下让囚犯回家一年，又一声令下让390名死囚全免于死刑，即使是唐太宗这样的开明君主，干预司法亦不能免；当然也多有颂扬其

"人性关怀"的。

这是只知其一，不知其二。过去君王审看刑狱称"录囚"，是检视、省录囚徒的意思，目的是检查刑狱是否存在审判不公和刑案淹滞、久拖不决等情况。唐太宗亲审死囚案卷和赦人死罪，不是别出心裁的作秀，而是依从惯例。

"录囚制"源于汉代。《续汉书百官志》有"录囚徒，考殿最"的记载，最初这只是刺史的职务行为，定期省录囚犯，检查是否存在冤假错案和久拖不决等问题。东汉时有了皇帝检录罪囚的做法，光武帝刘秀曾"留心庶狱，常临朝听讼，躬决疑事……"

到了唐代，国力强盛，社会安详，司法公正问题进入朝廷视野，君主亲自视察刑狱案件多了起来。据统计，唐代"录囚"共有101次，超过以前任何时代。有皇帝亲录京师囚徒的，也有由臣下代理的，地方上则由行政首长审录或朝廷派使者察看。

以现代眼光看，唐太宗录囚并"皆赦之"，有君王任意干预司法的问题；但在当时，法出于皇帝意志，皇帝能亲省刑狱，防止冤假错案，有着进步意义。

而这件事当中更让人感兴趣的是，390名死囚在无人监管的情况下无一人逃匿，"皆如期自诣朝堂"。人们如此诚信，这是为什么？

要知道那个时代天高皇帝远，交通不便，既无摄像头，又无通讯联络设备，要逃匿是极容易的，也是很难寻找的。能"大度"地放390名死囚回家，他们又能全部如约回来，真是一件不简单的事。至少，我们可以判断出那时的社会风气是相当不错的。

更值得体悟的是当时的社会治理方式和"贞观精神"。千百年来，人们对"贞观之治"探讨很多，众说纷纭，但其中非常重要的一点，是那时的治政之道不仅是清廉的，更是简约的。《道德经》第五十八章说："其政闷闷，其民淳淳；其政察察，其民缺缺。"政治宽厚清明，民众便淳朴忠诚；政治细密苛繁，民众就狡黠怨结。辜鸿铭在《中国人的精神》一书中也指出，凡繁杂政治"就需要从民众那里征收越来越重的税，终于使得民众不堪忍受，从而引起带有破坏性的运动……"

贞观之时，整个上层建筑大体是扁平化结构，运转效率高，劳民伤财、形式主义的东西少；再加上社会和谐度高，没有更多不平之气所导致的普遍化伺机抗争。所以390个囚犯能如期归来，是很自然的事。

一个社会的治理方式与民情、民风和社会心理、社会信任存在很大关联。历史经验证明，治政的简约和清廉，不仅是节简行政成本的根本之举，更对人的行为和整个社会风貌产生深刻影响。

十三、"萧规曹随"与"不相师友"

> "萧规曹随"是不刻意"创新"、不好大喜功的"求实"
> 思维;"不相师友"是不拘于固有、不陈陈相因的"求新"态
> 度。其实,两样理政,一样智慧。

西汉惠帝二年,萧何之后,曹参接任做相国。他凡
事一无变更,完全依照萧何立下的原制。一些朝臣来他
府上议事,曹参就让他们一块喝酒。惠帝责怪相国不理
政事,就让他儿子回家后试探着规劝他,结果他儿子被
曹参打了一顿。到了惠帝正面与曹参谈这事儿的时候,
就有了一段关于治国理政的经典对话。

曹参问惠帝:"陛下觉得自己与高祖皇帝谁更圣明
英武呢?"惠帝说自己比不上先帝。曹参又问:"陛下
看我与萧何谁能力更强些呢?"惠帝说:"好像也比不
上萧何。"曹参说:"陛下言之是也。且高帝与萧何定天
下,法令既明,今陛下垂拱,参等守职,遵而勿失,不亦
可乎?"

曹参的意思是说,"您说的极是,既然您我都不及

刘邦和萧何，他们‘法令既明’，那么您只要垂拱而治、我只须遵守既定法令即行，为什么一定要刻意搞新花样呢？”惠帝听了，豁然开朗，接受了曹参的意见。

曹参这种不刻意搞创新、玩政绩的做法，是一种深沉的大智慧。曹参任相三年，清静无为不扰民，使得西汉经济有了长足发展，社会稳定。他死后，民间有歌谣称颂他，“萧何为法，讲若画一；曹参代之，守而勿失；载其清静，民以宁一”。史称“萧规曹随”。

清代钱泳《履园丛话》记载：雍正年间，进士朱轼在浙江做巡抚，他依据古代规制规定了结婚、丧殡、祭祀、宴宾等社会仪制，禁止灯棚、水嬉、妇女入寺烧香、听戏之类活动。于是那些社会底层民众，特别是以肩挑贩卖为职业的“卖浆市饼之流”没了生意，“默默不得意”。

朱轼之后，行武出身、后来两次做直隶总督的清代名臣李卫到杭州接任为官。李卫曾受到朱轼的提拔，两人有师生之义，但李卫“为政不相师友”，他推陈出新，凡事遵从民意，以一种开放的态度管理社会经济，于是“歌舞太平，细民益颂祷焉”。市场繁荣，老百姓称颂不已。

“萧规曹随”与“不相师友”，两样理政，一样智慧。

“萧规曹随”这个“随”，不是随意、随大流，而是尊重前人累积的创造和智慧，体现了不刻意“创新”、不折腾、不好大喜功、不搞政绩比赛这样一种“求实”思维。史载曹参为相后，“弄巧好名”之徒尽皆斥去，国政一直实行萧何立下的旧制，推动了汉初经济繁荣。在思想和文化方面，他协助惠帝废除秦时禁锢，打开各种思想发展的大门。在并不太长的时间里，西汉的社会经济得到恢复，惠帝的短暂之治实际上成为"文景之治"的先声，或者说直接开启了后来的"文景之治"。这种治政哲学，在中国历史上一些朝代都显示了促进经济发展和社会稳定的功效。

"不相师友"这种"不相"，不是轻师，搞刻意翻新，而是一切从实际出发，不拘于固有、不因袭前人，体现了即使是"师友"也不陈陈相因这样一种"求新"态度。朱轼是"醇儒"，片面抑制人们消费，导致底层社会无以为生。李卫对朱轼虽有尊师之义，但李卫没有简单"师从"，而是以一种开放务实的态度来发展民生，积极鼓励人们消费，市场一下就繁荣起来。这种做法类似当年范仲淹兴利赈灾的做法。这种"为政不相师友"，中国历史上也有不少类似事例，对于推动社会经济发展作用甚大。

前一种是"求实"治政理念，不简单搞"超越"前人，通过"与民休息"发展经济民生。后一种是"求新"治政理念，不简单照搬照抄前人，通过"听从民便"的开放态度发展经济民生。两者看似迥然不同，实则异曲同工，都体现了求真务实态度，达到的社会效果是一致的。中国古代先贤们这种治国理政的智慧，是值得体悟和学习的。

十四、吴起的眼界

国家兴衰的关键从来不在于山川险固与否，也不在于有无坚船利炮核武器，而在于"治道"即政治是否清明革新。

吴起是战国时著名的军事家，"用兵司马穰苴不能过也"。他的《吴子兵法》，有很高的声誉。但比起他的军事才能，吴起的政治见识更震古烁今，引人深省。

《战国策·魏策》记载：一次魏武侯和大臣们在西河上坐船游览，魏武侯看到山川壮丽，一时有了"横槊赋诗"式的豪情，称耀说："山川如此险峻，国家难道不是很坚固吗！"一旁的大臣王错应声附和："这就是晋国能够强大的原因。若好好治理，称霸天下是没问题的。"

吴起对王错说："吾君之言，危国之道也；而子又附之，是重危也。"他指出王错的趋炎附和，更是一种危险。当时魏武侯听了，很生气，对吴起说："你这话有什么说道吗？"

吴起说，山川之险是不足为凭的。一个国家的霸

509

业，不会因山河险峻而产生。他列举了地理险固但国家不治而亡的例子。如三苗治下的地方，左有彭蠡湖，右有洞庭湖，北有岐山，南据衡山，天险独具，但"为政不善，而禹放逐之"。夏桀的国家，左面是天门山北麓，右边是天溪山南边，伊水、洛水流经南面。依仗如此天险，但"为政不善，而汤伐之"，被商汤一举攻破。而殷纣的国家，左有孟门山，右有漳水和滏水，前据黄河，后靠大山，地势险要，但"为政不善，而武王伐之"，最后败于武王的讨伐。

吴起一口气说了"为政不善，而禹放逐之"、"为政不善，而汤伐之"、"为政不善，而武王伐之"三个先例，强调善政才是国家立于不败之地、图存霸业的根本所在；决不可自恃险固，忘乎所以，玩自娱自乐的游戏。

吴起进一步对魏武侯说："我们攻陷占领的那些城邑，城墙不谓不高，民众不是不多，可照样城破国亡。缘由何在？""政恶故也。"由此地形险峻、地大物博之类，哪里能作为兴国谋霸的凭借呢？魏武侯听了，豁然开朗，称如闻"圣人之言"，并把西河地方的政务全盘托付给吴起。

《战国策》记载的这一幕，非常值得品悟。地缘形势对于国家是重要的，《孙膑兵法·奇正》中说，"形胜之变，与天地相敝而不穷"。20世纪初叶地缘政治学的兴起，也表明了这一点。地缘政治学把地理因素视为影响国家政治的重要条件，依据地缘形胜和政治格局分析战略形势，对国家安全作统筹规划。但当时吴起的观点，打破了对于山川险固的迷信，强调修明政事、推行良治才是治道之本。自恃险固，颐指气使，那是取败之道。

唐代诗人刘禹锡曾喟叹历史兴亡，在公元824年写下著名的《西塞山怀古》："王濬楼船下益州，金陵王气黯然收。千寻铁锁沉江底，一片降幡出石头。人世几回伤往事，山形依旧枕寒流。今逢四海为家日，故垒萧萧芦荻秋。"揭示了"山形"与"人世"的依存关系。当时东吴依凭长江天险，设置铁锥，并以千寻铁链横锁江面，以为万全之策。但王濬的战船顺流鼓棹，三下五除二攻下金陵。

古往今来，国家兴衰的关键从来不在于山川险固与否，也不在于有无坚船利炮核武器，而在于"治道"即政治是否清明革新。"治道"是中国传统的思想范畴，先秦时已形成，只是秦汉后没能孕育出更多的民主因素。当今世界，许多国家之间自然形貌差异不大，但兴衰强弱各有不同，是"治道"形塑了一个国家的风貌和命运。就其重要性而言，"治道的形胜"一定甚于"山川的形胜"，这是一种文明的法则。

吴起是军事家，但眼光超越了"单纯的军事观点"而有深远开阔的境界，懂得"天下之治道，不可不务为也"。西河船上一席言，直击国家兴衰成败的根本。比起那些只知武力，只懂秀肌肉或只好"陶然自醉"的古今愤青们，不知高明多少。而"王错式"的短视和阿谀，则很容易对国民精神形成误导，在吴起看来，更是一种

"重危"，尤当警策。

"中原形胜关河在，列圣忧勤德泽深。"唯有内修善政，外修信睦，才是国家兴盛强健之本。总之一句话：良治才是硬道理。

十五、张全义治洛的启示

两点之间直线最短。好的治理就是在治理与治理目标之间，找到一条最短的直线。今天来看，张全义城邑治理有相当的启发性。

"欲问古今兴废事，请君只看洛阳城。"洛阳是十三朝故都，有4000多年的建城史，是中国建都时间最长的都城，文化积淀极深。在洛阳治理史上，有个人很值得一提。

据洪迈《容斋随笔》卷十四记载，唐时洛阳经历了多年战乱，破败不堪，风吹草长，白骨蔽地。后来张全义做了河南尹，招抚流民，整理修造，经过时间不长的治理，很快使"城无居人，县邑荒圮"的破败洛阳，又成为当时强大的军镇。

张全义是唐末五代时期将领，经历比较复杂，但其治洛，正如洪迈在《容斋随笔》评述的，功绩甚大，治理的办法也值得品评。

张全义到任时，麾下只有百余号人，面对的是一个

513

破败不堪的都邑废墟。他挑了十八个有能力的人作为"屯将"，每人发给一面旗、一张榜，到周边 18 个县树旗张榜，招抚流散逃亡的民众。再挑出十八人作为"屯副"，安抚回归流民，劝耕农桑，恢复生产。在政策上，对难民实行"零赋税"，免除所有征收。在刑律上，除犯杀人罪要严惩外，其余都不用重刑。又挑出十八个熟悉文字计算的人做"屯判官"，打理日常事务。这使远近流民很快聚集起来，每屯居民上升到数千户。

到了农闲，选拔一些青壮年进行半军事化训练，形成一支两万多人的治安队伍，缉拿盗贼，维护治安。当时在洛阳周边 30 里内，张全义一旦知道哪家勤于耕织，蚕养得好、麦种得好，必去亲访，悉召老幼，赏给酒食衣料以示慰劳。对于田地荒芜的，就召集民众查问原由。有因为缺牛耕地的，他要求有牛的邻里相帮互耕，"由是邻里有无相助，故比户皆有蓄积，凶年不饥，遂成富庶焉"（《洛阳搢绅旧闻记》）。

在他治下，都城坊曲，渐复旧制，诸县户口，率皆归复，桑麻蔚然，野无旷土。百姓勤勉务农植桑，"家家有蓄积，水旱无饥人"，发生水旱天灾也没人挨饿。"五年之内，号为富庶"，即把一个饱受战乱的破败洛阳，治理得"复为壮藩"，成为当时的"一线城市"。

两点之间直线最短。好的治理就是在治理与治理目标之间，找到一条最短的直线。今天来看，张全义城邑治理有相当的启发性：

一曰"仁政"。即以人为本，人和政通。只有把人置于中心，才是治本之道。张全义知民疾苦，通过"绥抚"政策引归流民，组织流离失所的人们重建家园。从废墟之地到富庶之城，民众的生存境遇大变。

二曰"勤政"。如前所述，张全义晨兢夕厉，听闻哪家农桑搞得好，必至其家，亲慰劳之；哪里农耕不佳，存在问题，则必临其地，"集众决责之"，责成当地负责人立马解决。注重现场解决百姓"最现实、最直接"的问题，这是一种"问题式治理"。

三曰"善政"。张全义治洛很突出的一点是不与民争利，凡事让利与民，让人们有积极性。马克思说过，"思想一旦离开利益，就一定会使自己出丑"。离开了民众利益的管理，也会"出丑"。当时的举措，如减免税赋、减少征收、减轻百姓负担等，致使民众普遍有"获得感"。再如推行"人性化"管理，凡事利为民所谋，这才形成了"远近趋之如市"、有高度凝聚力、向心力的局面。

四曰"训政"。利用农闲开展青壮培训，"教以弓矢枪剑"，构建起民间治安维稳力量，确保了一方平安和良好社会秩序。重要的是，这是一种自治、自我管理，官方所做的是出思路、搭平台、提供培训服务。

五曰"简政"。当时洛阳整个管理系统非常务实简约，刑宽事简，简化办事手续，注重的是积累性发展和渐进式管理，基点在于如何让民众富庶起来。等到百姓富起来了，才建章立制，"奏请每县任命县令，建立文书，进行管碑"，设置扁平化行政机构和简约的人员管理机制。这种治理线路,合乎"上层建筑要适应经济基础"的原理。

　　大道至简。最简约的管理是最有效的管理,也最合乎管理的初始命题。这一点在张全义治洛中,也再一次得到明证。

附 录

附录一：

中国国际广播电台访谈

（2011 年 6 月 16 日）

中国国际广播电台记者（西班牙语部白云怡）： 1982 年《宪法》第 111 条，第一次规定了农村"村民委员会"为"群众自治组织"，这是否可以看作中国农村基层民主建设的开端？您能给我们介绍一下当时的背景么？

秦德君： 我想，把"村民委员会"在 1982 年的入宪，看作中国村民自治的法律化、法制化，是中国村民自治的一个新起点，可能更为恰当。为什么？因为 1982 年宪法第 111 条赋予了村民委员会"基层群众性自治组织"的法律地位。这是这部宪法的一个历史性贡献。同时，正是在 1982 年宪法条文的规范下，1987 年，颁布了《中华人民共和国村民委员会组织法（试行）》，这部试行法的颁布，使村民自治进入"组织法时代"。

中国农村的村民自治发端于 20 世纪 80 年代初期，普遍推行于 90 年代。十一届三中全会后，在实行联产承包责任制的过程中，广西壮族自治区罗城县和宜山县的一些村，农民自发地组织起来，创立了村民委员会这一组织形式。当时有的叫"村治安领导小组"，有的叫"村管会"。从1981年春天起，开始改称"村民委员会"。1981年下半年，中央派出调查组，经深入调查后对这一做法予以肯定。1982年，全国人大常委会在起草宪法修改草案时，总结和吸收了城市居民委员会的经验和广大农民群众创造的新鲜经验，把村民委员会和居民委员会一起写进了宪法，并对村民委员会的性质、任务和组织原则，都作了具体规定。

1998年11月，在试行法的基础上，颁布了更完善的《中华人民共和国村民委员会组织法》，村民委员会法制规范更完善了。但这一切的起点，都是1982年宪法关于村委会的条款。所以，1982年村委会入宪，是中国民主政治发展的一个历史标志。

中国国际广播电台记者：在您看来，中国的农村基层民主有什么显著特色？在过去的几十年间经历了哪些变化和发展？

秦德君：农村基层民主是个大概念，与"村民自治"不是一个等同的概念。就中国农村基层民主来说，在新中国成立后就有了一些实践，但它真正的突破和规模效应，产生于改革开放后。

就主要特色来说，中国农村基层民主主要是"自发性"、"实践性"和"创新性"这几大特点。村民自治在那时应运而生，是中国改革开放的产物。20世纪80年代村民自治的产生，是对"一大二公"、"政社合一"的人民公社解体的一种制度替代。正是各地在村民自治上表现出的主动性和创造性，成为了后来国家立法的现实依据。

就你刚才说的"变化发展"来说，从 1978 年改革开放以来，中国的农村基层民主，我认为大体上可以分成这样三个阶段：

一是草根阶段。中国改革是从农村家庭联产承包制开始的，"小岗村"的"手印契约"是一种见证。被称为"中国第一个村委会"的广西宜山村委会以及广西罗山等一些地方农民组建村委会，也是那个时候产生的。完全是农民自发的行为。

二是约法阶段。这以 1987 年六届全国人大常委会颁布《中华人民共和国村民委员会组织法（试行）》为标志。1987 年试行法的制定，标志着村民自治法律框架初步形成。这时，它上升为一种"国家行为"。

三是普及阶段。1998 年 10 月，十五届三中全会提出"全面推进村民自治"；同年 11 月，修订后的村委会组织法正式颁布，特别是进入 21 世纪后，中国村民自治更加普及，形式更加多样，向更高层级迈进，这是第三阶段。可以借一句诗来表达："潮平两岸阔，风正一帆悬。"

中国国际广播电台记者：在很多人眼中，村民自治是中国农村基层民主中最闪耀的亮点。您能给我们简要介绍一下目前中国农村地区村民自治的情况和水平么？主要通过哪些形式来达到自治的目的？

秦德君：前面说到，农村基层民主是个大概念，它与"村民自治"不是一个等同的概念。其次，村民自治与地方自治也不是一回事儿，这里不展开讲。村民自治是农村基层民主"最闪耀的亮点"，但我们希望它不要成为"划过的流星"。

村民自治的主要功能，一是提供社会秩序，二是提供公共服务。村民自治的实质，是一种民主化村级治理，是一种民主的基层实习。

目前中国农村地区村民自治，总体来说，处于普及和更广泛的推开和实践阶段。但各地发展极不平衡，经济发达地区特别是沿海地区发展得更好一些，中西部地区发展迟缓一些。

至于自治的形式，主要是通过实施民主决策的村民会议或村民代表会议，还有如制定村民自治章程和村规民约、村民参与民主理财、财务审计、村务管理等。各地都有一些创造，如浙江的温岭，创造了"民主恳谈"称为温岭模式。每年人民代表大会上，普通居民可通过民主恳谈参与分配政府的"钱袋子"，确定当年的财政优先保证的是医疗还是教育，还可以监督公共支出。甚至被誉为"中国民主发展的样本"。

可以这样说：村民自治一方面充满希望，它在不断提升水平；另一方面又充满了矛盾和悖论。主要表现：一是村民自治存在体制上结构性冲撞。如村委会与党支部的矛盾、村委会与乡镇政府的矛盾，等等。有的地方，村党支部书记把"党的领导"理解为村支部的领导，甚至是他个人的领导，对村委会工作横加干预、大包大揽。在村委会一面，有的村委会认为自己是选出来的，腰杆子硬，不把党支部放在眼里，一些民主选举产生的村委会主任搞个人说了算，把村民自治搞成了"村主任自治"。至于"贿选"、"强人把持"等现象，也层出不穷，它们是民主的副产品。

二是不少地方村民自治的组织化程度低，"届期不统一，技术不规范，培训没有章法"。

三是作为村民自治主体的村民，自治能力有待提高。有的村民在候选人的小恩小惠、一包烟、十块钱面前，便将选票出卖；一些村民只要权利、不履行义务，不执行村民会议或村民代表会议的决定等。

中国国际广播电台记者：在您看来，目前中国是否已经具备了将村民自治递升与推进到乡镇民主这级的条件？

秦德君：政府不能包打天下，也包打不了，这是民主逻辑。

关于目前中国是否已经具备了将村民自治"递升与推进"到乡镇民主这级的条件，我是从中国民主政治发展的大趋势来看的。其实，真正适合作为基层民主基点的，是乡镇和县一级，而非村一级。因为乡镇和县级根植于国家政权系统，与国家政权同构；而村民自治本质上是一种有别于国家民主的草根民主，一种以农民具体利益为轴心的民主方式。

　　严格说，在中国，所谓"基层"，是指县级以下。包括乡镇在内，都属于"基层治理"范畴。中国历史上，历朝历代，国家政权只到县一级，县以下，都推行自治。

　　当年孙中山提出"革命程序论"，将县级自治列为直接行使"民权"。1919年，孙中山指出："此时一县之自治团体，当实行直接民权。人民对于本县之政治，当有普通选举之权、创制之权、复决之权、罢官之权。"在孙中山的构想中，实现这种地方自治，是建立真正的民主共和国的基础。

　　1941年，陕甘宁边区政府在关中正宁县建立了回民自治乡，在城川建立了蒙古族自治区。1946年《苏皖边区乡镇选举条例》规定，乡镇为地方自治基层政权组织。

　　实事求是的说，今天，发展乡镇民主已不是一个"递升"的问题，而是事实上乡镇改革相对滞后、应加快步伐跟上的问题。从政权结构的内在机理看，现在同一个行政区域中，有县、乡两级政府在行使政权职能，属于权力和机构都重叠，影响行政效率，应当简化。

　　再从另一方面看，村民自治与乡镇民主是可以并行不悖的，严格说在层级上，乡镇民主与村民自治是同一个层级，并不高于村民自治的民主形式。

　　中国国际广播电台记者：1998年末，在四川省遂宁市步云乡，直选村委会递升推进到了直选乡长，由此产生了中国大陆第一位活生生由选举产生的政府领导。您怎么评价这一事件？您能否给我们介绍一下目前中国乡镇直选的状况及其他形式乡镇级别的基层民主的发展情况？

秦德君： 在中国基层民主建设的历史上，四川是探索最"给力"的省份。20世纪90年代末，国内各种试点不少，但四川搞得最热火。早在1998年，其他省份还刚掀起村委会主任"海选"热潮的时候，四川巴中市就开始直选村支部书记，并在全国率先将公推公选推进到乡长、乡党委书记的层面。据说1998年那段时间，四川选出了413名乡镇领导。

四川还一度将公选范围推进到了县长层级。2002年6月，德阳市中江县公选县长候选人，在全国首开公选县市区政府主要领导人选的先河。这比江苏沛县等地的公推公选早了整整一年多。到2002年年底，四川又在17个市县进行了党代会常任制的试点。

四川后来将"直选乡镇领导"改为"直选乡镇领导候选人"，将候选人交乡人代会再次投票。同时，有关乡镇选举的事情，四川从此对媒体守口如瓶。

那两年，其他一些省份作了公推公选的探索，湖北和江苏力度最大。2002年年底湖北有11个乡镇搞"两推一选"乡镇党委书记和党委委员试点。2003年4月，江苏宿迁推出"公推竞选"党政正职、"公推差选"乡镇长、"差额直选"和"公推直选"乡镇党委书记等"宿迁模式"。后来，江苏省在3个月内将"公推公选"从乡镇干部推进到县处级甚至副厅级，先后组织了淮安市清河和淮阴两区"自荐公推竞选"区长候选人试点、金坛和沛县两县公推公选县长候选人试点以及南京市白下、雨花台两区（副厅级）"公推票决"区长候选人试点。各地都为基层民主提供了好的经验。

中国国际广播电台记者：您认为村民自治及其他的农村基层民主形式对中国的社会发展和整体民主进程有什么影响到作用？

秦德君：中国的现代化离不开地域辽阔、有9亿农民的农村现代化；村民自治又是农村现代化的一个关键。民主是需要试验的，需要实习的。在社会改革中，村民自治一马当先，为探索和积累经验作出了重要贡献。

但民主既要重点突破，又要整体性推进，需要战略布局和顶层设计。说白了，村民自治只是基层民主的一种形式，不是民主政治的普遍模式。从村民自治本身来看，它已进入急需社会整体配套改革来支撑农村基层民主、整体协同推进的这样一个"战略机遇期"。

中国国际广播电台记者：在您看来，未来中国民主进程面对的挑战和困难是什么？应当如何应对？

秦德君：挑战和困难很多。首先是社会经济发展不平衡，各地差异很大，制约着中国民主整体的发展。因此民主的发展的推行，应循序渐进，任何理想化的想法和做法，只会给民主带来损害。但另一方面，如果认为民主不急，可以放一放，等社会经济发展充分了再说，也是一个大障碍。"民主急心病"和丧失民主发展机遇，都是非常有害的。

其次，民主需要不断完善。比如村民自治，它的灵魂是什么？是直接民主。无论国际社会的经验，还是中国，基层民主的核心和灵魂，是直接民主；离开"直接民主"，村民自治就偏离了方向。但现在村民自治都在搞"代议制"模式。"直接民主型"的村民自治，是以实现村民权利为取向的。

第三，民主政治的建设及其有效地运行，在很大程度上取决于人们对民主的自觉程度，以什么样心理、观念参与政治生活。从社会心理学角度说，一种有效的政治制度需要有相应的社会心理的支持。民主进程不仅要有政治体制的民主化，还要有主体精神的民主化，而后者才是推进政治民主化进程的根本动力。在这方面问题不少，还有许多事情要做。

第四，法律要革故鼎新、与时俱进。在中国单一制国家结构中，合法性的自治，其实有三种类型：一是民族区域自治；二是特别行政区自治；三是基层群众自治（村民自治、居民自治）。在乡镇以上的体制中，自治概念实际上并不存在。我们应以开阔的视野，研究解决民主发展中面临的难题。

中国国际广播电台记者：在您个人看来，中国普通民众对民主的含义的看法和西方世界有什么不同吗？

秦德君：世界是丰富多彩的，对民主的理解也是多元的。西方关于民主的观念是由西方的文化传统和历史形成的，中国民众对民主的理解是在中国文化境遇中形成的，这是政治文化的差异。

"民主"这个词很早出现在中国文化典籍中。如《左传》襄公三十一年和《尚书·多方》等，都记载有"民主"这个词，但大体是为民作主的意思。

民主作为国家制度，是从近代资产阶级革命开始的。自人类历史上第一次用民主政治这个词表达"大多数人的统治"的政治形式以来，民主已成为人类正义事业向往、追求和努力实践的崇高价值目标。但我们不要把"民主"当成"善"的代名词。以历史发展的眼光看，民主政治只是一定历史发展阶段上一定合理的政治方式，并非是完美无缺的"善"的化身。

但总体上，现代社会对于民主的认知是趋同的。过去中国人对民主的理解，是"当官不为民作主，不如回家卖红薯"，今天最一般的理解，是"人民当家作主"，这合乎现代民主的历史逻辑。

中国国际广播电台记者：非常感谢接受我们的采访！

（中国国际广播电台 2011 年 6 月 24 日起播出）

解放日报《支部生活》"顶层设计"访谈
（2011 年 6 月 24 日）

解放日报《支部生活》杂志记者：刘功润

访谈嘉宾：周国平、秦德君

时下，改革进入深水区，牵一发而动全身，各种深层次的矛盾"纠结"在一起，很难分清是纯粹的经济问题、政治问题或是社会问题。"不畏浮云遮望眼，只缘身在最高层。"站得高，才能看得远，也才能看得全面、透彻。"改革顶层设计"的重要性日益凸显。2011 年度的上海市政府决策咨询研究重点课题日前正式招标，《"十二五"期间上海改革的顶层设计研究》被排在 23 个招标课题的第一位。

何为改革顶层设计？为何要进行改革的顶层设计？上海"十二五"改革中蕴含了哪些顶层设计元素？上海改革顶层设计的难点在哪里？对此，本刊记者特邀上海市政府发展研究中心副主任、党组成员、研究员周国平，公共问题与政治设计专家、新闻传播学博士后、政治学博士秦德君进行了系统解读，以回应基层广大党员干部的关切。

记者：厘清辞意是一切对话的基础。请问，"改革顶层设计"是一个怎样的概念？

秦德君："改革顶层设计"，是在十七届五中全会和"十二五"规划建议中正式提出来的，后来中央经济工作会议也用了这个概念。"改革顶层设计"是新概念，但"顶层设计"却不是。"顶层设计"来自于系统工程学，字面含义是自高端、顶层开始的总体构想，它是一项工程整体理念的具体化，是一种系统论的方法，要求从全局出发，对项目的各个层次、要素进行统筹考虑。上海"十二五"改革的顶层设计，是 2011 年上海市委、市政府列的重点工作之一。

记者："顶层设计"与我们经常提到的"规划建议"有什么区别？

周国平：改革开放以来，改革的总体规划一直都有，每隔几年就要制定，从未间断过。但改革的顶层设计就不一样了。所谓改革的顶层设计，就是围绕着一定理念和目标所进行的最根本或最基本的制度性设计，它要求对改革进行全面设计和统筹规划，强调战略性、系统性。如果问过去有没有顶层设计，我的回答是："既有也没有"。说"有"，是因为我国的改革从一开始就有总体目标和大的原则，如坚持四项基本原则、让一部分人先富起来、"不争论"，等等，这些实际上都是从顶层考虑的。特别是"十四大"通过的关于建设社会主义市场经济的决定，可以说就是对改革的一个顶层设计。说"没有"，是因为过去的改革虽然有大的框架和目标，但缺乏系统构思和明确的路线图，采取的是渐进式改革方式，是"摸着石头过河"。

我认为，改革的顶层设计与以往的改革总体规划有三方面的区别：一是以往的改革总体规划是反弹式改革规划，从问题出发，渐进式推进；改革顶层设计是系统性改革规划，从目标出发，倒推过来的；二是以往的改革总体规划主要解决具体领域的改革设计，关注的是战术问题。改革顶层设计解决的是具体领域之上的最根本的制度和改革路径，关注的是战略问题，是指导具体领域改革的方向和思路的；三是以往的改革总体规划大多关注的是体制和政策突破；改革顶层设计主要关注的是制度设计和安排。总之，改革顶层设计主要解决改革整体设计和阶段性实际操作相互匹配的问题，经济领域改革和社会、政治领域改革相互匹配的问题以及改革优先顺序，不是设计具体领域的改革规划，不能替代改革的总体规划。

记者：为什么要在现在提出"改革顶层设计"，今天的当口具有怎样的意义？

周国平：当前在制定"十二五"规划、加快转变经济发展方式之时，中央提出要更加重视改革的顶层设计，绝不是一种偶然。之所以现在强调要对改革进行全面设计、规划，也即是要"改革顶层设计"，有多方面的理由。但归结起来看，最主要是两个方面的原因：一是当前改革已进入深水区，难度加大，各种深层次的问题越来越突出；原来改革所注重的帕累托效应正逐渐减弱；各项改革的依存度加深，盘根错节，相互牵制越来越大；经济改革与社会改革串在一起，相互渗透性增强，已经很难分清纯粹的经济问题、政治问题或是社会问题；改革中相互关联的问题增多，容易产生瀑布效应和"拔出萝卜带出泥"。而且，由于缺乏系统设计，一些改革容易走入误区，出现"翻烧饼"现象。因此，必须进行系统设计。二是过去的渐进式改革暴露出越来越多的问题，最突出的两个：一个是改革利益部门化。另一个是改革出现"中梗阻"，不少地方和基层强调改革创新，不断进行各种改革尝试，但一些关键部门改革动力不足，导致改革基层化，难以上升到宏观层面，"自上而下"的改革推动力不足。而且，以往改革中的一些获益群体，对进一步深化改革缺乏热情，失去了改革动力，甚至成为新一轮改革的阻力。因此，迫切需要加强顶层设计，自上而下地推进改革。改革顶层设计的根本目的，是要解决转变经济发展方式的制度问题。

秦德君：眼下，不难看到一种矛盾的现象：一方面，不少地方和部门都强调要改革创新，也尝试过各种各样的改革；与此同时，人们似乎对改革还有诸多不满意。出现这种现象的深层次原因，正是改革整体设计和规划不到位。问题在于，虽然人们对改革的必要性和迫切性有深刻认识，但我们却理所当然地认为，提出改革的要求后，各地方和部门去落实就行了。于是，各地方各部门就"分头改之",各地方各部门的所谓"创新",便被看成是改革的具体体现。很明显,这个逻辑是有问题的。改革固然要落实到"下面",但各部分的改革不是改革的全部,更不能代替全局性的改革。相反,只有在整体设计和规划的情况下,才能保证地方和部门的创新有正确的方向。值得注意的是,一些部门打着改革、创新旗号使既得利益膨胀,已经不是个别现象,改革也确实存在被碎片化的可能。这种"异化"了的改革,无疑损害了改革的权威,扭曲了改革的本质意义,是要引起警惕的。从这个意义上讲,加强改革的整体设计、顶层设计,破除部门利益的壁垒,也是当下科学发展的题中应有之义。

记者:我们提"转变经济发展方式"有些年头了,要加大推进的力度,是否需要在顶层设计上发力?

秦德君: 是的。实际上,从"七五"计划就开始强调转变经济发展方式了。转眼过了多少个五年了啊,我们一再讲"生产方式要转变",直到今天提到这种转变已是"刻不容缓"了。要加大推进的力度,确实需要改革的顶层设计上再加一把劲。当然,过去也不是没有设计过,现在重点要做好"核心"设计,即是要对转变经济发展方式的制度作出好的设计。

记者:如何进行改革的顶层设计?上海进行改革的顶层设计,难点在哪里?

周国平: 改革顶层设计的内容,概括起来说是三个"方",即"方向"、"方面"和"方法"。具体来讲,主要包括五个方面的内容：首先，要确立改革的愿景目标，回答"要创造怎样一个世界"的问题；其次，要根据已有的约束条件，设计改革的阶段性目标。上述两点是解决"方向"问题；第三，围绕上述目标和影响这些目标实现的体制性障碍和深层次矛盾进行顶层性制度设计，厘清各项制度和各领域改革相互之间的关系，明确各领域具体改革的原则和方向。这是解决"方面"问题；第四，是选择改革的方案和路线图，确定改革的策略安排和优先顺序；第五，是制定保障性措施，包括改革的协调机制、评估机制和反馈机制。最后这两条是解决"方法"问题。

上海进行改革顶层设计的最大难点，是如何把握好中央顶层设计与地方顶层设计的关系。改革的最顶层、最基本制度应当是由中央来设计的，必须按照中央的统一部署来推进和实施，否则就会出现顶层设计的碎片化，地方的改革设计也难以避免"翻烧饼"。但另一方面，地方也可以在自身可做的范围进行地方改革的顶层设计，体现出自己的特色。因此，在改革的顶层设计上，地方也有一定的空间。从上海来看，未来的改革主要有两大块：一块是根据全国统一部署进行改革，比如重大的收入分配制度改革、中央与地方关系的理顺等，上海自身进行改革设计的余地不大，主要是跟着国家走；另一块是根据上海建设"四个中心"、实现"四个率先"的要求进行的改革。这块改革应当是上海地方进行顶层设计的重点，不仅可以体现出上海的特色，而且可以为国家进行顶层设计提供参考。

因此，上海进行改革的顶层设计，应当围绕建设"四个中心"和社会主义现代化国际大都市的战略目标来展开，重点解决建设"四个中心"和社会主义现代化国际大都市的制度环境问题，体现上海城市的国际化特点。

记者：上海"十二五"改革中蕴含了哪些顶层设计元素？

秦德君：作为政治设计范畴的上海"十二五"改革顶层设计，是上海新一轮改革发展的技术路线图。以科学发展为主题，登高望远，聚焦五年发展中最核心、最关键的问题，研究和设计系统性重大改革，为上海加快转变经济发展方式，实现新的历史性跨越谋篇布局，提供改革发展总体性、体系性、层级性对策，是这项顶层设计的精髓和灵魂。

"十二五"是上海推进"四个率先"、加快建设"四个中心"和深化改革开放、加快转变经济发展方式的关键时期。上海"十二五"规划勾画了上海五年发展的宏伟蓝图，提出了到2020年，上海基本建成具有全球资源配置能力的国际经济、金融、贸易、航运中心，基本建成经济繁荣、社会和谐、环境优美的社会主义现代化国际大都市这样一个战略目标。这是上海"十二五"发展总体上的历史定位。在发展主线上，上海"十二五"改革，有三条主线：一是以经济发展方式转变为主线的经济体制改革；二是以适应公共需求变化和基本公共服务均等化为主线的社会体制改革；三是以政府转型为主线的行政体制改革。这五年上海发展所要解决的最核心的问题，是制度和体制的创新变革。

记者：上海"十二五"改革擘划了怎样的愿景？

秦德君：新中国成立以来，上海已经历过两次深刻的转型。第一次转型，是20世纪50年代，从一个旧上海转型为一个新上海，建立了计划经济体制。第二次转型，是20世纪90年代，从计划经济的重镇转型为改革开放的龙头。"十二五"期间"创新驱动、转型发展"可以引发上海的第三次历史性转型。转型本质是发展方式的变革；转型目标是形成公平和可持续发展的体制机制；转型理念应当是"世界的上海"和"富民的上海"。

所谓"世界的上海"，是指上海要通过转变经济增长方式，真正走入世界，从区域性城市跃入世界城市行列。世界城市是全球战略性活动的发生地。世界城市是在全球尺度上体现国际价值、经济价值、金融价值、服务价值、人居价值、生态价值、文化价值和哲学价值的综合系统。上海建设世界城市，有利于推进国际金融中心建设，有利于增强对跨国公司总部的吸引力，有利于推动人民币国际化，有利于扩展上海在全球金融体系中的影响力。

所谓"富民的上海"，是指上海要在"包容性增长"的框架中造富于民，让改革发展成果惠及更多群体，减少国家和企业在国民收入分配中的比重，提高居民收入比重，使城乡居民收入增长和劳动报酬增长不低于GDP的增长速度。这就要由"金字塔型"的收入分配格局,转变为"橄榄型"格局,扩大中等收入群体,同时要减轻中等收入群体税负过重、医疗教育支出等过高的问题。要提升上海市民的生活质量,更多更快更好地发展生活,让上海市民真正富起来。

记者:2011年度的上海市政府决策咨询研究重点课题日前正式招标,其中,《"十二五"期间上海改革的顶层设计研究》被排在23个招标课题的第一位。为什么在上海"十二五"期间,改革的顶层设计如此现实而紧迫?

周国平:"十二五"时期,由于土地、成本、环境等阶段性发展瓶颈日益凸显,加上金融危机后国际市场需求约束加剧和新一轮科技革命带来的国际产业分工变化,使得20世纪90年代以来上海建立在依靠大量资本投入、低成本劳动力和大规模消耗土地、能源基础上的粗放型发展方式已难以为继。能否摆脱原有发展的路径依赖,不仅关系上海经济能否继续保持持续较快发展的势头,而且关系未来上海在全球经济和城市竞争中的地位。因此,转型发展是上海"十二五"发展的主题和主线。

上海"十二五"时期转型发展,不是对原有发展模式进行微调,而是对传统发展模式进行全面转换,是"量变"到"质变"的飞跃,必须依靠创新驱动,而创新中最重要的是制度创新。这一制度创新不是简单地对原有制度进行修补,而是要进行系统的制度设计和改革,改变长期以来有利于发展工业经济、不利于发展服务经济和建设"四个中心"的制度环境。因此，与全国其他省市相比，上海进行改革顶层设计的要求更为迫切。

正因为此，2011年市委常委会专门将"围绕转型发展，加强改革顶层设计，分类协调有序推进各项改革"列为工作要点。这也就是为什么在今年全市23个招标课题中，要将《"十二五"期间上海改革的顶层设计研究》排在第一位的原因。

需要指出的是：改革的顶层设计是动态的，不是一劳永逸的，需要根据经济社会发展的要求和认识的深化，不断修改完善。因此，在进行改革的顶层设计时，要留出向上"升级"的空间。

（载解放日报《支部生活》杂志2010年第5期，
《改革发力"顶层设计"》）

附录三：

《东方早报》"和谐排头兵：
上海的责任使然"专访
（2010 年 1 月 26 日）

  2010 年 1 月 14 日至 17 日，胡锦涛总书记在上海为期 4 天的考察，点燃了上海广大干群进一步加快科学发展、促进社会和谐的激情，亦代表胡锦涛总书记对上海一如既往的关注。本次考察，胡锦涛总书记再次提出殷切期望，"希望上海广大干部群众当好推动科学发展、促进社会和谐的排头兵"。与以往不同的是，"当好推动科学发展、促进社会和谐的排头兵"的提法，表明中央对上海工作又进一步提出新的要求和希望。

  为什么还是上海？

  秦德君教授在接受早报记者专访时表示："胡锦涛总书记历次考察上海，均会对上海工作提出至关重要的纲领性、前瞻性的战略要求。胡锦涛总书记对上海发展中面临的问题看得非常精准，这次也一样。应该说，中央对上海的关注，是全方位的，从经济、政治到社会领域各个方面。"

从当年邓小平提出的"领头羊"，到今日胡锦涛提出的"排头兵"，可以看出，中央对上海发展一以贯之地寄予了厚望以及精确的把脉。

秦德君认为："和谐社会"的价值核心在于以人为本，促进社会协调发展和可持续发展。新一届中央领导集体推进和谐社会建设，对于中国最终实现富强、民主、文明、和谐的社会主义现代化具有里程碑意义。而今天的上海，必须在推动科学发展、促进社会和谐上进行新的探索、作出新的贡献，发挥排头兵作用。

上海的责任和使命

上海市社会科学界联合会党组副书记、复旦大学桑玉成教授认为，"（做排头兵）是今天上海责无旁贷的责任和历史使命"。

秦德君说，"上海理所当然需要不懈努力，更好地发挥促进社会和谐的表率作用"。

秦德君认为，市委市政府一贯重视推进社会和谐和民生工作。社会和谐不仅仅是一个"维稳"的概念，还涉及社会经济的总体。只有按照胡锦涛总书记提出的要求，把加快经济发展方式转变作为深入贯彻落实科学发展观的重要目标和战略举措，在转变经济发展方式上取得突破性进展，才能为社会和谐打下坚实基础。同时，"解民忧、惠民生"的民生工作涉及千家万户，民生工作的本质是如何使经济发展成果、经济发展方式转变成效，更好惠及广大人民群众。

（《东方早报》2010年1月26日"上海两会特别报道"）

附录四：

《东方早报》建设"大浦东"访谈

（2009 年 5 月 7 日）

《东方早报》记者韩晓蓉：上海市政府新闻发言人陈启伟昨天介绍，近日国务院已批复上海关于浦东扩区的申请，同意撤消南汇区，将南汇区行政区域并入浦东新区。早报记者第一时间，连线三位专家，展望建设"大浦东"。

政治设计专家秦德君教授：提升城市综合竞争力

这是推进上海"两个中心"建设的必然之举。根据国家规划，上海要加快建设国际金融中心和国际航运中心，浦东、南汇两区合并形成整体后，最大的"效益产出"就是让行政区划更好地为经济服务，通过打破行政区域分隔，通过一体化的整合、规划和建设，将对推进"两个中心"建设产生最佳效应，有利于提升城市的综合竞争力，也利于上海的长远发展。

从管理学角度而言，行政区的体量和幅度会影响到管理效率。一般情况是，行政幅度越大，管理效率可能会递减或衰减。"大区制"可能会面临如何保持行政管理效率等问题，但这样的问题在两区整合后通过有效的行政改革和完善是完全可以克服的。两区区域上的连贯性、两区资源的互补性和优质资源的优化组合会产生"1+1大于2"的效应。

至于两区整合后的部门机构设置，毫无疑问，它也为进一步推进政府体制改革提供了契机。部门设置将遵循的几个原则是显而易见的：

第一，"大部制"原则，即重在提升部门功能上的综合性和行政事权的相关性，重在提升部门综合协调能力，减少功能重叠和职能交叉；第二，效能原则，即部门机构整合和设置必须以行政效能最大化为原则，更好地提升行政效能，因为行政效能和效率决定了政府公共服务产出和供给的质量状况；第三，探索创新与"先行先试"原则，两区合并本身就是一项改革和探索，部门机构设置上也有一个如何按照科学发展的要求，从浦东新的区域实际出发，更深入地进行探索、创新和"先行先试"这样一个问题。

复旦大学经济学院石磊教授：推进城郊一体化

南汇并入浦东主要解决了土地问题，但这对楼市不会有太大的影响，因为两区合并后提供的土地，从用途上而言，能建成商业用地的面积不是很大。国家对于土地用途的改变有明确规定，原先的农田不能变为商业用地，只有把规划中不是农田的部分拿出来解决一部分商业用途。

形成"大浦东"后,原先属于南汇的土地将会升值,因为其由郊区变成了市区的一部分。此外,"两个中心"建设尤其是航运中心建设必须有大量的货仓和储运空间,如果南汇不合并入浦东,就没有货仓的使用土地,现在两区合并后,储运空间问题得到了解决。

两区合并也有利于推进上海的都市化建设、城郊一体化建设,南汇和浦东由合并前的城乡关系变成了城郊关系。同时这也有利于上海的产业结构调整,推进郊区产业。

上海交通大学经济学院执行院长陈宪教授:下一步乡镇合并将加快

形成"大浦东"后,比较直接的影响是政府机构改革,通过资源整合从更大的范围和更高的层面谋划经济。两区合并表明上海在行政机构设置改革方面"先行先试"的改革态度。减少行政机构设置、转变政府职能转变、精简政府机构,将是今后中国政府体制改革的方向。

原先由于通讯和交通的限制,中国的行政区划范围小,也导致了机构设置重复、冗员现象突出,现在通讯发达、交通便利,也为大部制的行政区划提供了硬件基础。目前中国还是五级政府设置,从中央到省再到市,再到县,下面还有乡镇,未来中国将会是三级政府架构,即从中央到省然后直接到县,取消了地级市和县级市的区划,乡镇今后也会撤销。浦东现在是"大浦东",

估计下一步乡镇合并的步伐将会加快,这将大大减少行政成本,更有利于资源的有效配置。

（载《东方早报》2009 年 5 月 7 日,
《三位专家详解大浦东三大行业展望:1 ＋ 1 ＞ 2》）

《现代领导》杂志访谈：合理的政策变通是一种"渐进调适"

（2015 年 11 月）

有了好的政策，执行力是关键。从中央到省市，很多经过领导调研、专家论证、大会审议表决的政策，本来是有利于国计民生的好政策，但下级在执行的时候，出于种种私利的考虑，"把好经念坏"，导致政策变异、曲解甚至肢解，这种现象被叫作"政策变形"。

政策变形是政策变通的一个极端情况，但政策变通又并不都是坏事。我们需要怎样的政策变通？怎样提升政策质量？就此记者走访了国是智库研究中心研究员秦德君教授。

《现代领导》杂志记者周军：我们应该怎样看待政策变通？

秦德君：我们知道政策预期与政策实施的社会结果之间，时常存在落差。有研究表明：在整个政策实施的过程中，政策制定的功能比率仅占 10%，而政策执行则占90%。无论政策的制定还是政策实施，其效能都反映了一个政治体系的实际治理能力。从国家治理能力现代化的要求看，把握和调控好政策过程的政策变通，是切实提升政策效能的重要途径。

记者：具体来说，政策变通存在哪些类型？

秦德君：政策变通一般指政策实施中，政策执行者对政策内容和政策约束作出调整后实施的一种政策行为。政策变通后可能与原政策目标相一致，也可能与原政策目标不一致或相背离。政策变通可能是合理的，也可能是消极的。从政策实践看，政策变通大致存在三种类型：

一是"偏好型"。就是政策执行者依据自身利益立场来界定政策目标含义，对政策作出选择性执行，其余则弃之不顾。尤其在政策界线相对模糊、政策内容和相应操作缺乏明确规范的约束机制下，这种选择性变通更易出现。此类政策执行行为基于其偏好和自定义，政策实施执行或神失，或形失，政策目标和政策重点局部性走样。

二是"调适型"。政策的执行者在政策贯彻中对政策界线、内容侧重、宽严尺度等，作出调适或创新。比如查尔斯·琼斯认为，政策规划的显性功能在于提出对于人们"感知的"社会现实问题的解决办法。但事实上，并非所有政策投放都能与客观政策需求"严丝合缝"。由此产生不对原政策作"不折不扣"贯彻，而在对政策原则精神把握的基础上作出相应调整行为。这种变通，客观上有着正负两种不同结果。这一类型的政策执行不拘"形似"，但求"神似"。政策目标、政策重点在形式上走样。

三是"歪曲型"。即政策执行过程背离原政策规定，与原有政策目标、政策预期构成了巨大的偏移。我们通常说的"上有政策，下有对策""歪嘴和尚念经"，即是此类。总体上，这类政策行为对于原政策执行既无"形似"，亦无"神似"，形神兼失，完全走样。实质上这是一种"政策梗阻"和"政策变形"。

记者：为什么会产生政策变通？它的存在原因是什么？

秦德君：政策变通是政策过程中时常遭遇的问题。一定意义上，"政策变通"是难以规避的。正因如此，20世纪七八十年代发达国家形成了一场颇有声势的政策"执行运动"，政策研究领域则形成了探究更好的政策执行效能的热潮。

在原因上，有的是由政策执行的"主观性"所导致。由于对同一个政策结构、政策目标主观认知的差异和把握侧重的不同，形成对原政策执行的主观性变通。尤其是一些地方政府出于当地利益考量，使政策变通成为当地政策过程的"常态"。借口从实际出发进而进行政策变通，甚至成为一些地方政府和领导干部"乱作为"的一种表征。这是政策变通的"主观性"界面。

有的则是由政策投放的"客体性"所导致。任何政策的"普遍性"与特定区域之间存在一定不对称。中国作为单一制国家,公共政策具有统一性,但各地区社会状况差异极大,同一政策投放到不同地区,与当地现实情况和政策需求未必完全吻合。美国政策学者史密斯在研究政策执行过程时描述了政策的执行形态,认为理想化的政策、执行机构、目标群体、环境因素,是影响政策执行效能的四大因素。特定客观情境使得政策必须在作一定调适后方可有效推行。这是政策变通"场景性"界面。

还有的(情况),则可能由政策制定的"供给性"所导致。社会变革的复杂性,社会环境的变动性和信息的不对称性,特别是人类理性的有限性,从根本上决定了国家不可能精确无误地作出最恰当的政策安排。至于哈耶克说的"致命的自负",也是政策领域的常见现象。由于政策本身各种质量问题导生的"不得不变通",是政策变革的一个重要缘由。而政策界线的模糊性、政策约束机制的某种宽泛性,也给政策执行的自由裁量提供了条件。

另外,还可能由政策本身的"应时性"所引发。我们知道,任何政策都是特定治理情境、治理命题的产物。政策介于法律和决定之间,本身具有某种驱动性。政策的动态性结构和特征给政策执行变通提供了空间和可能性。一定程度上,它构成了政策变通的客观约定。这是政策变通的"因时性"界面。

记者:在当下我们全面推进国家治理能力现代化的背景下,我们需要怎样的政策变通?

秦德君：公共政策是实现国家治理现代化的重要工具。尽管政策变通在政策执行过程中具有一定客观性，有时它还与"政策创新"相交互，但合理的政策变通是一种"渐进调适"，不合理的政策变通则严重影响政策效能和预期收益。所以在进行政策变通时，一定要遵循以下的原则：

一是适度性原则。任何政策执行的变通，都必须在政策界线规定的适度范围内。凡超越了政策核心规定的所谓"变通"，都是既不合理又不合法的。林德布洛姆认为：公共政策不可能做到一次性周全而应采取"渐进调适"。合理的政策变通只能基于客观状况作微量调校，而不是"任性"的偏离。任何大幅度的自由裁量，都可能对原政策产生损害。"上有政策、下有对策"的歪曲性变通，都从根本上背离了政策原旨，严重影响政策的实施效能。

二是程序性原则。政策变通行为必须具有程序上的正当性。这种正当性，主要指政策贯彻执行不因领导的改变而改变，不因领导看法和注意力的改变而改变。程序正义未必实现结果正义，但结果正义的前提必须有程序正义。必要的政策变通应通过呈案、商请、备陈、报批、集体决策等方式进行。缺乏程序正当的政策行为本质上是一种非正义行为，应予遏制。对于政策变通可以设置"程序节制"，即通过设置操作性程式工序，以筛去不合理的政策变通动议，约束政策行为的任意性。

三是防偏好原则。公共选择理论有一个基本假设，人们在政策过程中的行为受利益驱动，以尽量多地获得其想要的东西。无论政策制定过程还是政策执行过程，都存在偏好。政策变通必须遵循一条原则就是排除各种利益偏好、部门偏好、功绩偏好、率性偏好。防治政策偏好的措施包括：一是组织多元参与，让不同利益主体（或部门）参与政策过程特别是政策监督过程；二是确保政策过程的透明公开，让各种意见充分表达，并有博弈和中和的机会。

四是审慎性原则。任何政策行为都应审慎，不能恣意妄为。因为任何一项公共政策的推出，都有既定预期。任何以所谓"从实际出发"而对原政策的大幅度变形，都会严重损害政策的统一性和有效性。而且，任何形式的政策变通都是有成本的，都涉及诸多方面，会对社会构成显性的或隐性的损害。这种审慎原则，不仅包括不滥用政策执行的自由裁量权，还包括政策设计对政策预期、政策目标设定的科学、严谨和规范。

五是平衡性原则。社会是一个内部关联紧密的逻辑结构，社会关系中存在的对称和协同趋势，决定了社会系统的平衡性。一项既定政策的变异，可能打破整个政策系统的稳定性和社会的平衡性。正如经济学家科斯指出的，"一个制度安排的效率极大地依赖于其他有关制度安排的存在"。比如当我们以某种政策促进了汽车行业发展时，又会面临汽车保有量激增所导致的巨大交通压力和低碳环保压力。由此政策变通的底线，应确保政策的统一性，防止出现"一种不平衡或不合比例的状况"，充分顾及政策系统的关联性和平衡性。

六是公共性原则。说到底，公共政策是一种公共产品，目标是解决公共领域的公共问题。政策数理分析专家内格尔指出，"社会利益最大化"是公共政策最重要的目标。无论政策的制定还是政策的执行，公共精神是其灵魂。检验政策变通正确与否的一条重要标准，是"察看公共精神在该过程里占多大优势"。

任何基于公共精神的政策创新、立足公共利益最大化原则的政策变通，都值得肯定。因为它是在"众意"基础上形成的"公意"，公共精神、公共利益成为包括政策变通在内的整个政策过程的绝对取向。

（载《现代领导》杂志 2015 年第 12 期）

后　记

整理这部书稿是去年仲夏。当时入梅时节，"黄梅时节家家雨，青草池塘处处蛙"，只是蛙声没有，小区里附近一户搞装修的声响很大。

那家装修早已完成收工，我这本书也有望近期出版。最新的消息是，不等这套丛书中其他书稿的补充整理，已完成的书先出版，这是好消息。

感谢邓伟志先生为本书作序。邓老师是我国著名社会学家、全国政协前副主席。2017 年 6 月，在市社联参加一个复兴帛画的艺术会议，与邓老师座位相邻。聊起近况，我说正在整理一本书稿，邓老师欣然应允作序，让我抓紧把书稿发给他。十年前，拙著《公共生活的地平线》（中国社会科学出版社 2007 年 6 月）由邓先生作序，这次又由邓先生作序，为两个"地平线"增色，甚感雅意。

培根说过："书本必须由科学来指引，而不是由书本来指引科学。"本书研讨了诸多公共管理领域的新问题，是作者近年发表的公共管理文章的一部分。希望能为推进公共管理的创新变革转型，尽些绵薄之力。

几篇访谈，都是公共管理主题的，附于书末。

从春节后初十一拿到校样，一直到今天，来来回回一直在校稿，为此放弃了国家社科基金的申报和许多其他事情，感觉比写一部书还累。"一遭樊笼累，唯馀松桂心"，是我现在的心情。

秦德君
2018 年 3 月 18 日夜
识于沪上绿隐书屋

图书在版编目(CIP)数据

公共管理的地平线/秦德君著. —上海:上海人
民出版社,2018
ISBN 978 - 7 - 208 - 15040 - 9

Ⅰ. ①公⋯ Ⅱ. ①秦⋯ Ⅲ. ①公共管理-研究 Ⅳ.
①D035 - 0

中国版本图书馆 CIP 数据核字(2018)第 042863 号

责任编辑 张晓玲 刘华鱼
封面装帧 小 新

公共管理的地平线

秦德君 著

出 版	上海人民出版社	
	(200001 上海福建中路 193 号)	
发 行	上海人民出版社发行中心	
印 刷	启东市人民印刷有限公司	
开 本	890×1240 1/32	
印 张	18.5	
插 页	2	
字 数	318,000	
版 次	2018 年 4 月第 1 版	
印 次	2018 年 4 月第 1 次印刷	

ISBN 978 - 7 - 208 - 15040 - 9/D · 3181

定 价 58.00 元